肇庆学院学术著作出版基金资助

# 口语交际教学

# 新思维

孟建安　著

The New Thinking of
Oral Communication Teaching

暨南大学出版社
JINAN UNIVERSITY PRESS

中国·广州

图书在版编目（CIP）数据

口语交际教学新思维／孟建安著. —广州：暨南大学出版社，2018.4
ISBN 978 – 7 – 5668 – 2206 – 2

Ⅰ. ①口… Ⅱ. ①孟… Ⅲ. ①汉语—口语—教学研究—高等学校 Ⅳ. ①H193.2

中国版本图书馆 CIP 数据核字（2017）第 258417 号

口语交际教学新思维
KOUYU JIAOJI JIAOXUE XINSIWEI
著　者：孟建安

出 版 人：徐义雄
策划编辑：潘江曼　杜小陆
责任编辑：王雅琪
责任校对：叶佩欣　李林达
责任印制：汤慧君　周一丹

出版发行：暨南大学出版社（510630）
电　　话：总编室（8620）85221601
　　　　　营销部（8620）85225284　85228291　85228292（邮购）
传　　真：（8620）85221583（办公室）　85223774（营销部）
网　　址：http：//www.jnupress.com
排　　版：广州良弓广告有限公司
印　　刷：佛山市浩文彩色印刷有限公司
开　　本：787mm×960mm　1/16
印　　张：17.25
字　　数：340 千
版　　次：2018 年 4 月第 1 版
印　　次：2018 年 4 月第 1 次
定　　价：49.80 元

# 序 言

我和建安相识于 1990 年，那时建安是复旦大学中文系现代汉语助教班的学员，记得当时我曾经给他们讲授过"修辞学史与修辞研究"专题。据我所知，建安从大学毕业至今一直在高校从事语言教学工作，陆陆续续开设了现代汉语、汉语修辞学、言语交际学、人际交往语言学、修辞应用与修辞实践、语法修辞、语言学理论与训练、中国文化概论、毕业论文写作等专业必修课程、选修课程、实践课程和通识课程，并逐步把自己的学术研究旨趣定格于汉语修辞学、言语交际学和语言教学。自认识建安以来，他经常来信或来电与我探讨学术问题，把他撰写的学术论著邮寄给我，请我修改并推荐发表或写序。我对年轻人勤奋好学向来持鼓励的态度，所以会提供力所能及的帮助。从 20 世纪 90 年代初开始，我就比较关注这位年轻学者并与他有较多的沟通与交流，在交往中非常高兴地看到学术上异常勤奋的建安不断有学术论著发表，其间我曾为其《汉语病句修辞》《编辑语言学论纲》作过序。建安已经出版了《汉语病句修辞》（2000）、《汉语修辞转化论》（2013）、《修辞语义：描写与阐释》（2015）、《编辑语言学论纲》（合作，2000）等专著，合著《三一语言学导论》，主编《现代汉语》《中国文化概论》，参编《汉语修辞学》《教师口语教程》教材等共计 9 部，并发表学术论文 130 余篇，其中包括多篇口语交际及相关教学研究方面的论文。可以说，建安的学术成就较为突出，并已形成了自己独特的研究路子，可喜可贺。

前一段时间，建安来电说想请我为他即将出版的教学研究专著写序。我甚至还没有完全听清楚该专著确切的书名是什么，也顾不上手头有很重要且急迫的研究任务，就十分爽快地答应了。即便在很短的时间内收到了建安寄来的专著书稿，仔细阅读了该专著目录和全部书稿，觉得正如该书名"口语交际教学新思维"所传递出的信息焦点那样，本书确实是在"新思维"上下足了功夫。我认为，该书以地方性普通本科高等院校汉语言文学专业（师范方向）为背景，从理论与实践两个维度构拟了较为完备、颇具开拓性的口语交际教学框架体系，是一本以大学生（主要聚焦于师范生）口语交际能力培养为目标导向、以课堂教学为平台、以模拟训练为手段、以实践操作为途径、以效果检测为评价举措，并具有较强实用性兼具一定理论性的教学研究类学术专著。可以看出，这是建安苦心钻研多年的结晶，是一部力作。

## 一、思路清晰，框架严谨

在该书中建安保持了比较清醒的头脑，要研究什么，该怎么研究；研究重点是什么，难点有哪些，该如何解决这些问题；要达到什么样的研究目标，又该怎样实现这一目标；行文过程中该如何安排结构，如何遴选和使用论据，都有自己新颖独特的思考、明确清晰的思路和全方位的系统性统筹运作。

### （一）从全书纵向线性框架结构来看

建安是把"应用至上，能力为本"作为导向，并依照"观察与思辨—课程设置—课堂教学—训练实践—效果评价"这一思路来布局的。这种宏观架构是该书的纵向线性结构，不仅凸显了"研究现状—发现问题—施计献策—解决问题"的基本研究思路，而且符合口语交际课程教学和大学生口语交际能力培养的基本规律。能构建这样的大框架，显然与建安长期以来对口语修辞理论与实践、口语交际理论与实践、口语交际教学及其研究的多面向观察不无关系，也渗透了建安对整个口语交际课程教学的全方位系统性思考。

我国从先秦起就十分重视语言交际，但是秦汉以来在研究方面存在着观念上的误区，以至于长期以来重视书面语而轻视口语，重视文才而轻视口才，重视书面表达而轻视口语交际。自改革开放以来，这种状况慢慢有所改变，学界逐渐意识到口语交际的重要性。作为研究者，我不仅身体力行，坚定地站在口语交际实践的第一线，努力发掘、归纳口语交际的规则和施言策略，脚踏实地地做好口语交际的研究工作，而且大力宣传口语交际，这些对个人成长、社会发展和国家形象的塑造具有不可估量的积极作用。在我撰写的《汉语修辞学史》和"修辞史系列"论著中，都有对从古到今相关口语交际实践与理论的讨论和综述。1991年，我甚至还牵头主编了"语言艺术"丛书，并由我主笔，主编了丛书中的《辩论艺术》一书，从辩论这个角度专门讨论口语交际问题；与此同时，一些研究者的论文相继发表，个别零星的论述也出现在有关的专著之中。比如刘焕辉先生就曾出版《言语交际学》一书。这些成果引起了人们对口语交际研究的重视，为推动这一研究起到了不可忽视的作用。随着口语交际研究的不断深入，参与这一研究的学者越来越多，队伍越来越庞大，建安便是这支队伍中比较活跃的一员。对口语修辞、口语交际的研究是建安学术研究的一部分，先后有多篇他的相关论文发表。在前辈专家学者的引导之下，他在口语交际研究方面做出了自己的努力，这为他进行口语交际教学研究打下了较为坚实的理论基础。

以往较长时期内，语言教学与研究方面存在的问题，与上述弊端几乎如出一辙，同样是重视对书面语言应用教学的研究而轻视对口语交际教学的研究。随着社会人才需求观念的变化、大学向应用型转型以及中小学语文新课标的全面实施，学界已经认识到口语交际教学研究的重要性。近几年来，口语交际教学研究越来越受重视，并且有不少有见地的论著发表出版。但是，该领域可供进一步研究的空间还很大，还较少有学者立足于课程教学对大学生口语交际能力的培养进行全方位的系统性探讨。建安作为一名地方性应用型大学的一线教师，长期从事人际交往语言学、言语交际学、修辞应用与修辞实践、汉语修辞学等课程的教学工作。在多年的教学生涯中，他发现了在大学生口语交际实践中普遍存在的突出问题，深感大学生，尤其是中文专业（师范方向）的大学生具有较强的口语交际能力是多么重要。所以，近几年来他把学术研究的着力点集中于口语交际教学研究上，试图通过对课程体系建构、教学理念与方法创新、训练与实践模式构拟等的系统性研究，提出自己关于大学生尤其是师范生口语交际能力培养的新思考，并把研究成果广泛应用于口语交际课程教学，希望达到以教学促进科研，科研反哺教学的效果。建安把对口语修辞实践和口语交际实践以及对口语修辞、口语交际研究的热情延伸到了口语交际课程教学与研究上，并最终把自己多年来的实践与思考的结果撰写成学术专著并以"口语交际教学新思维"为书名付梓出版。建安站在学术研究的高度，用开拓创新的眼光环视口语交际教学的全局，视野越来越开阔，劲头越来越充足，方法越来越优化，成果越来越丰富。通过对口语交际教学现状及研究现状的观察与分析，建安逐渐形成了自己新颖的教学理念和教学思路，从而为构建开拓性口语交际教学体系大框架铸造了宽阔的基石和坚实的支点。

**（二）从全书横向结构安排来看**

本专著计约 35 万字，共有十章，依次为：第一章"引论"，主要阐释口语交际教学以及口语交际教学研究的相关问题；第二章"口语交际教学思辨"，主要对大学生口语交际现状、口语交际教学现状、口语交际教学理念进行思考与探索；第三章"口语交际课程设置"，主要讨论设置原则、课程理念、课程目标、课程结构、课程内容等问题；第四章"基础性课程教学"，主要就对口语交际能力培养具有基础性作用的"现代汉语"课程教学进行较为详细的探究；第五章"重要课程教学"，主要就对口语交际能力培养具有重要作用的"口语修辞学"课程教学作纲领性讨论；第六章"核心课程教学"，主要就对口语交际能力培养具有核心作用的"言语交际学"课程的课程标准、教学要略、交际领域认知能力培养、多维能力协调培养、分级能力逐层同步养成等问题作系统性探讨；第七章"职业化课程教学"，主要就对"教师口语"课程的教师口语教学要略、教学口语技能培养、教育口语技能培养等问题进行了论述；第八章、第九章、第十章重点讨论了口语交际教学实践训练环节中的训练目标、原则、策略和模拟训练构拟，以及训练效果评价原则、评价指标与细则、评价方式、评价手段和方法等问题。这种横向结构安排是基于纵向线性结构链条对研究内容进行横向布局的，既有整体综合论述，也兼顾了局部微观分析；反映了建安对口语交际教学各个研究模块不同研究对象的科学合理认知，以及对不同研究对象的适度把握和精心策划，因此颇具开拓性和创新性。

## 二、观点新颖，内容丰富

该书是建安多年来对口语交际教学潜心研究的结晶，为进一步深入研究口语交际教学提供了更为新颖别致的内容结构，揭示了更加宽广的探索空间。建安在该书中把口语交际教学界定为，以语言"三基"教学为基础，以培养口语交际能力为核心目标，通过课堂讲授、模拟训练、实践操作、评价考核等各种教学手段和方法对大学生实施的口语交际类课程教学活动。他把能力培养作为核心，坚持科学的方法论原则，优选适当的研究方法，通过对不同学段、不同课程教学的微观分析与宏观思考，提出了自己鲜明、新颖的教学主张和教学思路，健全丰富了口语交际教学的研究内容。这里主要就以下四个方面作说明。

### （一）构拟了四位一体的教学管控机制

该书结合地方性普通本科高等院校汉语言文学专业（师范方向）口语交际教学实际情况，把教学内核聚焦于创新驱动，坚持以培养学生综合应用能力为目标导向，以口语交际能力培养为核心，构拟出了课堂教学、模拟训练、实践操作、效果检测四位一体的教学管控机制。

其一，该书把课堂教学作为平台，认为口语交际教学过程中的任何环节都必须坚持以综合应用为导向，理论知识的学习与掌握都应体现在综合应用能力的培养与提高上，所以能力培养是口语交际教学的核心任务和教学目标。该书按照"基础性能力—发展性能力—拓展性能力—职业化能力"这一顺序对能力培养进行了逻辑分阶，而这种思路强化了能力在口语交际教学中的核心地位。针对地方性本科高等院校汉语言文学专业的师范生这一特定对象，该书认为任课教师要在学校办学指导思想的统领之下，通过在课堂教学、模拟训练与实践操作等方面的努力来夯实师范生听、说、读的能力。这是口语交际教学在教师职业口语核心能力培养方面的基本要求和教学目的。

其二，该书认为在教学过程中更应该看重训练教学，把模拟训练作为重要的教学手段。任课教师要采用多种训练策略、形式和方法，促使学生践行口语交际原则，督促学生感知交际规约的可行性与可靠性，并由此提高师范生口语交际的实际应用能力。该书把模拟训练当作实现口语交际的前奏和准备，把训练策略作为模拟训练的凭借与依托，主张通过模拟介绍、演讲、提问、回答、表扬、批评等训练场景，采用单向交际、双向交际、直接交际、间接交际、单独交际、集体交际等训练模式，并利用复述、转述、讲述、评述等训练手段，适当引入情境、示范、竞赛、命题、分类、专题、个别、小组等训练方法，对师范生进行多样化的口语交际能力训练，由此逐步提高他们的综合口语交际能力。

其三，该书把实践操作当作实现训练目标的重要途径，并认为，口语交际课程体系中所有课程的教学目标最终都要落实到口语交际实践上。口语交际教学仅仅停留在课堂教学和模拟训练环节是远远不够的，更不能只是让师范生熟记一些条条框框，而必须引导并督促学生把在课堂上学到的知识、理论、技能等，广泛地应用于自己的现实生活中。只有给师范生提供较多的实践途径和机会，比如教育实习、试教、演讲比赛、辩论比赛、主持人大赛、小品话剧演出等有组织的实践活动；或者由学生自主创造实践机会，让他们在讨价还价、闲谈聊天、招呼问候等实际的口语交际活动中锻炼自己，才能够使其体验到口语交际艺术的真谛，并锻炼其口语交际能力。

其四，该书把效果检测作为评价教学效果的重要举措，并认为，口语交际训练效果评价体系的建构是评估口语交际课程教学质量的重要策略，也是进一步提高口语交际训练质量的重要步骤和手段。为了建构较为科学有效的口语交际训练效果评价体系，该书确定了目的预设的明确性、指标确定的合理性、策略选择的多样性、结果认定的可信性等主要评价原则；以不同层次的训练目标为参照，依次确定了口语交际训练效果评价的综合能力评价指标及其细则、一级指标及其细则、二级指标及其细则、三级指标及其细则，并根据效果实现的程度，进一步把每一级指标分为 A、B、C、D 四个等级；从不同角度确定了定性和定量、单项和综合、形成性和终结性、内部和外部、即时和定期、显性和隐性、纵向和横向、课内和课外等评价方式；从实际出发确定了演绎情境、依托实践、借助考核、追踪过程等评价方式与方法。

### （二）建构了较为合理科学的课程体系

该书认为，只有坚持以课程理念为指导，把全面提高师范生口语交际能力作为课程核心性总目标，采用模块、系列、科目模式来构筑更科学的课程结构，并适时优化课程具体内容，才能建构起有效的适宜于汉语言文学专业师范生口语交际能力培养的课程体系。在特定的口语交际课程理念的支配之下，必须确定与口语交际课程理念相适应的课程目标；结合专业方向优化课程设置，合理安排课程结构；平衡好课程之间的相互关系，有效处理课程内容之间的同一性与差异性。

因此，课程理念、课程结构与课程内容是地方性普通本科高等院校汉语言文学专业（师范方向）建构科学化、合理化和有效化口语交际课程体系的三个重要根基。

正是基于这样的指导思想，经过多年的摸索、研究和实践，该书把口语交际课程结构确定为由两个模块、四个系列、十一个科目所构成的课程有机体。首先，该书把口语交际课程分为专业必修课和专业选修课两个模块。然后，又把这两个课程模块分设为四个系列，即基础性课程、重要课程、核心课程、职业化课程。最后，再在四个系列中设置十一个科目，也即十一门课程，分别为现代汉语、语言学理论、普通话语音训练、言语交际学、口语修辞学、社交礼仪、演讲与辩论、诵读训练、公关语言学、主持语言艺术、教师口语。在这个课程体系中，不同的课程处在课程结构的不同层次，而且它们在师范生口语交际能力培养的过程中也相应地具有不同的功能和作用。在建安看来，现代汉语、语言学理论、普通话语音训练等课程是师范生口语交际能力培养的基础性课程；口语修辞学、社交礼仪、演讲与辩论、诵读训练、公关语言学、主持语言艺术等课程是师范生口语交际能力培养的重要课程；言语交际学课程是师范生口语交际能力培养的核心课程；教师口语课程则是师范生口语交际能力培养的职业化课程。这种由基础到发展、由发展到拓展、由拓展到职业化的课程结构，把同一性与差异性紧密结合在一起，既考虑到全面性，又兼顾了个性化，还观照了职业取向。因此，所构拟的课程结构遵循了教育教学规律，适应了专业教育的发展方向，也与大学师范生对口语交际的实际需求保持了高度吻合。

### （三）归纳了能力达成的基本内在规律

建安认为，口语交际能力是一种综合性应用能力，是由心理调控能力、情感沟通能力、态势语协调能力、听说运作能力四种主要能力构成的统一体。他把心理调控能力视为前在能力，情感沟通能力视为重要能力，态势语协调能力视为辅助能力，听说运作能力视为核心能力。因此，无论是哪个学段、哪门课程都必须围绕着综合应用能力的培养与提高来做文章。该书认为，师范生口语交际能力的培养与提升是一个渐进的过程，这与书中所提供的教学思路、不同学段不同系列课程所要实现的能力目标是完全同步的。

关于师范生口语交际能力的培养，建安主张要注重平时的强化训练并坚持逐步提高以达到最终目的。在该书所建构的课程体系中，现代汉语、普通话语音训练、语言学理论等基础性课程，主要培养的就是师范生口语交际的基础性能力；在教学中要解决的主要问题就是夯实基础性能力的问题，所以这个课程系列要实现的能力目标从总体上看就是基础性能力训练目标。言语交际学、社交礼仪、口语修辞学等课程，主要培养的是师范生口语交际的发展性能力；在教学中要解决的主要问题就是如何使师范生的一般口语交际能力得以不断提升，所以这个课程系列要实现的能力目标总体上看就是发展性能力训练目标。演讲与辩论、诵读训练、公关语言学、主持语言艺术等课程是拓展性课程，主要培养的就是师范生口语交际的拓展性能力；在教学中要解决的主要问题就是如何根据师范生口语交际的特长和兴奋点训练其拓展性能力，所以这个课程系列要实现的能力从目标总体上看就是拓展性能力训练目标。教师口语课程是关系到师范生未来职业取向的职业化课程，主要培养的就是师范生口语交际的职业化能力；在教学中要解决的主要问题就是如何根据未来教师职业之需培养师范生的教育教学口语能力，所以这个课程系列要实现的能力目标从总体上看就是职业化能力训练目标。那么，该书所归纳出的能力培养的基本内在规律就是：由基础性能力训练目标的落实到发展性能力训练目标的完成，再到拓展性能力训练目标的达成，最后到职业化能力训练目标的实现，由此拾级而上、分层落实，最终全面提高师范生的口语应用能力。

**（四）演绎了口语交际课程教学的逻辑序列**

该书以所建构的课程体系结构为本，根据实现学段目标、课程目标的要求，结合口语交际实际形成的基本规律，通过对各相关课程教学的调查研究与反思，演绎出了口语交际课程教学的逻辑序列。该书认为，口语交际课程教学应该以"基础性课程教学—重要课程教学—核心课程教学—职业化课程教学"为常规教学序列，并把实践训练贯穿于其中，这样才能一步一个台阶地开展课程教学。显然，这是从课程教学角度，按照"基础性能力—发展性能力—拓展性能力—职业化能力"的逻辑来培养师范生口语交际能力的。

其一，处在第一梯级的专业必修课有现代汉语、语言学理论、普通话语音训练课程。这三大课程属于基础性课程。这些课程主要以培养师范生基本语言技能为教学目标，都以基础知识、基本理论和基本技能为主要教学内容，从而为师范生口语交际能力的培养打下了厚实的语言学基础。

其二，处在第二梯级的发展性课程有言语交际学、口语修辞学、社交礼仪课程；处在第三梯级的拓展性课程有演讲与辩论、诵读训练、公关语言学、主持语言艺术课程。第二、第三梯级连同第四梯级的课程均属于专业选修课。发展性课程与拓展性课程都以发展口语交际能力为主要教学目标，以发展口语交际能力为主要教学内容，强化的是对师范生交际能力训练的分类指导，注重的是师范生口语交际水平的提高。

其三，处在第二梯级的言语交际学课程属于发展性课程，也是发展性课程中培养师范生口语交际能力的重要课程。

其四，处在第四梯级的教师口语课程，属于职业化课程，是为了培养师范生职业能力而打造的富有专业性特色的课程。该课程以增强教师职业口语交际能力为教学目标，以教师职业口语交际能力培养为核心的教学内容。

### 三、应用至上，实训有法

该书自始至终都在强调能力训练，注重交际实践，突出实效检测，始终把汉语言文学专业师范生口语交际的实际应用能力作为研究的核心内容。该研究成果必将广泛运用于高校汉语言文学专业（师范方向）口语交际课程教学，引领教师对师范生进行有针对性的系统训练，促进相关课程教学质量的提高，也必将会在更大程度上满足中小学口语交际教育教学的现实需要。因此，该书草拟了诸多实训方式与方法，具有较为鲜明的应用性特征。

#### （一）从课堂教学环节看应用性

该书认为，口语交际能力培养本身就属于师范应用能力培养范畴，是贯穿于口语交际课程教学的中心任务。无论是基础性课程教学还是发展性课程教学，无论是拓展性课程教学还是职业化课程教学，无论是基础性能力培养还是发展性能力培养，无论是拓展性能力培养还是职业化能力培养，突出的都是实际应用，强调的都是口语应用能力。该书不仅注重教学过程中对大学生日常口语交际能力的培养，更强化了对汉语言文学专业师范生语文教育教学中教师职业口语应用能力的锻炼。因此，我相信书中所倡导的教学理念、教学方法、训练模式和手段等，不仅对大学中文专业口语交际教学具有较高的实用价值，而且对中小学语文课口语交际教学具有启发和借鉴意义。

#### （二）从模拟训练环节看应用性

该书特意用了第八、九、十章共三章的篇幅来讨论模拟训练与实践问题。首先，就口语交际训练的目标、原则和策略进行了阐释，以解决模拟训练中所涉及的理论问题，从而为开展模拟训练厘清了头绪，扫清了理论上的障碍。其次，就基础性能力、发展性能力、拓展性能力、职业化能力模拟训练来说，构拟了层级分明的训练策略系统；从宏观、中观和微观三个层面，就训练模式、训练手段和训练方法进行了多角度演绎，从而为模拟训练提供了具有实用性的训练策略。最后，为了检测教学与训练效果，该书还拟定了训练效果评价原则、评价指标与细则、评价方式、评价手段和方法，而这些其实都把焦点放在了实际应用上。比如演绎情境、依托实践、借助考核、追踪过程等评价方式与方法，注重的都是实际应用，从不同侧面彰显了该书的应用性特征。

### （三）从实践操作环节看应用性

该书认为，口语交际课程是实践性很强的课程，因此课堂教学也好，模拟训练也罢，最终都必须把注意力集中在实际应用上，在实践应用中探索教学方法和训练方式，并在实践应用中检测教学方法和训练方式的有效性和可行性。从教学论角度看，理论知识的教与学最终是要落实在实践应用上的。作为教师要身体力行，亲身参与到各种各样的口语交际能力训练过程中，通过指导训练来了解掌控学生的实际训练，获取实际训练指导的经验；而师范生则要通过说课、试教、演讲赛、辩论赛、教育实习、课本剧大赛、课堂教学大赛以及日常言语交往活动等渠道和手段，尽可能多地参与到多样化的口语交际实践之中，持续强化口语交际实战能力。

愿建安这本《口语交际教学新思维》能伴随您教或学的全过程，成为您的良师益友！

建安正值壮年，年富力强，精力旺盛。愿他百尺竿头，更进一步，写出更多高质量的学术专著，为我国的学术大繁荣做出更大的贡献！

喜见书成，是为序。以示祝贺！

宗廷虎

2017 年 6 月 18 日

（宗廷虎：复旦大学中文系教授、博士生导师，中国修辞学会顾问，著名修辞理论家、修辞学史和修辞史家）

# 目 录

# 第一章　引　论

## 第一节　口语交际教学要略

### 一、口语交际内涵

在人类日常生活以及重要活动中，都需要交流情感，传递信息，沟通想法，由此来建立和谐的人际关系，并使生活、工作等能够得以顺利有效地开展，而所有这些都必须开拓出交际通道。交际可以通过不同的载体和渠道，所以又有言语交际和非言语交际之分。而言语交际一般来说又有书面语交际和口语交际之分，人们往往把言语交际等同于口语交际。简单地说，口语交际就是借助于口头语言并综合利用各种语境条件而进行交流的一种双向言语活动。

表达和理解是口语交际活动中非常核心的两个方面。人们依赖于语音形式表达思想和情感，同时也利用语音形式解读说话者所要表达的意思。在口语交际过程中，完全依赖语音形式显然是不够的，还有许许多多语音形式之外的语言的、非语言的要素在同时制约和影响着口语交际。比如，微笑、哭泣、站姿、手势、眼神、表情等人体态势语，语法制式、语义规范、修辞规约、交际原则等语言应用要素，话题、情境、交际者、前言后语、文化心理、思维方式、文化背景、人际关系等语境条件，都会以成显性或隐性的形式综合影响着口语交际活动。因此，口语交际不仅是口语和表达自身的问题，更应该是人们利用口头语言进行交流的一种综合性双向言语活动。

### 二、口语交际课程述要

为了解决为什么要开展口语交际教学、口语交际课程涵盖了什么、怎样才能有效开展口语交际教学等一系列相关问题，有必要先厘清地方性普通本科高等院校汉语言文学专业（师范方向）的口语交际课程现状。

在地方性普通本科高等院校以中文为背景的相关专业学科，尤其是汉语言文学专业（师范方向）所建构的课程体系中，语言类课程与文学类课程形成了两大主要的课程群。两者既有相互区别的研究范畴，也有不同程度的关联性。文学类课程不是我们讨论的对象，姑且不论。语言类课程则涵盖了古今中外语言学课程，自然包括了口语交际课程。由于各个地方性普通本科高等院校的人才培养目标、办学理念等不同，口语交际课程的设置会出现一定甚至较大的差异。通过对多数地方性普通本科高等院校汉语言文学专业（师范方向）口语交际课程设置情况的调查研究与简单梳理，就会发现情况基本上是"小同"而"大异"。

所谓"小同"是说，各地方性普通本科高等院校汉语言文学专业（师范方向）所设置的现代汉语、古代汉语、语言学理论三门语言类课程，以及大部分地方性普通本科高等院校汉语言文学专业（师范方向）设置的普通话语音训练课专业选修课程，在我们看来不仅是传授语言基础知识、基本理论和基本技能的课程，也是为培养大学生书面语言表达能力和为逐步提高大学生口语交际能力而开设的语言类基础性课程。它们是相对稳定的课程，基本不受学校培养目标和办学理念等的影响。显然，各地方性普通本科高等院校中国语言文学一级学科下汉语言文学专业（师范方向）所设置的语言类必修课程、基础性课程的内容基本相同且规模比较小。

所谓"大异"是说，地方性普通本科高等院校根据专业学科的办学特色而设置的与口语交际教学有直接关联的专业选修课程，比如言语交际学、主持语言艺术、公关语言学、诵读训练、演讲与辩论、教师口语、社交礼仪等课程多为延伸性、拓展性、发展性、职业化课程，这些课程的设置往往会受到学校培养目标、办学理念和办学特色等的影响，因此不同学校之间会有较大差异。显然，各校与口语交际教学有直接关联的语言类专业选修课程不仅有较大差异而且课程数量较多、规模也比较大。

### 三、口语交际教学自定义

#### （一）口语交际教学是指口语交际类课程教学

口语交际教学是一个较为宽泛的说法，涵盖的内容比较多。实际上，以汉语为背景的各个专业的口语交际教学都存在着问题。汉语言文学专业（师范方向）最重要的课程教学就是口语交际课程教学，汉语国际教育专业、广播电视学专业、秘书学专业、书法学专业、电视编导专业、播音主持专业等也都有分量不等的口语交际教学任务，只是各专业口语交际类课程设置以及教学内容、教学重点各有不同罢了。

从上文的论述不难看出，我们在本研究中赋予"口语交际"的一个基本内涵就是口语交际类课程。因此，口语交际教学实际上不是指某一门课程的教学，而是指与口语交际教学相关的一系列课程的教学；口语交际教学的新思维实际上就是对地方性普通本科高等院校中国语言文学一级学科下汉语言文学专业（师范方向）口语交际类课程教学相关问题的新思考。

## （二）口语交际教学是以"三基"教学为基础的教学过程

所谓"三基"是口语交际教学尤其是口语交际能力培养的基础性课程，也是现代汉语、古代汉语、语言学理论等课程教学中要解决的主要问题。当然，在言语交际学、教师口语、普通话语音训练等选修课程中也要解决"三基"问题。所谓"三基"就是指基础知识、基本理论和基本技能。按照《现代汉语词典》的解释，"教学"是指教师把知识、技能传授给学生的过程。[①] 据此，可以认为口语交际教学实际上也是指教师把口语交际的基础知识、基本理论和基本技能传授给学生的一种教学活动和教学过程。这种界定自然属于一种比较传统的口语交际教学观。这种教学观把教学重点放在了口语交际基础知识讲解、基本理论的阐释和基本技能的培养上，但在实际教学中教师更偏重于在静态语境下开展语言教学，多注重理论意义上的解构，而较少关注口语交际实践和现实口语交际能力的培养。因此，课程教学往往被设定为在理想的语境中由理想的人说出理想的话语并作为理想的语料加以分析，从而得出理想的结论。这显然无法与当下地方性普通本科高等院校向应用型人才培养转型的大趋势完全同步。不同步不等于完全放弃或否定，而是要结合新常态下社会对人才需求的变化对"三基"教学观做出更为切合实际的调整。在教学中，要把"三基"教学作为培养大学生口语交际能力的基础，把偏重于理论阐释的口语交际教学调整为偏重于口语交际实践的教学，把偏重于口语交际基础知识和基本理论的学习转变为注重学生现实口语交际能力的培养与训练。基于此，我们认为口语交际教学就应该是以开展"三基"教学为基础的培养大学生口语交际能力的教学过程。

## （三）口语交际教学是以培养口语交际能力为核心目标的教学过程

语言应用能力涵盖书面语言能力和口语交际能力。因此，语言教学应该是以培养大学生书面语言能力和口语交际能力为核心目标的教学过程。

书面语言能力就是运用语言文字进行书面表达和理解的能力，即让大学生选用适宜的语言材料，遵循相应的语言规则进行书面语言表达的能力，以及利用语言知识与规则对书面语言进行逆向的语义解构的能力。从这个意义上说，语言教学就是要通过语言基础知识、基本理论、基本技能的教学来培养大学生书面语言表达和理解能力。以往地方性普通本科高等院校汉语言文学专业（师范方向）

① 中国社会科学院语言研究所词典编辑室. 现代汉语词典［M］. 5 版. 北京：商务印书馆，2005：691.

语言教学就把更多的注意力和精力放在了对大学生书面语言能力的培养上，尤其放在了对大学生书面语言表达能力的培养上。

与书面语言能力相对应的是口语交际能力。美国社会语言学家德尔·海姆斯认为，交际能力就是"何时说，何时不说，以及关于何时、何地、以何种方式与何人谈何内容"的能力；交际能力包含了懂得什么样的话合乎语法，什么样的话能被别人接受，什么样的话适合什么样的场合，某一种语言形式真正被使用的可能性有多大。在我们看来，所谓口语交际能力简单地说是指交际者在具体语用环境中利用口头语言进行表达和理解的综合应用能力。口语交际能力的培养是我们研究的对象和内容。从这个意义上说，口语交际教学是以培养大学生口语交际能力为核心目标的教学过程。

综上所述，我们的观点是口语交际教学是指以语言"三基"教学为基础，以培养口语交际能力为核心目标，并通过课堂讲授、模拟训练、实践操作、评价考核等教学手段和方法对大学生实施的口语交际类课程教学活动。

# 第二节　口语交际教学研究

## 一、研究现状简述

我国古代十分重视口语交际。孔子、孟子、苏秦、张仪等一大批文人贤士从修身开始，凭着善辩之才而治国平天下，达到了一言兴邦，一言丧邦的论说水平，从而实现了远大抱负。但是，在研究方面人们历来存在着观念上的误区，以至于长期以来学界多重视书面语而轻视口语，重视文才而轻视口才，重视表达而轻视交际。随着中小学语文新课标的实施，学界逐渐意识到口语交际教学研究的重要性，口语交际教学研究越来越受到重视，并且有不少有见地的专著、论文相继出版发表。我们查阅了中国知网并利用百度搜索引擎搜索相关文献资源，发现就中小学口语交际教学与高校口语交际教学相较而言，与前者相关的研究成果相当丰硕，而与后者有关的研究成果则非常少。不过，令人欣慰的是，近些年来学界已经开始关注高等院校口语交际教学问题，并且也有不少研究者从各个不同的侧面对口语交际教学进行了研究。研究课题涉及大学生口语交际现状、课程设置、教材编写与修订、教学方法改革、教学过程实施、教学效果评价等多个方面，尤其是对口语交际课堂教学改革的探索更为突出。我们仅就以下三个主要研究内容和研究对象作简单说明。

### （一）对口语交际课程的研究

对口语交际课程的研究来说，学者不仅对口语交际课程体系建构的相关问题开展了初步研究，而且对包括重要课程、核心课程和职业化课程在内的口语交际课程已有了或多或少的讨论。比如有不少研究者对现代汉语、语言学理论、主持语言艺术、言语交际学、普通话语音训练等具体课程进行了研究；也有研究者对口语交际课程建构的原则、理念等进行了探索；与此同时，还逐步培育开发出新的课程，分层开展对合格课程、优秀课程、精品课程的深入探索，以期形成合理、实用、健全的口语交际课程体系，并凸显出自己的口语交际课程特色。比如，陈宗麒的《论口语交际的课程取向和课程理念》（《语文学刊》2008年第20期）、安志伟的《试论高职高专〈言语交际〉课程的学科定位》（《济南职业学院学报》2011年第5期）、孟建安的《课程目标·课程结构·课程内容——汉语言文学专业师范生口语交际课程体系建构的重要内涵》（《肇庆学院学报》2012年第6期）、陈昕的《高师口语课程改革研究》（《绍兴文理学院学报》2015年第1期）等。

### （二）对口语交际教学改革的研究

地方性普通本科高等院校汉语言文学专业（师范方向）担任口语交际类课程教学的教师以及研究人员一直以来都在进行教学改革。他们结合课程教学实际对教学的相关方面开展了具体而又细致的讨论。比如教学大纲、教学目标、教学过程、教学效果、教学方法、教学理念、教学技术、教学手段、课件制作、教案撰制、教学内容、教学重点、教学难点、教学思路、教学语言、师生互动、教学效果评价、课堂提问、作业布置、课堂训练等都在研究的范围之内，都是教学改革研究的重要对象。这方面的研究成果非常多，既有单篇教研论文，也有相关教研专著，还有教学研究课题项目，并有不少教学研究成果获得了不同级别的优秀教学成果奖。比如，赵贤洲的《文化差异与文化导入论略》（《语言教学与研究》1989年第1期）、陈光磊的《语言教学中的文化导入》（《语言教学与研究》1992年第3期）、周小兵的《对外汉语教学中的跨文化交际》[《中山大学学报（社会科学版）》1996年第6期]、李海林的《言语教学论》（上海教育出版社2000年版）、孟虹的《德国高校汉语口语课差异教学初探》（《汉语学习》2000年第2期）、谢承志的《语言交际能力训练与自测》（上海辞书出版社2002年版）、王华的《口语交际能力评价策略构想》（《语文建设》2005年第9期）、曹建召的《口语交际能力训练体系的建构》（《语文建设》2009年第6期）、王维维的《言语交际案例教程》（清华大学出版社2012年版）、孟建安的《优选训练方法，强化训练效果——"言语交际"课程教学方法改革与实践探索之一》（《肇庆学院学报》2014年第6期）、龙彩虹的《口语交际理论与训练教程》（东南大学出版社2014年版）、孟建安的《高校师范生言语交际能力训练的基本原则——以汉语言文学专业为例》（《肇庆学院学报》2016 年第 1 期）等。

### （三）相关口语交际教材的编写与研究

在笔者看来，教学是通过一定的方法与手段把知识、技能等传授给学生的过程，所以教师依据的是课程标准，教授的是课程标准、教学大纲所规定的知识、理论和技能。口语交际课教学也是如此。口语交际课教材不是口语交际课程本身，而只是师生教与学的一种依托或者参照。如果说不能选择课程的话，教材则是完全可以选择的，而且可以有多种选择。比如现代汉语、语言学理论等课程，是地方性普通本科高等院校汉语言文学专业（师范方向）的专业必修课程，也是口语交际能力培养的基础性课程，是必须开设的课程。从这个意义上说，这门课不具备可选性，教师必须教，学生必须得学。但是，这两门课的教材则是可以选择的，可以采用不同版本、不同编者的教材，甚至也可以不用教材。学界对口语交际类课程所用教材的研究，既有对相关口语教材的研究，又有对教材编写和修订原则的研究；既有对教材体例的研究，又有对教材内容处理方式的研究。如姚亚平的《人际关系语言学》（辽宁教育出版社 1988 年版）、孙莲芬和李熙宗的《公关语言艺术》（知识出版社 1989 年版）、黎运汉的《公关语言学》（暨南大学出版社 1990 年版）、王绍龄的《言语交际》（河南大学出版社 1991 年版）、宗廷虎的《辩论艺术》（云南人民出版社 1991 年版）、张锐和万里的《教师口语》（北京师范大学出版社 1994 年版）、刘伯奎的《教师口语——表述与训练》（华东师范大学出版社 1994 年版）、刘焕辉的《言语交际学基本原理》（江西教育出版社 1997 年版）、潘肖珏的《公关语言艺术（第三版）》（同济大学出版社 2000 年版）、张先亮的《语言交际艺术》（科学出版社 2000 年版）、谢承志的《语言交际能力训练与自测》（上海辞书出版社 2002 年版）、赵毅和钱为钢的《言语交际学》（上海三联书店 2003 年版）、王维维的《言语交际案例教程》（清华大学出版社 2012 年版）、孙汝建的《口语交际艺术》（华中科技大学出版社 2013 年版）、龙彩虹的《口语交际理论与训练教程》（东南大学出版社 2014 年版）等教材。这些成果为高等院校教师口语教学做出了贡献。

## 二、研究缘由与意义

对地方性普通本科高等院校汉语言文学专业（师范方向）口语交际教学进行系统研究不仅是必要的，而且还具有非常重要的现实指导作用和学科建设意义。

### （一）现实社会发展的需要

从现实社会需要方面看，师范生口语交际能力的培养是符合当下社会现实对师范生语言素养的基本要求的。汉语言文学专业（师范方向）主要培养适应中小学语文教学的应用型人才，为基础阶段的语文教育输送合格的具有现代教育理念和掌握现代教育技术与方法的师资队伍。撇开日常交际不谈，在语文教学这一社会交际层面的重要交际领域，师范生作为准教师无论从哪一个角度来说都必须具备口语交际的基本能力。其一，作为语文教师要为学生提供口语交际的范例，尤其要为小学这个阶段的学生的口语交际做榜样，这是作为一名合格的语文教师应该具备的基本功和职业技能；其二，语文教学的重要内涵之一就是对学生进行语言教育。语言教育的内容是多样化的，基本的内容表现为语言情感教育、语言规范教育、语言艺术教育、语言得体教育和语言审美教育；其三，具备基本的口语交际能力是任何一位大学生走向社会的基本需求，是适应社会、建立良好人际关系的必备条件。所以，从这个意义上说，对口语交际教学进行研究不仅能够引领教师对师范生进行系统性、针对性的训练，而且也与社会发展的需求同步，并与语文教育的实际要求相吻合。

### （二）实现人才培养目标的需求

《全日制义务教育语文课程标准》规定，将"识字与写字""阅读""写作""口语交际"四个内容并列作为九年义务教育阶段的阶段性目标聚集点，从而成为语文学习的重要内容。师范生作为未来的中小学老师，除了自身要具备较强的口语交际能力，还应该具备指导中小学生运用语言进行交际的能力。因此，从人才培养目标方面来看，培养师范生口语交际能力与中小学语文教育教学形成了直接的对接，是为了更好地落实地方性普通本科高等院校汉语言文学专业（师范方向）的人才培养战略。为了主动适应社会经济发展的要求，不少地方性普通本科高等院校汉语言文学专业，从战略的高度及早地确立了学校的办学理念。比如肇庆学院把"以生为本，以质立校；学术并举，崇术为上"作为办学理念。汉语言文学专业的设置就是要在学校办学指导思想的统领之下，培养出听、说、读、写能力都强的具有汉语言文学专业背景的应用型高级专门人才，所以口语交际能力是汉语言文学专业师范生必备的基本素质和基本能力。教育界的广泛共识是强调教师要经过严格的、持续不断的专业训练来获得专门的知识与专门的技能，强调教师应该具备专业学术知识与职业技能等素质。教师的职业技能主要是指从事教育和教学的基本方法与技巧等能力，而其中口语交际能力就占有相当大的份额和比重。原国家教育委员会公布的《师范院校"教师口语"课程标准》指出："普通话是教师的职业语言。普通话训练是前提，贯穿本课程始终。一般口语交际能力是适应现代社会发展需要的重要能力，一般口语交际训练是普通话训练的继续和深化，也是教师职业口语训练的基础。教师职业口语是用标准或比较标准的普通话表达的，符合教育、教学要求的专业用语，是师范生必备的职业基本技能。教师职业口语训练是一般口语训练的提高和扩展，也是本课程的最终目标。"基于此，刘兴策进一步明确指出，师范生所要掌握的教师职业技能包括普通话与口语表达，可见教师职业口语能力是口语交际能力的重要内涵。口语交际能力的培养，要通过四年的专业学习和系统训练，使师范生不仅能够说一口流利的普通话，还能够以某种体制为先导，并以特定语用环境作为重要的参考框架，坚持相应的语用原则，综合优化选择语音、词语、句式和辞式等表达手段，以提高口语交际的效果，实现口语交际的最终目的。所以说，具有较强的口语交际能力是汉语言文学专业（师范方向）人才培养目标中的必有之义，也是每一个师范生都必须做到的。因此，对地方性普通本科高等院校汉语言文学专业（师范方向）口语交际教学进行深入研究，将会最大限度地推动本专业培养目标高效快捷的实现。

### （三）学科建设与课程教学的需要

从学科建设和课程教学方面来看，开展口语交际教学研究既是学科建设的需要，也是出于构建汉语言文学专业背景下合理的口语交际课程体系的需要。通过研究，可以推动口语交际相关课程，如现代汉语、言语交际学、普通话语音训练、教师口语、公关语言学等课程教学的进一步改革。这不仅会为这些课程的教学改革提供方法论原则，以进一步提高教学质量和训练效果，也会为新的课程教学理论提供颇具说服力和翔实的个案实证材料，从而打造以现代汉语、语言学理论、普通话语音训练等课程为重要基础，把言语交际学、公关语言学、诵读训练、演讲与辩论、社交礼仪、主持语言艺术、口语修辞学等课程作为重要课程的具有层次性的合理的口语交际课程体系。这个课程体系是创建汉语言文学专业（师范方向）语言学及应用语言学学科的重要支柱，更是加强特色语言课程建设和扶持新兴语言学课程的重要条件和重要内容。所以，对口语交际教学进行研究具有不可替代的学科建设意义和相当积极的课程教学论色彩，必将有助于语言学及应用语言学学科合格课程、优秀课程和精品课程等不同层次课程建设的顺利进行，必将推动结构健全的优质课程群和课程体系的尽早形成。

### （四）指导实践训练的需要

从实践训练方面看，口语交际教学研究能够更切合师范生口语交际能力的实际情况，提供更具针对性的且合理有效的指导原则、训练方式和训练效果反馈机制。以地方性普通本科高等院校汉语言文学专业师范生为对象来研究口语交际教学，是提高口语交际教学效果、系统地指导实践训练的基本策略和必要途径。

从口语交际训练指导来看，在口语交际系列课程教学中除了基础性课程教学是理论传授多于实践训练，发展性课程、拓展性课程、职业化课程都以实践训练为主，都坚持把实践训练贯穿于整个教学过程。比如，言语交际学课程，特别强调师范生在人与人交往的过程中的口语交际训练；注重的是在口语交际模拟训练中去践行人际交往语言艺术，通过训练把人际交往中人际关系与交际话题的确定、交际话语的选择、交际语境的利用、交际手段的创造等相关语言运用策略落到实处。然后，在训练中来观察、检测教学效果。作为教师，只有对口语交际教学进行过深入而系统的研究后，才能掌握并创新教学方法，以指导师范生口语交际训练。

从口语交际实践指导来看，师范生除了平时语言生活中的口语交际，大学期间还可以利用相当多的平台和机会来锻炼自己的口语交际能力。比如演讲、辩论、朗读、吟诵、教育实习、试教、主持活动、总结发言、小型学术报告、毕业论文答辩等形式不同的口语交际活动，都是师范生可以利用的极佳的口语交际实践机会。基于此，教师就必须针对学生口语交际的实际，并通过口语交际教学研究，发掘出更适合的、相对专业化的训练方式和方法、训练策略和技巧、训练原则和规律等，以提高口语交际的实践效果。

## 三、研究方法论

### （一）研究旨趣上的方法论选择

在我们看来，地方性普通本科高等院校汉语言文学专业（师范方向）口语交际教学应该以"应用"为导向，把大学生口语交际能力的培养作为口语交际教学的核心内容。口语交际能力作为语言应用能力的一大支柱，是口语交际教学应该而且必须着力培养的对象。在向应用型大学转型的过程中，地方性普通本科高等院校汉语言文学专业（师范方向）的口语交际教学应该以实现这个核心目标为最终目的。在本研究中，坚持把口语交际能力培养作为主体目标中的一个核心目标并由此来确定研究的内容与对象，这就是我们在研究旨趣上的方法论选择。

地方性普通本科高等院校汉语言文学专业的学生尤其是师范生要做到既会写又会说，也就是既要会动"手"又要会动"口"。过往的语言教学往往把更多的注意力聚焦于书面语言表达能力的培养上，而对大学生口语交际能力的培养缺乏足够的重视。本研究中，我们的目的主要是解决与口语交际能力培养相关的语言教学问题，把研究旨趣进一步聚焦于地方性普通本科高等院校汉语言文学专业师范生口语交际能力的培养上。

需要特别说明的是，本书的论述都是以地方性普通本科高等院校汉语言文学专业为专业背景，以汉语言文学专业师范生为研究对象，并以汉语言文学专业师范生口语交际能力的培养为核心目标。只不过，为了叙述方便，行文时会对"汉语言文学专业（师范方向）""汉语言文学专业""师范生""大学生""学生"等说法做出不同选择。虽然研究的对象是汉语言文学专业师范生，但对师范生之外的大学生口语交际能力培养依然具有普适意义。

### （二）研究原则上的方法论选择

本研究在坚持辩证法这一根本方法论原则的前提下，努力把演绎与归纳、理论与实践、描写与分析等结合起来，尤其主张把课堂教学、模拟训练、交际实践、评价考核融为一体，以此来强化语言教学效果。比如，在研究中我们推演出了口语交际训练的一些模式，这些模式是否适当，就必须通过模拟训练和口语交际实践来反复验证和检测，然后才能得出最终的结论。本书为了便于表述并出于对研究思路的导引，将各基础性课程、重要课程、核心课程和职业化课程中的相关训练教学，集中放在第八、九、十章作较为系统而又详细的专门讨论，各门课程教学研究中尽量少作或干脆不再作专门论述。

### 四、研究思路

由于开展研究的出发点、研究方法、研究内容、研究条件等的不同，不同的研究者各有不同的研究思路和想法。

开展本研究的总体思路就是把对课堂教学、模拟训练、交际实践的研究有机地结合起来，以获取口语交际教学最佳效果的基本方略。具体地说，就是在对地方性普通本科高等院校汉语言文学专业过往语言教学尤其是现代汉语、普通话语音训练、语言学理论等课程教学现状，以及大学生口语交际现状的调查与简单反思的基础上，结合当下应用型人才培养目标的要求以及社会对中文人才的实际需求，紧紧围绕对地方性普通本科高等院校汉语言文学专业师范生口语交际能力的培养，提炼出开展口语交际教学的基本理念，试图建构比较切实可行并具有特色的口语交际课程体系，以及较为健全的口语交际能力训练机制。与此同时，对相关联的基础性课程、重要课程、核心课程、职业化课程教学的相关方面作进一步的讨论，并就口语交际能力训练教学的相关问题作更为系统而又具体的探索。

### 五、研究内容

口语交际教学内容很多，要解决的问题包罗万象，因此没有必要做到面面俱到。在本书中，我们的研究内容主要包括：大学生口语交际现状分析；口语交际教学现状反思；口语交际教学理念；口语交际课程设置的概说、原则、理念、目标、结构、内容；基础性课程——现代汉语课程教学；重要课程——口语修辞学课程教学；核心课程——言语交际学课程教学；职业化课程——教师口语课程教学；口语交际训练的目标、原则、策略；模拟训练构拟；训练效果评价的原则、指标与细则、方式、手段与方法等。对这些内容的研究都是围绕着一个核心话题——地方性普通本科高等院校汉语言文学专业师范生口语交际能力的培养来进行的。

# 第二章　口语交际教学思辨

## 第一节　大学生口语交际现状分析

在教学过程中，我们一直在跟踪调研大学生的口语交际情况。无论是审视课堂中的问答，还是观察平时生活中的日常交流；无论是评述课堂上的模拟训练，还是检视各种不同的口语交际类竞赛活动，会发现不少大学生口语交际能力较弱，甚至远远没有达到作为"大学生"应该具备的水平。那么，大学生的口语交际现状究竟如何？相当多的研究者往往根据研究需要设计相应的调查问卷，并对有效问卷进行数据统计与分析，从而得出相对性结论，提出有针对性的意见和建议。① 我们在研究过程中采用了定量和定性两种评价方式，并主要通过问卷调查和课堂模拟训练两种手段来观察并简要分析大学生的口语交际情况，从而为本课题的研究提供一些基本的参考。

### 一、定量调查得出的基本数据与初步结果

在教学过程中，我们采用定量评价方式对大学生口语交际现状进行问卷调查，并对有效问卷进行了数据统计和简单分析。

#### （一）调查问卷设计

1. 基本情况介绍

多年以来，在肇庆学院文学院汉语言文学专业（师范、高级秘书方向）、广播电视学专业、汉语国际教育专业、语文教育专业（仅限专科）相继开设了专业选修课程——言语交际学课，并在专升本实验班开设的语言学理论与训练课程中讲授言语交际学等内容。在讲授课程、模拟训练以及实践操作各个环节对大学生口语交际现状进行过相应的摸底检测。为了更为全面而又较为准确地了解大学生人际交往中的口语交际现状，笔者又组织 2013 级专升本实验班的学生分组采用问卷调查的方式对大学生口语交际中关注较多的 9 个问题进行了调查。各调查

---

① 龙彩虹. 口语交际理论与训练教程［M］. 南京：东南大学出版社，2014.

组进行了调查问卷的初步设计并对调查结果作了初步分析，历时约 5 周。笔者作为授课教师兼指导教师，从命题到具体问题设计再到结果分析，不仅全程参与，给予了具体指导和安排，还对所有问卷设计及结果分析进行了具体而又详细的纠偏、修改、充实和完善，并做了最终的结果认定。

2. 问卷内容分布

就人际交往中有关口语交际的 9 个问题，按照该实验班学生的学号将学生分成 9 个小组，分别根据所分配任务的要求设计问卷展开调查。这 9 个问题分别是大学生口语交际中教师称呼语的使用情况、大学生口语交际中同学之间称呼语的使用情况、大学生对学校非教师职工称呼语的使用情况、大学生口语交际中招呼语的使用情况、大学生日常交际中新媒体平台（微信、QQ、微博等）的使用情况、大学生口语交际中绰号的使用情况、大学生口语交际中口头禅的使用情况、大学生口语交际中网络用语的使用情况、大学生微信朋友圈的情况。要求问卷内容要有一定的覆盖率，具有可靠性、典型性。从内容设计的实际情况看，9 个小组中设计有效问题最少的一份问卷计 12 个问题，最多的一份问卷计 24 个问题。

（二）调查组构成

9 个问题由 9 个小组分别构拟相应的具体调查内容；每个调查组都分别由 7 人组成，其中 1 人为组长，负责具体事宜；9 个调查组均由笔者担任指导教师。比如问卷选列"大学生口语交际中招呼语的使用情况"这一问题的设计与调查分析，是由笔者作为指导教师，由邓依婷同学担任组长，并由钟海韵、莫璐娜、陈永秋、吴娟华、冯嘉慧、黄文兰同学作为成员组成调查小组的。

（三）调查样本选取

为了使选取的样本具有代表性，能够基本反映大学生的口语交际现状，我们对所有问卷都做了如下规定，并提出了具体的选样要求：第一，选取 5 个专业：中文、外语、教育、计算机、生物专业。第二，选 100 人，每个专业 20 人（其中，男生 10 人、女生 10 人）；大一至大四的 4 个年级中，每个年级选 5 人。第三，被调查者最好来自多个方言区，重点关注广东境内的粤方言、客家方言、闽方言等区域（该项不作硬性规定，仅供参考）。第四，问卷必填信息：专业、年级、性别；选填信息：所讲方言。

（四）调查数据统计与简单分析

限于篇幅并为便于说明问题，我们选择"大学生口语交际中招呼语的使用情况"这一问卷作比较详细的分析。

## "大学生口语交际中招呼语的使用情况" 调查问卷

**调查小组：**邓依婷、钟海韵、莫璐娜、陈永秋、吴娟华、冯嘉慧、黄文兰

**指导教师：**孟建安

专业：_____ 年级：_____ 性别：_____ 所讲方言（选填）：_____

你好！首先感谢你在百忙之中抽空填写这份问卷。这次问卷的主要目的在于调查大学生在口语交际中招呼语的使用情况。期盼你能就实际情况回答，以求调查结果真实客观。再次感谢你的支持与配合！祝你生活愉快！

1. 你在打招呼时考虑到的因素是什么？（　　）

A. 场合　B. 对方的年龄　C. 对方与你的关系（熟悉程度）

D. 文化背景（语言不同）　E. 其他（注明）：_____

2. 以下称呼式打招呼用语中，哪种是你在日常生活中频繁运用的？（　　）

A. 直呼姓名　B. 呼其昵称　C. 使用亲属称谓

D. 称呼职位或身份　E. 其他（注明）：_____

3. 以下问候式打招呼用语中，哪种是你在日常生活中频繁运用的？（　　）

A. 你好/您好！　B. 去哪儿？　C. 吃了吗？　D. Hello/ Hi!

E. 早上/中午/晚上好！　F. 好久不见！　G. 其他（注明）：_____

4. 你和别人打招呼时会使用肢体语言吗？（　　）

A. 经常　B. 视情况而定　C. 偶尔　D. 从不（跳过第5、6题）

5. 你在什么情况下会使用肢体语言打招呼？（　　）

A. 与对方关系亲密　B. 与对方关系一般　C. 与对方关系冷淡

D. 其他（注明）：_____

6. 你通常会使用什么样的肢体语言和他人打招呼？（　　）

A. 招手　B. 点头/微笑　C. 轻拍别人肩膀　D. 伴随语言（加动作）

E. 其他（注明）：_____

7. 遇到熟悉的人和不熟悉的人，你所用的招呼语相同吗？（　　）

A. 相同　B. 不相同

8. 遇到很好的朋友时，你会怎么样打招呼？（　　）

A. 嘿！干嘛去？　B. 不说话，直接轻打他/她一下　C. 喂，帅哥/美女

D. 其他（注明）：_____

9. 遇到不熟悉的人，你会怎么样打招呼？（  ）

A. Hello/Hi /你好/您好！  B. 相视一笑  C. 当作不认识，直接走开

D. 其他（注明）：_____

10. 你会主动和同辈的异性打招呼吗？（  ）

A. 主动打招呼  B. 等异性向你打招呼  C. 看心情  D. 看熟悉程度

E. 其他（注明）：_____

11. 在校道上遇到老师时，你会如何做？（  ）

A. 主动向老师问好  B. 装作没看到  C. 绕路走

D. 其他（注明）：_____

12. 和老师打招呼时，你通常会选择哪种方式？（  ）

A. 老师好！  B. 与老师寒暄  C. 向老师点头微笑

D. 其他（注明）：_____

13. 当他人向你介绍一位陌生人时，你怎么同其打招呼？（  ）

A. 你好/您好！  B. Hello/Hi！  C. 使用"请多关照"等客套语

D. 其他（注明）：_____

14. 当你向他人打招呼而别人不理睬时，下次你还会和他/她打招呼吗？
（  ）

A. 会  B. 不会  C. 看心情  D. 其他（注明）：_____

15. 你觉得和别人打招呼是一种什么样的行为？（  ）

A. 礼貌  B. 习惯  C. 其他（注明）：_____

16. 你觉得招呼语使用的不同，是否代表了情感的亲疏？（  ）

A. 是  B. 否  C. 视情况而定

17. 你认为和别人打招呼是一种负担吗？

A. 是  B. 否  C. 有时是

18. 你认为平时和人打招呼对维持人际关系平衡的作用如何？（  ）

A. 很重要  B. 比较重要  C. 一般  D. 不是很重要

☆如果你对以上选项有任何意见或建议，可以写在下面。

非常感谢你在百忙之中抽出时间完成我们的问卷调查！

我们知道，打招呼是日常人际交往中常见的一种交际行为，主要用来表示谈话或者交流的开始，以及表示礼貌；与之相应的招呼语则是用以表现礼貌的语言形式。本次的调查问卷共发出 100 份，收回有效问卷 100 份。本问卷通过对肇庆学院"大学生口语交际中招呼语的使用情况"的调查，从不同角度了解到大学生在不同场合、面对不同交际对象时招呼语的使用情况，试图从一个侧面推知当

代大学生的口语交际能力。根据以上 18 个问题的调查结果，我们就大学生打招呼这一施言行为以及大学生对招呼语的认知、选择和使用技巧、达成的功效等方面做出初步的判断。

### 1. 从打招呼的行为以及对招呼语的认知上看

关于大学生打招呼的行为以及大学生对招呼语使用的认知，本问卷设计了 3 个问题，即第 15、16、17 题。有高达 86% 的大学生把打招呼视为一种礼貌行为；有 84% 的大学生在口语交际时看重打招呼这一礼貌行为；有 58% 的大学生认为招呼语使用的不同，代表了情感上的亲疏远近。虽然有 42% 的大学生不认为打招呼是一种负担，但也有 4% 的大学生肯定地认为打招呼是一种负担，并且还有高达 54% 的大学生认为有时这会是一种负担。

从统计数据可以推知，大学生对打招呼这种行为的认知态度是正确、积极的，准确地定位了打招呼行为的性质和功效。这为有效开展口语交际教学提供了正向引导，也增加了任课教师的信心和力量。但不可忽视的是，有高达 58% 的大学生肯定地认为或者有时会觉得打招呼是一种负担。由此看来，将近六成的大学生对此在心理上有轻微甚至比较严重的负担。那么，怎么才能促使大学生纠正这种想法呢？一方面，在口语交际教学中要重视这个问题，不能掩盖事实；另一方面，还必须在教学过程中寻找造成这一心理的主要原因，比如是出于害怕恐惧还是性格内向，是家庭教育不当还是突发事情诱导，是情绪干扰还是主动性不够等。任课教师要在此基础上开展有针对性的教学，以便打开突破口，促使大学生消除影响口语交际能力提升的不良因素。

### 2. 从对招呼语的选择和使用技巧上看

关于大学生对招呼语使用技巧的把握，本问卷设计了 14 个问题，即第 1～14 题。从数据上看，大学生都比较重视招呼语的选择与使用，并会在使用的过程中不同程度地考虑口语交际的环境问题。比如对象身份、熟悉程度、亲疏关系、性别差异、交际状态、交际心理、自尊心等都会对打招呼行为以及招呼语使用具有制约和影响作用。当面对这些问题时，有些学生能够从容应对，比如见到老师时有 84% 的同学会毫不犹豫地使用"老师好！"这一招呼语。有些学生就显得手足无措，有的甚至干脆拒绝打招呼或者随心情而定。比如第 14 题"当你向他人打招呼而别人不理睬时，下次你还会和他/她打招呼吗？"，竟然有 22% 的学生选择不再和对方打招呼，58% 的学生随心情而定，而选择会继续和对方打招呼的学生仅有 19%。由此可见，大学生在人际交往中还普遍存在着冲动、不成熟的心理，容易受情绪干扰。这显然不是常态。这就警示了任课教师，对大学生口语交际能力的培养不仅限于听说能力，心理调控能力也同样重要。在教学中，要强化学生心理能力这一前在能力的训练，使学生具备与他人进行正常交往的基本条件和能力。

### 3. 从对招呼语达成的功效上看

关于大学生对招呼语功效的看法，本问卷设计了 1 个问题，即第 18 题。从数据上看，大学生大多认为打招呼是人际交往中口语交际的重要表现形式，对协调人际关系、交流情感等具有重要的作用。数据显示，有 84% 的大学生在口语交际时看重打招呼这一礼貌行为，并把这种行为作为平衡人际关系的重要手段。这一现象表明，大学生认识到了打招呼在人际交往中的重要性，这对提高大学生学习口语交际相关课程的积极性和主动性具有重要的推动作用。

### （五）问卷存在的问题

本问卷的内容涉及大学生对招呼语的评价、选择、功能认知等问题。但是，本问卷设计思路还没有完全打开，视野不够开阔；问题类型不够多，稍显单一；所设计的问题缺乏类型化处理，稍显杂乱；有些问题在内容上存在着一定程度的重合。

## 二、定性调查得出的初步结论与启示

在讲授言语交际学、语言学理论等课程的过程中，除了正常的课堂问答，我们还根据教学内容设计了相应的模拟训练话题，并针对训练话题采用了相应的训练模式、手段和方法与课程教学同步进行。在模拟训练过程中，显示出当代大学生在人际交往过程中口语交际的优势与缺陷。

### （一）模拟训练话题

依据教学大纲、课程进度和具体教学内容，设计出了如下主要模拟训练话题，并在训练时提出具体的要求。这里仅列出一般口语交际模拟训练的部分话题和大致要求，其他基础性、发展性、拓展性、职业化能力的专门训练话题不再赘述。

（1）口述一件有意思的事情，利用口头禅、语气词等设计言内干扰。

（2）请对班上你最熟悉的 3 位同学的特点作说明性介绍。

（3）两人一组，以问路为话题进行交流，要设计出 3~5 个言外干扰。

（4）两人一组根据提供的条件进行模拟训练，注意话语策略与说话手段的设计要紧紧围绕着交际目的和交际效果来进行。

人物：乘客、售票员；事件：买汽车票

始发站：肇庆粤运汽车总站；目的地：广东省汽车客运站

（5）两人一组，在 P－C 状态下就大学课堂上要不要点名的问题进行言语沟通。

（6）两人一组，在 A－A 状态下就大学课堂上要不要点名的问题进行言语沟通。

（7）两人一组，在 C－C 状态下就大学课堂上要不要点名的问题进行言语沟通。

（8）两人一组，其中一人为患者身份，另一人为医生身份。以患者向医生打听病情为话题，设计相关对话表现医生或者患者的情绪障碍。

（9）用一段话分别解释下列物件的功能、结构和使用方法。

电脑　课桌　粉笔　手机

（10）两人一组以"趣"事，或者"乐"事，或者"囧"事为话题进行对话。要求：第一，有发话、接话、插入、放弃发话；第二，有三次以上毗邻应对；第三，有两次以上插入序列。

（11）以"时间都去哪了？"为话题，两人一组交谈。要求：第一，有发话、接话、插入、放弃发话；第二，有三次以上毗邻应对；第三，有两次以上插入序列。

（12）三人一组就某个话题进行对话，要求分别做到简洁明白、委婉含蓄、幽默风趣。

（13）两人一组，以某事件为话题，要求分别采用乘隙反射、避实就虚、移花接木或含蓄委婉（至少要用两种）的应变方法进行对话。

（14）两人一组，以问候病情为话题，要求草拟出 ABO＋型，或 ABOO 型，或 A B－－型人际关系对话模式。

（15）以最近的天气状况为话题，两人一组进行对话，交际中遵守求同存异的原则。

（16）三人一组采用角色扮演法，把你的朋友当面推荐给你的老板，要求最终通过你的介绍能够促使老板录用你的朋友。

（17）两人一组，以陌生人身份就年龄、工作、学习、家庭状况等进行对话，要求注意提问和应答方法的巧妙运用。

（18）两人一组，以拒绝异性的跳舞邀请为话题采用相应的拒绝方式进行对话。

（19）两人一组，以相互评价对方的衣着为话题进行对话，要求坚持谦逊准则。

（20）两人一组，以吃饭买单为话题进行对话，要求注意遵循礼貌原则与合作原则。

（21）两人一组，以应聘现场为交际环境，以"你为什么选择我们公司"为话题，利用一定的礼貌手段进行对话。

（22）两人或多人一组，就某个话题充分利用交际对象的心理和情绪进行对话。

（23）两人一组，就某个话题分别利用双方特定关系及双方共知条件进行对话。

（24）两人一组，以赞美对方为话题，使话语具有文化世界的可解释性。

（25）两人一组根据礼貌原则中的相应准则采用角色扮演法说服行人遵守交通规则。

（26）在课堂上向大家转述一篇大家熟悉的中小学语文课文内容。

（27）四人一组就网络语言是否泛滥化问题进行辩论。

**（二）训练情况述评**

**1. 基本运作思路**

在课堂模拟训练过程中，教师大多会根据教学内容提前一周把训练话题分配给有关同学，然后由他们自由组合，形成会话交流小组。训练小组各自分配任务，根据任课教师提出的训练要求讨论并设计思路，准备训练提纲，甚至要作先期的演练。最后，在课堂上面对全班同学进行模拟训练。模拟训练时间一般控制在3分钟左右，参与人数多的话题训练最多不超过10分钟。

**2. 模拟训练初步结果**

从模拟训练效果来看，任课教师把模拟训练作为重要教学手段来提升课程教学效果；学生则通过模拟训练使自己进一步掌握相关口语交际理论知识，增强口语交际技能，从而为全面提升口语交际能力做足准备。

（1）主要优点。

其一，根据学生训练情况来看，学生态度都很端正，积极性很高，准备认真充分。这是最值得肯定的一点。

其二，大多数学生能够按照训练要求去做。

其三，学生注重从口语交际能力的多个方面强化训练，包括对心理调控能力、情感沟通能力、态势语协调能力、听说运作能力等的训练。

其四，多数同学注重话语技巧的选择，并把语境条件作为口语交际必需且重要的参考框架，充分利用和创造语境条件，以便顺利地完成交际任务。

其五，多数同学能够在训练中坚持交际的原则，注意把话说得通顺明白、有艺术性、得体有度，不仅保证了交际的顺利完成，还保证了交际的效果。

其六，岭南区域内的学生普方转化意识特别强，大多能够在普方之间从容做出选择。

（2）存在不足。

其一，听说运作能力方面。第一，不少学生声音较小，尤其是一些女生的表现更为明显，以至于教室中间往后几排的学生很难听得清楚。第二，多数学生普通话不是特别标准，流畅度不够，音节之间跳跃性过大，发音不到位，方言较重，尤其是来自粤方言、客家方言、闽方言等方言区的同学更突出。一些同学存在着系统性语音错误，比如前后鼻音不分、儿化音发音不到位、舌尖前音与舌尖后音不分等。第三，训练中词语选择存在失误，大词小用、小词大用、词语错用、褒贬误用、词义理解错误、语义搭配不当等现象并不少见。第四，一些同学在训练中，经常出现语句不通、文意不畅、上下逻辑关联度不够、缺乏必要的衔接手段等现象。第五，一些学生语体认知意识不够强，以至于说话的语气、语调、风格、词语选择等都或多或少存在偏离语体的情况，比如有的同学把说话当成了演讲甚至是辩论。第六，说话过程中，一些学生使用的听说策略、手段、方法等不够丰富，得体程度尚待提升，说话的技巧性有待改善。第七，在规定的时间内，话语的信息量不足，语意内容过于简单，甚至有偏离话题的现象发生。第八，语境利用能力、文化阐释能力不够。第九，部分学生思路不是特别清晰，语言表达条理性不强，对内容缺乏必要的梳理。

其二，心理调控能力方面。第一，有不少学生胆量较小，不够自信，紧张害怕，缺乏说话的勇气，以至于交际短路、小动作、口头禅、笑场、拘谨、眼神凝滞、不够从容、话语平淡等现象经常出现。第二，部分学生思维能力欠缺，思维不够开阔，思考问题的深度与广度不够。第三，部分学生记忆能力需要进一步强化训练。由于对事先准备的训练内容不够熟悉，不少学生存在读稿、忘词、背诵等现象。第四，应变能力比较差，不少学生在训练过程中出现突发问题，比如忘词、有学生突然提问等时感到不知所措，不能从容应对，难以对交际进程做出果断调整。

其三，情感沟通能力方面。第一，不少学生感情投入不够，难以与听众产生心灵上的共鸣，缺乏温情、热情。第二，说话缺乏激情，不愿、不敢或不知与听众交流。第三，部分学生礼貌意识不够强，口语交际中话语的礼貌度不够，交际时礼貌策略、礼貌手段的使用还不够恰当。

其四，态势语协调能力方面。部分同学态势语协调能力不是特别强，以至于出现诸多不该出现的问题。比如眼神飘忽，不敢与沟通对象对视；手足无措，不知道把手放在哪里，不知道怎么站立才合适，小动作不断；手势、眼神、表情、站姿、坐姿等态势语和所讲内容不匹配。

根据以上采用定量评价方式和定性评价方式对大学生口语交际现状进行调查与分析，可以推知，大学生都具备了口语交际的基本能力，但也存在不足，依然需要我们继续重视口语交际教学，并坚持开展系统化的口语交际训练。

## 第二节　口语交际教学现状反思

课程教学质量是办学质量的核心，是重中之重。现代汉语、普通话语音训练、言语交际学、教师口语、社交礼仪等口语交际相关课程，其教学质量的高低无疑直接关系着大学生今后的语言生活和口语交际能力。作为"当局者"，我们并没有应了"当局者迷，旁观者清"这句老话，相反多年的现代汉语、言语交际学等相关口语交际课程的教学生涯使我们始终保持着非常清醒的头脑，不断地重新审视和评价口语交际教学的各个环节，深深地体会到了地方性普通本科高等院校口语交际教学中的种种困惑与不足，并试图以最大的努力做出最优选择，以达到期盼中的完美与圆满。

龙彩虹认为，高校口语交际教学出现了具有偏离性和非本质的教学，并认为这种现象具体地表现为：①口语交际课虽然受到师生的重视，但是教学效果不佳。②口语交际课堂教学或注重理论，忽视实践；或一味注重实践，缺乏相应理论的指导。③口语交际训练将听说分开，单项练习，重说轻听，忽视了交际的因素。④口语交际教学实践中存在操作难和调控难的问题，即很多教师认为口语交际教学的切入口难以选定，既要考虑表达的中心明确、结构严谨，又要考虑学生的自我心理调节能力，还要讲究符合语境等。同时，由于口语交际涉及面广，可变系数大，课堂教学的随机性也大，难以控制。① 这种结论基本上反映了高校口语交际教学的真实情况。因此，必须慎重对待口语交际教学，在系统地检讨和反思口语交际教学的基础上，努力进行口语交际课程教学改革。检讨和反思更使我们感受到了地方性普通本科高等院校汉语言文学专业口语交际教学面临着的种种困难。这些困难既有来自口语交际课程本身的，也有来自课程以外的。说有困难，并不意味着目前的口语交际教学就一无是处，一塌糊涂。事实上正好相反，

---

① 龙彩虹. 口语交际理论与训练教程［M］. 南京：东南大学出版社，2014.

在困境中苦苦挣扎的口语交际教学已经取得了令人欣慰的进步。但是，这些进步还没能达到理想的状态，地方性普通本科高等院校汉语言文学专业各个年级大学生的口语交际还会出现非常低级、令人咂舌的语音错误、句法失范、词语运用不当、说话不得体等现象。因此，对过往口语交际教学做出进一步的反思与批评，尤其是对现代汉语、普通话语音训练、言语交际学、教师口语等课程教学中存在的问题和矛盾做出进一步的评估更是有必要的，以期举一反三，从中受到启发，并对口语交际教学有更新的思考。

## 一、口语交际教学与语言生活和语言研究的脱节

### （一）关于语言生活

人类语言和动物的所谓"语言"有着本质上的区别，而语言生活是多姿多彩的：既有对自己母语规范的忠实运用，也有对母语规范有意或无意的偏离。在正常交际层面，存在着语言规范化范畴和语言失误范畴；在审美交际层面，存在着语言艺术化范畴。也就是说，人们总是在两个层面三个范畴内对语言做出积极或消极的应对。

在正常交际层面，人们就是要遵循句法约束规则和语义搭配规范，在语言操作的维度上去造句说话，追求话语的通顺明白，表意的准确无误。比如公文中的通知、布告、命令、信函、总结，科学说明文以及口语交际中的语言表达等，都以规范表达为第一要义。所以，这个层面上的语言运用是以"法"的标准作为衡量尺度的。循规蹈矩的，便是零度的表达，合"法"的表达，话语文本便处在语言规范化范畴中；违"法"乱"纪"的，便是错误的表达，产生了（或做出了）负面值的偏离性的表达，话语文本便处在语言规范化范畴之外。

在审美交际层面，人们就是要扭断语法的脖子，突破和超越规则的樊篱，做出正面值的偏离。所以，这个层面上的语言运用是话语表达者在充分尊重语言规范前提下的一种语言自觉行为。话语表达是艺术化表达，是化腐朽为神奇的表达，话语文本处在语言艺术化的范畴内。如小说、诗歌、戏剧等文学体裁追求的就是语言的陌生化、游移性、超常性、多解性等样态和效果。尤其是生活在 E 时代的大学生们，更加倾向于追求语言运用上的另类和无拘无束。而且，不少地方性普通本科高等院校由于生源主要是当地，所以语言教学面临着不同方言文化背景的挑战。比如，广东省特殊的地理位置和经济地位，使得该地域粤方言长时期保持强劲的势头并继续维持粤方言、客家方言和闽方言等多"言"并存的现状。这就是围绕在大学生身边的真实的语言生活，它是实实在在的。现实语言生活中众多有意思的、鲜活的、生动的、新奇的实例，因为不符合教材中所讲的规则而

被剔除。这些实例要么作为反面例证，要么作为例外，没有得到全面客观的分析，致使课堂教学失去了很多很有价值的现实语言材料。

### （二）关于语言研究

传统的语言研究注重的是语言本体，关注的是语言系统内部的语言要素及它们之间的关系，而忽略了语言与社会、语言与人、语言与文化的关系。比如现代汉语语法的研究，更多考虑的是词语、短语、句子的组合规律，语言结构的生成和扩展，归纳和描写众多的语言现象，注重理论体系的建构等。这样的基础性研究无疑是有益的，但由于这种研究与现实语言生活距离较远，对为什么这样说话而不那样说话等一系列问题搁置不论或者未能说清楚，忽略了交际活动的表达主体和交际对象，脱离了孕育语言生活的社会土壤，抛弃了丰富语言生活的时代环境，忽略了形式多样的话语表述体式，使人们不免产生"为了研究而研究"的担心和忧虑。虽然随着语用学、修辞学、社会语言学、文化语言学、言语交际学等学科的崛起与蓬勃发展，专家学者们对语言本体以外的影响语言运用的因素给予了足够的关注，在研究上也取得了较为丰硕的成果，但是这些成果在口语交际教学大纲中并没有得到充分体现，尤其是在地方性普通本科高等院校汉语言文学专业相关口语交际教学中未受到重视。

### （三）关于口语交际教学

正是在上述语境下，口语交际课任课教师都试图在实践中对口语交际教学进行多种模式的改革，并撰写发表了为数不少的教改论著来梳理、论证和总结自己的教改心得，期望在理论上寻求强有力的支持和凭借。虽有不少的收获，但效果并不明显，远没有达到预设的目标。总的来看，口语交际教学依然不够贴近现实，还过于偏重理论阐释和交际知识的讲解。比如在教学用例的选择上，教材和教学中所选用的例子大多是设计出来的理想化样态，不少是为了便于教学而精心构拟或者从典范的话语文本中筛选出来的理想化的话语样式，也就是所谓的"名家名作"中的经典用例。这些用例便于教师分析，便于课堂操作，但由于是孤立的、静态的，缺乏情境性，没有语境参照，因而并不被学生认可。这样造成的事实是，口语交际教学仅仅是教师课堂上的工作任务，语言研究就似乎成了与口语交际教学和语言生活没有牵连的空中楼阁；而现实语言生活虽就在身边，但似乎又存在隔膜。口语交际教学、语言生活、语言研究各自为政，像三条平行的直线，虽距离很近，但又很难做到有机统一。这种不和谐，在现代汉语、语言学理论等课程教学中表现得尤为突出，以至于造成了学生对口语交际课存在更多模糊不清甚至是错误的认识，更有不少学生提出了"上语言课究竟有什么用？"的疑问，还有学生提出了砍掉现代汉语等课程的主张。

## 二、不同课程相关内容的碰撞

由于课程设置缺乏纵向和横向的系统性观照，不同学习阶段的相关课程在内容衔接上出现了问题。再加上教学过程中任课教师之间没有及时进行有效沟通，因此地方性普通本科高等院校汉语言文学专业口语交际类不同课程间在内容上相互碰撞。

### （一）大、中、小学教材内容的重复

虽然我们承认口语交际知识的继承性与衔接性，但我们同时也认为这种继承性应是对原有知识系统的升华和层次的提高，而不是常识性知识的叠加。但是，地方性普通本科高等院校汉语言文学专业口语交际课程，如言语交际学、普通话语音训练、教师口语、语言学理论等与中小学语文教材中的相关内容程度不一地存在着雷同。尤其是现代汉语等课程，配套教材中有相当多的内容和中小学语文课本是重复的。语音、语法、词汇、修辞等各个部分都有不少内容和中小学语文课本所讲内容重复，或者说变化不大。比如语音教学，打开所有的现代汉语教材，几乎毫无例外地都是从"小儿科"开始的。我们知道，小学头几年甚至幼儿园的语言学习和口语交际教学都是以汉语拼音的学习为起点，中学阶段汉语拼音依然是学习的重要内容，而地方性普通本科高等院校汉语言文学专业的现代汉语课、普通话语音训练课等还是从教学 b、p、m、f 开始。相同内容的反复刺激并没有激发学生的学习兴趣，相反引起了学生烦躁、厌恶和对这些课程的忽视甚至是抗拒。

### （二）学科近邻课程内容的重叠

汉语言文学专业内，现代汉语、语言学理论、教师口语、普通话语音训练等课程在某些内容上相互重叠。比如，现代汉语教学中语音知识、声母和韵母、声调与音变等要作为重点来讲，而普通话语音训练、教师口语等课程依然还是没有放过对声母、韵母等知识点的重复讲解；语言学理论课要讲语音、词汇、语法系统的基本理论，现代汉语依然有这些内容，只不过具体到现代汉语这个范围内而已；语言学理论课要讲语境与词义问题，现代汉语中同样要对之做出分析和阐释。总之，相邻课程之间雷同的内容过多，任课教师有炒冷饭的感觉，学生学习时也会感到厌烦。

## 三、师生互动中的尴尬

师生互动不仅是教学方法的选择问题，更重要的是在师生相互交流的过程

中，学生能够在单位时间内获取最大值的教学信息量和教学效果。这种效果包括知识上的、理论上的、方法上的、技能上的、操作上的等多个侧面。口语交际教学中，不少任课教师都试图通过设计趣味问题、选择语言热点、引入精彩范例、引入不同观点等手段来激发学生的热情，鼓励学生积极参与，但不少时候教师的这种做法几近一厢情愿：学生情绪上的烦躁与不安、态度上的冷淡与漠然、提出问题时的羞羞答答、回答问题时的唯唯诺诺，无意间冷却了教师的满腔热情。也有些教师，居高临下，讲究"师道尊严"，更使学生感到高不可攀，不敢主动和教师交流和沟通。大一的学生，由于刚刚从高中考入大学，依然怀有高考时的学习激情和对任课教师的尊重，所以学习的积极性相对较高；到了大一第二学期，随着对大学生活的逐渐熟悉以及对未来工作取向的进一步思考，再加上课程内容枯燥、抽象等事实，有相当一部分学生也就失去了第一学期时的学习主动性，有些学生甚至仅仅是为了学分才来上课，为了 60 分的考试成绩才不得不经受每节课 45 分钟的痛苦煎熬。这种现象可以在大二、大三和大四年级学生试教、教育实习、应聘、课堂提问、回答问题、演讲、辩论等口语交际活动中得到进一步的证实。学生对口语交际课的漠然与对文学课的热忱形成了非常鲜明的对比。在这种心态之下，很多时候师生的思路和认识并不在同一个层面上，也不在同一个范畴内，所以师生之间的正常交流和对话就很难进行，所谓的口语交际教学效果也就无从谈起。

## 四、现代教学技术与传统教学手段的对立

随着计算机行业的不断发展，口语交际教学中也引进了现代教学技术。一些任课教师试图把包括现代汉语、言语交际学、普通话语音训练、主持语言艺术等课程在内的所有教学内容都制作成课件，并利用多媒体教室声情并茂地展演另一种形式的教学文本。但是，目前在课程教学中似乎存在着一个误区，那就是谈到课堂教学改革必然要包括课件制作、多媒体等现代教学手段，好像离开了这些就不是教学手段和方法的改革。有些教师由于对现代教学技术过分热衷，只注意到了外在的教学形式，这往往会导致在教学手段与教学内容及教学效果等问题的处理上喧宾夺主，忽略了传统教学手段的优势，造成了唯现代教学手段独尊的情况。教师较多地满足于新技术的可视性、方便性、包容性，学生则由于感到新奇而沉浸于热闹非凡的图文声像之中，效果如何恐不好做出判断。我们并不反对在口语交际教学中运用现代教学技术，相反还坚定地主张应该把现代教学技术运用到口语交际教学之中，使自己努力成为一个不折不扣的实践者。问题的关键是，是不是所有课程都得制作成课件，是不是任何内容都得利用多媒体去讲授。其他课程不论，就现代汉语、语言学理论、教师口语等课程来说恐怕未必如此。相

反，有时将上课内容制作成课件还会影响教学的效果，不如传统的粉笔、黑板等来得自然。这是口语交际教学手段上的"现代化"和"传统性"的对立。如何做到统一呢？仍有不少口语交际课任课的教师处在犹豫和彷徨之中。

### 五、惯常教学方法与学生主客观现状的冲突

教师应该因材施教，开展有针对性的教学，这是作为教师最基本的要求。可现实往往不尽如人意。一些教师因满足于已有的、熟悉的和大众化的教学方法，无论对什么样的学生都采用同一种教法，而不愿或没有在教学方法上进行改革，坚持以不变应万变。这种单一的教法和不同类型学生的实际情况与主观愿望有出入，甚至出入还很大。因为对学生的引导和启发缺乏技巧性，没有突出学生的主体地位，使得教师与学生之间的配合很多时候并不默契。比如在现代汉语、言语交际学课程教学中，我们经常靠提问来启发引导学生。这种教学方法虽然是常见的也是有效的，但如果提问过多，设计的问题又过于简单，那么必然会引起学生的反感，这样的提问也只能是"启"而不"发"。

其实，地方性普通本科高等院校汉语言文学专业口语交际课程教学中出现的问题和矛盾远远不止上述提到的内容，但限于篇幅不再赘述。在如此多的困惑之中，口语交际课教师很难找到一个较为理想的平台或支撑点从容地进行口语交际教学，因而不少教改论著中经常说到的教师难教的现象就不可避免；学生无所适从，再加上课程本身的枯燥乏味，厌学情绪不断滋生也就在情理之中。"难教"和"厌学"共同作用，必然会使口语交际教学继续徘徊在困境之中，最终导致口语交际教学质量的滑坡。鉴于此，笔者以为在新的形势下，有必要继续大胆进行口语交际教学改革，以顺应社会对人才的需求以及学生未来职业发展的需求。

## 第三节　口语交际教学理念

口语交际教学是一种有主体、有组织、有计划、有目标、有内容、有过程、有策略、有结果的教学活动，不是随性而为的无意识、无准备、无约束、无秩序、无规则、无目的的闲谈，因此所有任课教师都必须在学校办学理念和人才培养目标的引领之下，结合课程属性、课程理念、课程目标、课程内容等一系列要求开展有效教学。教学理念是驱动教师按照教育教学规律组织实施口语交际教学的最直接、具体的教学思想。结合地方性普通本科高等院校汉语言文学专业（师范方向）口语交际教学现状，在我们看来，所谓的口语交际教学理念就是聚焦于创新驱动，以理论、训练、实践、检测四位一体为教学管控机制，以培养学生综合口语交际能力为目标，有效开展口语交际教学的总体指导思想。我们可以把这

一教学理念进一步表述为专业背景、应用导向、能力培养、训练手段、实践检测等几个关键词。

## 一、中文学科背景下的相关专业

中文学科背景下的相关专业并不少，比如汉语言文学、广播电视学、书法学、秘书学、汉语国际教育、戏剧编导、播音主持等。在我们的概念中，口语交际教学是以汉语言文学（师范方向）专业为背景的。

### （一）从研究对象样本选择上来看

本专著把地方性普通本科高等院校汉语言文学专业（师范方向）作为专业背景，并把师范生作为主要研究对象。所以，虽然研究成果也部分适用于广播电视学、书法学、秘书学、汉语国际教育、戏剧编导、播音主持等以中文为背景的相关专业及所在专业的大学生，但是整个研究过程始终把主要精力放在汉语言文学专业（师范方向）这个范围内和师范生这个群体上，而较少考虑其他专业，被研究对象的专门性非常明显。

### （二）从课程体系建构上来看

所建构的口语交际课程体系是以地方性普通本科高等院校汉语言文学专业为背景并主要以师范方向为立足点的，所以这个课程体系较多地考虑到了汉语言文学专业师范生口语交际能力培养的理论与实践问题。课程设置充分利用本专业内部二级学科之间相互关联的条件，注重打通周边学科及相关课程知识的联系，强化师范生的基础性能力、发展性能力、拓展性能力和职业化能力。所以，这个课程体系更多地适合于汉语言文学专业的尤其是师范方向的大学生，并不完全适合于其他专业尤其是理工科专业大学生的训练与教学。课程设置的专业性较强，知识能力的专业性也极为突出。

### （三）从口语交际能力培养上来看

在向应用型转变的新语境下，全国多数地方性普通本科高等院校都把人才培养目标定位在应用型人才培养上。比如广东肇庆学院就把口径宽、基础实、适应广和能力强的应用型高级专门人才作为人才培养目标。把这种培养目标投射到汉语言文学专业（师范方向）。"能力强"的一个核心内容就是师范生的综合口语交际能力强。因此，从口语交际能力培养来说，口语交际教学是以逐步提高师范生综合性口语交际能力为最高目标的。

汉语言文学专业，要在学校办学指导思想的统领之下，培养听、说、读、写能力都强的具有汉语言文学专业背景的应用型高级专门人才，所以会听、会说、会读、会写是汉语言文学专业师范生必备的基本素质和基本能力。师范生不仅要具备一般口语交际能力，还应该具备个性化的口语交际能力，更应该具备蕴含职业化旨趣的教师职业口语能力。教师职业口语能力是师范生口语交际能力的重要内涵。通过四年的专业学习和系统训练，师范生要达到不仅能够说一口流利的普通话，更能够以某种体制为先导，并将特定语用环境作为重要且必需的参考框架，坚持相应的语用原则，综合优化选择语音、词语、句式和辞式等表达手段，以提高口语交际的效果，实现口语交际的最终目的。具有较强的口语交际能力是汉语言文学专业（师范方向）人才培养的必有之义，也是每一个师范生必须做到的。因此，地方性普通本科高等院校汉语言文学专业（师范方向）的口语交际教学要凸显出相当浓重的中文专业特色。

## 二、以综合应用为导向

近些年来，在教育部有关精神的引领之下，基于地方性普通本科高等院校与社会、市场加紧对接的现实，"应用"似乎成了非常时髦的词语。"时髦"不是我们关注的焦点，我们关注的是"时髦"笼罩之下的教育教学现实以及社会对人才需求的现实。我们主张坚持以应用为导向来开展口语交际教学，即与这种客观现实遥相呼应。在口语交际教学过程中，无论是课程设置，还是课程体系建构；① 无论是教学内容取舍，还是教学方法选择；无论是教学方案策划，还是教学过程实施；无论是训练项目的设定，还是实践活动的开展，都必须坚持以综合应用为导向，使理论知识的学习与掌握都体现在综合应用能力的培养与提高上。这里就口语交际课程体系和口语交际能力训练教学略说一二，其他不作专门讨论。

### （一）口语交际课程体系建构要凸显综合应用

口语交际课程体系的建构是以地方性普通本科高等院校汉语言文学专业为立足点，以师范生口语交际能力的逐步提高为基本出发点，以积极主动的前瞻性姿态面向师范生未来职业取向和社会需求的，所以该课程体系要具有很强的实用性功能和价值。口语交际课程体系实用性功能从价值实现的程度与状况来看，主要表现为潜在价值、自在价值、他在价值和实在价值；从价值实现的途径来看，主要表现为理论价值、审美价值和实用价值。因此，价值决定了口语交际课程体系

---

① 孟建安．课程目标·课程结构·课程内容——汉语言文学专业师范生口语交际课程体系建构的重要内涵［J］．肇庆学院学报，2012（6）：93～97．

的科学性、学术性、理论性、实用性，决定了口语交际课程体系的生命力。如果所建构的口语交际课程缺少实用价值，或者说实用价值不足，那么这样的口语交际课程体系也就失去了应有的作用，没有存在的必要。我们的目的很明确，就是要在地方性普通本科高等院校办学理念的统领之下，结合汉语言文学专业师范生口语交际的实际和现有口语交际能力的整体水平，通过教学逐步全面提高师范生的口语交际能力。所以课程体系的建构就是以实用性作为导向性指标，突出综合应用是我们所建构的口语交际课程体系的重要特色之一。

### （二）口语交际能力训练教学要强调综合应用

在口语交际教学过程中，训练教学是必有之义。通过训练可以强化师范生对口语交际基础知识和基本理论的记忆，锻炼口语交际基本技能，并最终把这些知识、理论和技能落实到师范生现实口语交际时对相关交际艺术的综合应用之中。这里仅以言语交际学课程教学中的自由训练法为例来说明相关问题。就文化内容方面的训练来看，任课教师在对师范生进行言语交际训练时，可以采用自由训练法促使学生强化对文化的解释力。自由训练法顾名思义就是任课教师根据训练目标提出相应的要求，不事先给参训学生确定训练话题、训练模式、训练环境等，而由学生自主决定如何训练。这是在尊重学生的前提下充分考虑到了训练过程中学生的自主意识和主体意识，给参训学生以较多的自由选择，让学生结合自己的兴趣和爱好来决定训练的内容、话题和方式。任课教师只需事先提出相关的要求，比如要求学生有意识地运用具有浓厚汉文化内涵的词语，像"东西""保姆""西施""潘金莲""武大郎""走后门""炒鱿鱼""大锅饭""一窝蜂""地头蛇""雌老虎""走狗""色狼"等；要求学生结合交际环境，充分利用语用条件展开交际，比如通过问路、聊天、问候、道谢、告别、打招呼、打电话、讨价还价、购买车票等自由交际活动来训练自己；要求学生学着应用"东风压倒西风""万事俱备，只欠东风""什么风把你吹来了""狐群狗党""过街老鼠""慢走"等一系列习惯性说法、俗语、谚语、格言、典故、成语，把学到的交际文化知识和理论应用到训练中去，看是否能够顺利完成交际，完成得是否到位，是否会造成误解，是否得到了交际对象的认可，由此来训练学生对交际知识的综合应用能力。这种训练教学显然坚持了以综合应用为导向。

## 三、以能力培养为核心

### （一）能力培养是口语交际教学的核心任务和教学目标

地方性普通本科高等院校汉语言文学专业（师范方向）口语交际教学坚持

把综合口语交际能力的培养作为核心任务和教学目标。按照我们的理解，从口语交际能力横向结构来看，综合性口语交际能力主要包括了口语交际心理调控能力、情感沟通能力、态势语协调能力和听说运作能力四种能力；从口语交际能力纵向逻辑结构来看，综合性口语交际能力又主要涵盖了基础性能力、发展性能力、拓展性能力和职业化能力四种能力。这些分项能力从不同角度和不同层面揭示了综合口语交际能力的基本内涵。根据教育教学规律以及我们的研究思路，口语交际教学对师范生口语交际能力的培养应该按照"基础性能力—发展性能力—拓展性能力—职业化能力"这样的逻辑顺序来逐步落实。这个思路就是为了强化口语交际教学中"能力"的核心位置。换句话说，口语交际课程体系中的任何一门课的教学都必须聚焦于能力的培养，坚持以能力培养为核心。课程内容、教学目标、教学原则、教学策略、教学效果评价方式、教学效果评价手段和方法等都必须紧扣能力培养这个核心。

### （二）教师口语能力是师范生未来职业的核心口语能力

对于汉语言文学专业师范生来说，除了一般口语交际能力的培养之外，还要强化对未来语文教育教学中教师职业口语应用能力的培养，更要突出教师职业口语交际能力的训练与实践。比如通过教师口语、诵读训练、普通话语音训练等课程的开设，与中小学协同创新、合作打造口语交际教学实验基地；以及通过课堂训练、说课听课、试教实习、教学大赛、演讲比赛等手段开辟教育教学口语技能训练与实践渠道，以达到对师范生进行能力培养的目的。

根据相关调查资料，在日常交际过程中，以百分比来计算的话，"听"大概占据45%，"说"大概占据30%，"读"大概占据16%，"写"大概占据9%，而仅仅"听""说"两项就约占75%。由此可见，"听""说"在口语交际中占有较大的比重。基于未来职业以及现实口语交际的需要，对师范生的培养就应该在"听""说""读"方面下功夫。就师范生听、说、读能力而言，这是中小学语文教师应该具备的基本能力，当然也是在校师范生在口语交际能力培养方面应该实现的最基本的目标，自然也是口语交际教学的重点。

其一，"听"就是要培养师范生对口头语言的理解和接受能力。通过"听"能够准确把握和正确理解话语的基本语意，感悟话语的真实内涵，听出言内之意，听出弦外之音。"听"是逆向理解行为，"听"的能力是一种逆向理解能力。

其二，"说"就是要培养师范生口头语言的表达能力，使之在未来的语文教学生涯中能够做到规范表达、变异表达和得体表达。熟练地运用普通话进行教学，把普通话作为教学语言；流利地运用普通话和中小学生交流沟通，把普通话作为交际语言。比如课堂教学中教师说话的节奏、语气、停顿、重音等语势要素，表情、眼神等动作语言要素都会影响教学的效果。作为现在的师范生、未来的语文教师，学生应该在这方面进行一定的训练，以掌握基本的技能，学会规范说话，技巧性说话，得体地说话，学会得体使用教育教学语言，和对象开展有效交流。"说"是顺向表达行为，"说"的能力是一种顺向表达能力。

其三，"读"就是要培养师范生能够顺畅流利地阅读或朗读中小学语文课文或其他语言成品的能力。在阅读或朗读的过程中，基本上不存在语言障碍，能够处理书面语言中的句法和逻辑停顿、句法和逻辑重音、话语文本的感情色彩和语体色彩等问题，能够忠实地反映话语文本的思想内涵。"读"也是一种逆向理解行为，"读"的能力也是一种逆向理解能力。

通过教学努力夯实师范生的听、说、读能力，是口语交际教学在教师职业口语核心能力培养方面的基本要求和教学目的。

## 四、以模拟训练为手段

口语交际教学自然要讲授言语交际的基础知识和基本理论，但是在我们看来，更应该看重训练教学，坚持把模拟训练作为重要手段。教师要采用多种训练策略、形式和方法，促使学生践行口语交际原则，督促学生感知交际规约的可行性与可靠性，并由此提高学生口语交际的实际操作能力。

### （一）模拟训练是现实口语交际的前奏和准备

从教学论角度看，理论知识的教与学最终要落实到应用上，而训练是应用的前奏和准备。训练不仅给学生提供了机会，而且为教师课程教学提供了指导的手段，更为训练教学方案的合理设计打下了基础。对教师来说，身体力行，亲身参与形式多样的口语交际能力训练，通过指导训练来了解掌控学生训练的程度，是获取指导训练宝贵经验的重要途径。训练的形式、方式、方法、内容等是多样化的，比如随堂几分钟说话训练、课前几分钟自我介绍训练、演讲训练、辩论训练、诵读训练、普通话正音训练、拨打接听电话训练、提问与回答训练、倾听训练、谈判训练、表扬训练、批评训练、日常会话训练等都可以从不同的侧面对师范生口语交际能力进行有针对性的培养，从而为师范生未来进行口语交际实践做好准备。

### （二）训练策略选择是模拟训练的凭借与依托

在训练时，教师要根据学生口语交际的实际，认真设计，总体规划，采用不同的训练模式、手段和方法，并把文化等语境因素渗透其中，以凸显文化等语境条件的不可或缺性，从而让学生得到深切而又真实的体验。比如在训练模式方面，可以根据学生口语交际的实际采用单向交际训练模式、双向交际训练模式、直接交际训练模式、间接交际训练模式、一次交际训练模式、分级交际训练模式、单独交际训练模式、集体交际训练模式等；在训练手段方面，可以根据学生口语交际的实际选择复述手段、转述手段、讲述手段、评述手段、演讲手段、辩论手段、交谈手段、问答手段、批评手段、教学手段、表扬手段等；在训练方法方面，可以根据学生口语交际的实际选择情境训练法、示范训练法、竞赛训练法、自由训练法、命题训练法、分类训练法、专题训练法、个别训练法、小组训练法等。无论采用何种训练模式、手段和方法，都要牢固树立语境策略意识，都要清醒地认识到训练的对象是师范生。所以，在设定训练话题时，必须以口语交际能力训练为主导，促使学生通过实施口语交际行为，直接去观察、感知口语交际过程，由此提高师范生的心理调控能力、情感沟通能力、态势语协调能力、听说运作能力等。

## 五、以实践操作为平台

### （一）口语交际课程多是注重口语交际实践的课程

在口语交际课程体系中，要将现代汉语等课程作为基础性课程，要强调语言规范、语义搭配规则、语音标准等语言知识理论以及处理简单语言问题的能力，更要注重夯实师范生的语言基础，从而为其口语交际能力的培养和增强提供较为宽广而又厚实的语言素养。其他课程虽然也讲授有关的理论知识，但要侧重于师范生在现实生活中践行口语交际规则和理论的能力。不管是基础性课程还是其他课程，其教学目标的实现最终都要落实到语言应用上，而语言应用从口语交际角度来看就表现在口语交际实践上。所以说，口语交际课程就是注重实践，并关注师生口语交际现实运作的课程。

### （二）口语交际理论知识来源于实践并必须应用于实践

我们经常说，实践是检验真理的唯一标准，实践出真知。把这些说法在口语交际教学中进行演绎，可明白一个道理——口语交际相关理论知识不是研究者无病呻吟、无中生有杜撰出来的，而是通过对无数个交际者在无限期的无限量的口语交际个案中经过反复试验，归纳总结出来的。比如，诚信原则包括诚实准则、信用准则，角色原则包括角色条件准则、角色风格准则，合作原则包括数量准则、质量准则、关联准则、方式准则，道德原则包括公共道德准则、职业道德准则、家庭道德准则，安全原则包括话题安全准则、对象安全准则、地点安全准则、方式安全准则等。① 这些无一不是产生于交际实践,无一不是来自于现实语言生活。从静态层面看,这些交际原则和准则都是非常好的交际理论知识,但究竟能不能用以指导现实口语交际活动,这就需要把它们应用到实践中去进行检验。只有在实践中发挥其积极作用,才能凸显其正面价值,并考证其科学性、合理性、适宜性,从而进一步修正完善相关准则。因此,口语交际理论知识来源于实践并必须应用于实践才会具有旺盛的生命力。所谓的从实践中来到实践中去,说的就是这个道理。

### (三) 实践是培养并检测师范生口语交际能力的途径

师范生口语交际能力的提高既不是一门课能够解决的问题,也不是几节课甚至一个学期就能够完成的教学任务,而需要在一个较为漫长的教学周期内通过一系列口语交际课程的教学、训练与实践才能够实现的目标。具体地说,主要是在大学四年内依据教育教学规律,经由现代汉语、普通话语音训练、言语交际学、社交礼仪、诵读训练、演讲与辩论、教师口语等一系列口语交际课程的课堂教学与训练,把教学内容逐步延伸到现实口语交际实践之中。因此,口语交际教学仅仅停留在课堂教学和课堂模拟训练环节显然是不够的,仅仅熟记一些条条框框也是不够的,而必须引导并监督学生把在课堂上学到的知识、理论、技能等广泛地应用于自己的现实语言生活中。只有与其他高校、中学和小学协同创新,共同建立口语交际能力训练教学语言实验基地,把研究成果同步应用于大学中文教学、中小学语文教育教学中,才能全方位检测师范生口语交际能力究竟达到了什么水平,才能够验证所学的知识、理论、方法等是否与现实对接得上,由此来检测结论的可靠性并使研究更贴合现实、更具有实实在在的可操作性,从而形成师范生口语交际能力培养的链条或者说是教学机制。比如,师范生在课堂上学会了一些口语交际的技巧,诸如提问艺术、过渡语设计技巧、小结方法、导入方式等,如果不在实践中对学到的内容加以应用,那么这些所谓的技巧、艺术就不会固化于师范生的心理结构之中,假以时日就会忘得一干二净,其是否能真正帮助师范生提升口语交际能力就更不好说了。因此,只有给师范生提供较多的实践平台,比如通过教育实习、支教活动、一对一的帮扶活动、与中小学协同打造试验基地、演讲比赛、辩论比赛、主持人大赛、朗诵表演、小品话剧演出等有组织的实践活动,或者由师范生主动创造实践机会,在实际的口语交际活动中锻炼自己,才能够领会这些技巧、艺术的真谛,并考查师范生是否真正掌握了技能。所以说,实践才是培养师范生口语交际能力并检测其水平高低的最直接有效的平台。

---

① 赵毅,钱为钢. 言语交际学 [M]. 上海:上海三联书店,2003.

# 第三章　口语交际课程设置

## 第一节　课程设置概说

### 一、课程体系建构思考

地方性普通本科高等院校汉语言文学专业口语交际教学只有坚持以课程理念为指导，把逐步全面提高师范生口语交际能力作为课程核心性总体目标，采用模块、系列、科目模式来构筑更具科学性的课程结构，并适时优化分配课程的具体内容，才能够建构有效的、适宜于汉语言文学专业师范生口语交际能力培养的课程体系。

课程体系是顺利完成地方性普通本科高等院校汉语言文学专业口语交际教学的重要凭借。既然是课程体系，那就不只是一门课程或者课程本身的问题，而应该是有关口语交际课程的系列性问题，涉及口语交际课程的方方面面，关乎口语交际教学的多门相关课程。因此，对口语交际类课程的设计要围绕"坚持以主体目标中师范生口语交际综合能力的逐步全面提高"这个核心目标来进行。

在口语交际课程体系所有的构成要件中，课程理念、课程目标、课程结构、课程内容等是建构适宜、完善的课程体系的重要支点。课程理念提出了口语交际课程设置、课程体系建构的基本指导思想。在特定的口语交际课程理念支配之下，必须确定与口语交际课程理念相对应的课程目标；要结合专业方向优化课程设置，合理安排课程结构；要平衡好课程之间的相互关系，有效处理课程内容之间的同一性与差异性。因此，课程理念、课程结构与课程内容是地方性普通本科高等院校汉语言文学专业建构科学化、合理化和有效化口语交际课程体系的三个重要根基。

### 二、课程体系定位

从宏观层面上看，课程体系的定位可以从两个方面加以认识。

#### （一）向外看

向外看是指就口语交际课程体系在整个汉语言文学专业课程体系内所处的位

置来看，口语交际课程体系占据着非常重要的位置。人们常说，要培养学生的听、说、读、写能力，而听、说、读能力就属于口语交际能力。对师范生来说，最关键的就是口语交际能力。由此可以看出，口语交际能力在师范生能力培养中的重要性。而能力的培养要由相关课程及课程体系作为支撑，所以口语交际课程体系是汉语言文学专业人才培养方案中整个课程体系的重要组成部分，占据大半壁江山。

### （二）向内看

向内看是就口语交际课程体系自身的系统性来看。口语交际课程体系的系统性主要表现为：

第一，它是一个由多种要素构成的系统，包括现代汉语、教师口语、公关语言学、主持语言艺术、口语修辞学、普通话语音训练、演讲与辩论、诵读训练、言语交际学、社交礼仪等课程要素。

第二，口语交际课程体系是一个有机的整体，各个层级上的课程要素之间相互制约、相互关联。

第三，对各课程要素的设置要立足于整体，而不是孤立地只着眼于要素本身。

## 第二节　设置原则

课程体系设置原则的确立是非常重要的前期准备工作和不可或缺的前提条件。课程体系建构原则是指在口语交际课程体系设置过程中所秉持的指导思想和基本准则，主要包括科学性原则、针对性原则、应用性原则等。坚持这些原则设置课程并建构课程体系对地方性普通本科高等院校汉语言文学专业师范生进行口语交际能力培养而言，可以获取更为理想的教学效果，使课堂教学、模拟训练和实践操作成为全面提高师范生口语交际能力的有效教学机制。

### 一、科学性原则

科学性原则是指在充分认知并结合师范生口语交际实际的基础上，在设置课程体系时对教学思路的策划、教学目标的确立、教学材料的筛选、教学内容的设计、教学方式的选定、教学环境的营造、教学过程的组织、教学效果的评价等方面的思考所必须坚持的准则。要牢固树立严谨求实的思想，做到符合口语交际的基本要求，遵循口语交际课程教学的客观规律。坚持科学性原则，更要注意课程内容的科学性和教育教学的规律性。

就课程内容来说，口语交际课程体系必须确保内容的科学性。口语交际课程体系中有现代汉语、语言学理论、普通话语音训练、诵读训练、演讲与辩论、公关语言学、言语交际学、教师口语、口语修辞学、主持语言艺术、社交礼仪等关联性课程。这些课程规定了课堂教学的内容，也确定了课堂内外训练与实践的内容。在设置课程并建构课程体系时要注意两点：一是教学内容要准确无误，概念要清楚明白，理论要讲究逻辑关联。二是比例结构要设置合理。教师要从课程体系和教学计划入手，平衡协调好各方面教学内容的比例结构，对现代汉语、语言学理论、普通话语音训练、诵读训练、演讲与辩论、公关语言学、言语交际学、教师口语、口语修辞学、主持语言艺术、社交礼仪等条块所占的份额有一个适当的调控，给出比较合适的大致比例。这种调控要能够反映地方性普通本科高等院校汉语言文学专业师范生口语交际能力培养的内在规律。

就教育教学规律来看，课程体系建构必须符合大学生的认知规律、思维规律，课程开设必须做到循序渐进。在设置课程时，要做出恰当的判断，并准确运用专业术语和概念；要进行严密的论证，并使课程难易度符合学生的接受能力。课程设置的思路必须做到清楚明白，条理分明，强化课程之间的逻辑关联性和逻辑层次。比如，由基础到发展，由发展到拓展，由拓展再到职业化，这样的思路不仅清晰，而且其内在的逻辑联系也符合教育教学的一般规律。

## 二、针对性原则

《论语》中有这样的记载，当子路和冉有先后向孔子请教同一个问题"闻斯行诸"时，孔子给出了完全不同的答案。于是，公西华就问孔子这样做的原因。孔子解释："求也退，故进之；由也兼人，故退之。"意思是说，冉有退缩不前，所以必须用言语来激励他；而子路十分要强，所以必须用语言阻止他。显然，孔子是在因材施教，针对不同的教育对象采用了不同的教育策略。这给了我们很大的启发。我们认为，在设置课程并建构课程体系时坚持针对性原则十分必要。要对不同情况、不同类型、不同个性、不同兴趣的学生采用不同的教学模块和课程等，以便做到有的放矢。在设置与建构之前可以采用问卷、测试、口头询问等不同手段对包括师范生的口语交际在内的有关情况作尽可能全面的调查，广泛深入师范生群体中去准确了解相关信息，并根据所掌握的情况对师范生的口语交际能力作较为客观的评估，以使建构的课程体系适合地方性普通本科高等院校汉语言文学专业背景下的受训对象。比如，对方言区生源与非方言区生源，及对口语交际能力强、较强、一般、较差、差的学生进行区分等。作为教师要克服种种困难，创造条件做出类型化处理，要采用科学有效的手段和方法，坚持分类指导、分类开设课程。比如，为对主持活动有兴趣的学生设置主持语言艺术课程，为对演讲与辩论有兴趣的学生设置演讲与辩论课程，为对公关有兴趣的学生设置公关语言学课程，为对诵读有兴趣的学生设置诵读训练课程等。当然，在设置时还要考虑师资、规模建制等因素，做到可行有效。

### 三、应用性原则

口语交际是人与人之间借助口头语言交流情感、传递语义、沟通信息、处理问题的双向互动言语行为，是一种集知识、心理、态势语、听说、情感、文化等于一身的综合性言语交际活动，是知识和能力的综合应用与体现。因此，坚持应用性原则，就是要坚持非常明确的应用导向，要注重能力基础，着眼综合能力，强调训练实践，突出培养过程，承认个体差异，重视逐步提升，强化课程的实用性和可操作性，以及提升对师范生口语交际能力培养的实际指导意义。

普通话语音训练、诵读训练、演讲与辩论、公关语言学、言语交际学、教师口语、口语修辞学、主持语言艺术、社交礼仪等不同课程内容虽围绕着综合口语交际能力培养来设计并各有侧重，但都突出了口语交际的实际运作。比如，不同的课程要分别从语音发声、语气语调调控、态势语匹配、角色定位、语境创造与利用、招呼语选择、提问应答、表扬批评、交谈倾听、说服拒绝、求职、谈判、主持、访谈、交际礼仪、朗诵、演讲、辩论等具体的口语交际活动切入并给予学生指导，让学生能够在应用中学会交际，做到活学活用，学以致用，学会在不同的交际领域使用不同的具有实用价值的交际技巧，从而培养自己的口语交际应用能力。

就地方性普通本科高等院校汉语言文学专业（师范方向）来说，更应该加大师范生教师职业语言应用能力培养内容的分量。汉语言文学专业师范方向学生的培养目标是中小学语文教师，应用能力的培养应该在一般口语交际语言"应用"和师范"应用"二者上下功夫，更要突出师范生口语交际中教师职业口语的应用，尤其是注重教育教学过程中教育口语和教学口语的应用。比如在课程内容处理上，要强化师范生叙述语、导入语、讲授语、提问语、评价语、结尾语、批评语、表扬语、暗示语、激励语等教育教学口语的应用。

## 第三节　课程理念

所谓课程理念，就是有关地方性普通本科高等院校汉语言文学专业口语交际教学课程规划的基本想法和总体指导思想。课程理念往往承载了一所高校的办学理念和办学定位以及人才培养方案的基本思想。从这个意义上说，有什么样的办学理念便会有与之相匹配的课程理念，而有什么样的课程理念便会有与之相吻合的课程规划、课程设置、课程体系。汉语言文学专业口语交际课程体系必然是以特定的课程理念作为指导来建构的。在我们看来，口语交际课程理念是目的理念、方法理念、技巧理念、策略理念、过程理念、内容理念和情感价值理念、评价理念等共同构成的有机统一体。这里我们把观测点聚焦于目的理念、过程理念和内容理念三个方面。

## 一、目的理念——追求逐步全面提高口语交际能力①

在设置口语交际课程、建构口语交际课程体系时，必须有明确的教学目的、清晰的教学目标，要牢固树立目的意识、目标意识。教学目的、教学目标是口语交际课程设置、课程体系建构的原动力和出发点，决定了口语交际课程体系的基本特质。

地方性普通本科高等院校汉语言文学专业口语交际教学要实现的目的是逐步全面提高师范生的口语交际能力。怎么才算逐步全面提高口语交际能力？《全日制义务教育语文课程标准》确立了语文课程目标的三个维度，从知识和能力、过程与方法、情感态度与价值观三个方面出发设置课程目标并把这三个目标作为课程理念之一。② 由于汉语言文学专业（师范方向）培养的是中小学语文教师，所以对应于中小学语文课程目标来考虑口语交际课程的目的理念很有现实应用价值和指导意义。以此为基础把这种思路推演到口语交际课程体系的建构上，其实也就是坚持把知识和能力、过程与方法、情感态度与价值观融为一体，使汉语言文学专业师范生的口语交际能力通过口语交际课程的学习与实践训练而得以逐步全面提高。这种目的理念可以从两个方面来进行解读：

其一，要注重目标确定的全面性。所谓全面性，简单来说就是在建构课程体系时，把口语交际课程教学要完成的各个指标、各种任务都涵盖在口语交际课程目标中，追求和谐发展，强调各种目标之间的相互影响作用，而不能有所偏废，顾此失彼，忽略某种或某些目标。有人认为，口语交际的课程目标应该包括认知性目标和表现性目标。③ 我们则把这个层面的口语交际课程目标确定为心理性目标、听说性目标、情感性目标和态势性目标，而且每门相关课程的心理性目标、听说性目标、情感性目标和态势性目标还不尽相同。因此，目标确定的全面性就进一步表现为对这些目标的全面追求。在设置课程、建构课程体系时，既要强调口语交际基础知识、基本理论和基本技能的重要作用，也要注重口语交际过程的

---

① 孟建安. 高校师范生口头语言表达能力训练体系的建构——以肇庆学院汉语言文学（师范）专业为例 [J]. 肇庆学院学报，2010（6）：51-58.

② 秦训刚，蒋红森. 高中语文课程标准教师读本 [M]. 武汉：华中师范大学出版社，2003：12-17.

③ 蒋婷汝. 中学语文口语交际课程内容研究 [D]. 湘潭：湖南科技大学，2010.

设计、交际基本技能的训练、交际情感价值的体现。而关于课程目标，在此不论。

其二，要注重目的实现的过程性。目的的实现需要在口语交际课程教学的过程中一步一步地落实。在目的理念中蕴含"过程"意识，完全符合人类认知事物的基本规律，那就是由浅入深、由表及里，最终达于本质；这也和大学生知识接受及能力锻炼的内在逻辑相吻合，那就是由简单到复杂、由通例到变例，而最终达于自如。基于此，"逐步实现目的，逐步达到目标"的目的理念应该贯穿于课程体系建构的整个过程。课程的设置要充分考虑中小学阶段口语交际教学的实际，要在中小学阶段语文教育尤其是口语交际教育教学的基础上提高层次，"要以适应未来的学习、生活和工作需要为提高层次的方向"①，要充分考虑师范生从一年级经二年级到三年级最终再到四年级的整个大学期间的心智成熟度、心理结构健全度、知识储备圆满程度，以及相关口语交际课程自身的目标要求及其关联性，由此而分层设置相关课程，使口语交际课程呈现出层次性与秩序化。通过这样的课程学习，汉语言文学专业的师范生能够逐步由想说到敢说再到能说而达于会说，由规范表达到得体表达再到综合自如交际，从而全面提高其口语交际能力。

## 二、过程理念——注重实践但不轻视理论，强化能力但不唯"术"

课程与教学是密不可分的，课程开发与设计的目的之一就是应用于教学。而课程开发、课程设计与课程教学都要依靠教师，教师是课程整体运作过程中的主要实施者。如何进行课程运作，不仅要依靠教师的智慧与经验，还要考虑课程本身的特质与要求。口语交际课程不同于汉语言文学专业的其他课程，如文艺理论、美学、古代文学史、外国文学史、中国现当代文学史等课程。前者不仅注重口语交际的知识性、理论性问题，更注重实践性问题，从某种意义上说实践性更为关键；后者则更关注知识性、理论性问题，较少关注实践性问题。这就要求教师在课程设置、课程体系建构中要有鲜明而清晰的过程理念。过程理念关注的是口语交际课程体系中的课程运作与课程实施，强化的是课程教学与实践过程，凸显的是教学模式、教学手段、教学方法的优化选择，也就是要解决口语交际课程怎么教与怎么学、怎么实现交际目的的问题。口语交际课程因为是"口语"与"交际"共同作用，所以其基本的过程理念应该是注重实践但不轻视理论，强化能力但不唯"术"。说到底，就是要做到"学""术"并举，崇"术"为上。

其一，注重实践但不轻视理论。这一点旨在表明一种观念，那就是口语交际

---

① 秦训刚，蒋红森．高中语文课程标准教师读本［M］．武汉：华中师范大学出版社，2003：12－17．

课程及其课程体系都要贯彻理论指导实践的原则，坚持理论与实践相结合。理论与实践是并举的，但相较而言更需要注意理论统领之下的口语交际实践。

无论是从教师教的角度，还是从学生学的角度来看；无论是在观念意识层面，还是在实际操作层面，既要传授口语交际的基础知识、基本理论，也要把实践应用贯穿于整个教学过程中。因此，在教授理论知识的同时要指导学生进行口语交际训练，但不能把时间、精力都放在实际的口语交际训练上，而忽略了理论知识的教学；更不能只重视口语交际理论知识的教学，而忽略了学生的口语交际训练。

口语交际课是实践性很强的课程，作为教师和学生都应该有强烈的实践观念。要始终绷紧"实践"这根弦，这是在任何时候、任何情况下都必须牢记的；要把口语交际的课堂当作口语交际的训练课堂，当作践行口语交际理论的平台；要学会打通口语交际理论知识与实际口语交际生活之间的通道，铲除它们之间的壁垒，把活生生的现实语言生活场景搬进课堂，并把口语交际训练延伸到课堂教学之外；要积极策划训练方式，坚持做到人人参与，学会变课堂教学为口语交际实况的预演或者再演练。这样，教师能够在实践训练中传授理论知识，学生也能在实践训练中很好地掌握理论知识。作为课程、课程体系来说，口语交际的基本构成要素、基本概念、交际原则、话轮转换规则、交际模式、平衡理论、传播理论、交际环境、角色定位、交际障碍、讲述要领、复述原则、演讲要求、朗诵特点等，都是不可或缺的重要理论知识。但这些仅仅是停留在静态层面的抽象理念，只有摆脱这些理论知识的束缚，走出理论知识的禁锢，宣示交际主体的个性自由，在教学时把它们广泛恰当地应用到指导学生的实际口语交际训练过程中，才能凸显这些理论知识的无限魅力与这些理论知识的重要指导作用和应用价值，以及其对提高师范生口语交际素养的重要意义。

其二，强化能力但不唯"术"。口语交际课程体系的建构当然要注重交际能力，这是不言而喻的事情。但注重能力，不等于只在"术"方面用力，不等于把"术"当作课程所追求的唯一目标和衡量课程教学效果好坏的唯一尺度。"术"当然是重要的，是口语交际能力的重要内涵，但是作为课程、课程体系仅仅考虑"术"显然是不够的。我们知道，口语交际能力是多面相的组合，是交际主体进行口语交际时所具备条件的综合体，其核心表现为听说能力，可见"术"只是观测口语交际能力的一部分指标。比如，在向别人提问时，就有很多方式和技巧，也就是所谓的"术"，诸如直接式、诱导式、启示式、选择式等都是提问的重要方式。作为交际主体自然要掌握，但是在口语交际中仅仅记住或者机械地搬用这些方式未必能够收到很好的交际效果，还必须把情感价值、礼貌态度、交际场景、心理情绪、文化背景等众多语言之外的因素渗透其中，才能够很好地发挥"术"的作用。否则的话，这些"术"便失去了自身的交际功能，有时还极有可能产生负面的交际效果。因此，强化能力但不唯"术"旨在表明这样一种观念：口语交际能力不是指口语交际过程中所采用的技巧，技巧仅仅是口语交际能力的重要内涵之一。在口语交际课程教学过程中，强化能力注重的是综合能力的训练与提高，但不是一味地去训练口语交际的技巧和手段，而应该是训练包含了技巧和手段、情感与价值、规则与要求、目的与动机等在内的综合交际能力。

### 三、内容理念——既要坚持共同性，又要重视差异性

内容是课程的重要组成部分，体现了课程本质、类型和层次。口语交际课程设置与课程体系建构必须牢固树立明确的内容理念，由此对口语交际课程的结构进行合理调整和布局。口语交际课程设置、课程体系建构的内容理念要坚持共同性与差异性相统一的原则，既要顾及整体，又要考虑个体，使整体和个体共同进步、协调发展。

其一，坚持共同性。所谓共同性，是指汉语言文学专业全体师范生都应该获得、具备口语交际素养和能力，包括口语交际的基础知识、基本理论、基本技能等。具体地说，坚持共同性就意味着在课程内容方面要把诸如普通话的语音规范、发音要领、词语运用的基本规则、语法组合规律、语义搭配规范、日常交际基本要求、基本社交礼仪、基本人伦情感、人际交往文化规约等基础性知识当作重要的不可或缺的前提和教学的基本内容，当作学生锻炼并提高口语交际能力的重要条件。在共同性的所有内容中，语音规范是必有之义，是任何一位师范生进行口语交际都应该掌握的最基础的知识，和最应该达到的基本能力目标。尤其是像肇庆学院这类学校的汉语言文学专业的师范生，多来自岭南粤方言区、客家方言区和闽方言区，口语中方音很重，因此更要突出现代汉语语音、普通话正音训练等教学内容。比如声母、韵母的发音，音变现象的处理，入声字与普通话声调的对应关系协调，部分声母的脱落与普通话音节声母的衔接等，都是课程设置的基础性内容。口语交际的基本常识也是共同性的重要内容，比如倾听的基本要求、规则、方法和技巧，说话的基本要求、规则、方法和技巧，复述、转述、评述的基本要求、规则、方法和技巧，口语交际的基本礼仪和情感要求等。说话训练内容包括语音训练、语句训练、语段训练、语态训练等。① 这些都是全体师范生在口语交际方面应该具备的基础性能力和素养。坚持共同性，就是要从全体师范生的利益出发去思考口语交际课程的设置并合理取舍口语交际内容，把需要全

---

① 曹建召. 口语交际能力训练体系的建构 [J]. 语文建设, 2009 (6)：4 - 10.

体师范生共同掌握的口语交际知识和技能作为课程、课程体系、课程教学的最基本内容。

其二，重视差异性。坚持共同性是重要的，兼顾到了所有的师范生，但是没有充分考虑到师范生的个性差异，所以在课程内容理念方面还应该注重差异性。差异性就是师范生口语交际的个性化、特长化，师范生个人口语交际的兴趣与爱好。当今社会对人才的需求不是单一的，而是多样化、市场化的。汉语言文学专业的每位师范生都有自己特殊的兴趣与潜能，以此为切入点来设置口语交际课程，建构口语交际课程体系，可以让师范生在口语交际课程中有更多的选择性和自主性。

要重视个性发展，必须坚持以生为本，树立开放意识、平等意识和科学意识。要根据师范生的口语交际基础、未来发展方向和兴趣特长作类型化分配，给不同类型的师范生设置更多可供选择的类型化课程。

第一，所谓"开放意识"意味着课程的设置不要墨守成规，不要瞻前顾后，不要故步自封，而应该围绕着人才培养目标，努力扩大视野，寻找新的突破口，开拓新的领域，培育新的课程，使课程设置多样化、类型化、层次化，给学生提供更多更大的可选择空间。比如可以设置演讲与辩论、诵读训练、主持语言艺术等课程，让学生根据自己的实际情况做出适宜的选择。这实际上说的是以什么样的态度和意识作为指导来设置课程并建构课程体系的问题。

第二，所谓"平等意识"意味着要以一种尊重、宽容的心态去看待师范生的个性发展与兴趣爱好，让师范生在打好口语交际基础的前提下根据自己的发展方向来自主选择适宜的课程。作为教师当然不能放任学生，但也不可以作过多的干涉，应该对学生的个性和兴趣多加分析，给予有益的指点和引领。比如对演讲和辩论有兴趣并有这种特长的师范生，可以指导他们选修演讲与辩论课程；对教师职业充满期待的师范生，可以指导他们选修教师口语课程等。这实际上考虑的是以何种态度来对待师范生选课问题和专业技能拓展问题。

第三，所谓"科学意识"意味着口语交际课程设置和课程体系建构要尊重客观规律，符合教育规律，要和学校的办学理念、办学定位和人才培养目标保持高度一致。不同课程如何设置，如何分布，内容上如何安排，如何运作和实施，相互之间如何平衡与协调，在课程体系中如何定位，目标如何衔接等，都要坚持科学性原则，精心策划，认真思考，做到真实、有序、合理。比如上述演讲与辩论、诵读训练等课程，在哪个年级、哪个时间段开设最合适，在教学内容方面应该怎么协调才会避免炒冷饭的现象，在具体实施过程中应该如何运作才能实现教学的有效性，在整个课程体系中应该如何分布才能凸显不同课程之间的层次感等，这些都是需要认真考虑的问题。总之，要以科学严谨的态度慎重对待课程的设置与课程体系的建构。这实际上强调的是以何种态度来对待课程体系的内在逻辑性问题和严密性问题。

# 第四节　课程目标

课程目标是口语交际课程以及口语交际课程体系所要完成的课程教学任务，是要达到的最终教学目的和标准。根据对肇庆学院汉语言文学专业四个年级师范生口语交际实际的观察，以及近些年来分层开设的相关口语交际课程实验，我们初步提出口语交际课程目标，具体如下。

## 一、总体目标

口语交际课程的总体目标反映的是整个口语交际课程体系所要达到的最终目标。我们把最终目标确定为：逐步全面提高师范生口语交际能力。具体描述为：通过不同阶段的课程教学，使师范生逐步掌握口语交际的基础知识、基本理论，逐步健全心理能力并发掘语境创造能力，逐步培养交际情感并发展合作精神，逐步提高态势语运用能力，逐步提高师范生的综合口语操作能力，为高效率地实施语文教育教学提供口语交际的各种必备条件。

## 二、学段目标

从上文对课程总体目标的表述和解读不难看出，课程总体目标的实现不是一蹴而就的事情，而是一个逐步落实的过程。就肇庆学院汉语言文学专业（师范方向）来说，根据我们多年来的调查研究以及所开设相关口语交际课程的实施情况来看，要全面提高师范生的口语交际能力必须分阶段消解课程总目标所规定的教学任务。基于近年来汉语言文学专业师范生大学学习、教育见习、试教、教育实习和就业的现实，我们把大学四年分为四个学段。由此，口语交际课程总目标也就被分解为四个学段性目标。

### （一）第一学段课程目标

这个学段从师范生入学到大一第二学期期末，也就是整个大学一年级时间段。这个学段内，由于中学阶段淡化了口语交际的学习与实践，所以有不少方言区的学生对普通话缺乏足够的认识，整体来看学生不仅对普通话的相关知识了解较少，而且实际的普通水平也不是很高，较多师范生并不具备开展口语交际的扎实基础。因此，这个学段内口语交际课程目标的核心任务就是在中小学口语交际课程学习的基础上，认真系统地学习口语交际的基础性知识，努力锻炼其思维能力和记忆能力，掌握开展口语交际活动的基本技能，从而为逐步全面提高师范生口语交际能力打下较为扎实的基础。这个学段的课程目标是基础性目标。

在这个学段内，要系统地进行语言学理论学习，包括普通话语音知识、词汇知识和语法知识，尤其要在普通话语音方面进行强化训练。通过课程教学与训练，引导师范生重视普通话的学习与训练，培养并激发师范生口语交际的兴趣，使师范生能够领会发音要诀，熟悉音变现象，找出普通话与自己所用方言的对应性规律并能够实现语码转化，掌握词汇应用的基本规则、语法组合的基本规律和语义搭配的基本规范。做到发音基本标准，说话通顺明白，语意表达清楚；能够较好地运用普通话思维；培养并发展合作精神；具备较强的辨音能力并能够较准确地理解交际对象的话语内涵。

### （二）第二学段课程目标

这个学段即大学二年级。在这个学段内，由于师范生经过了一年的洗礼，基本熟悉了大学生活，初步摸索出了汉语言文学专业课程学习的基本规律并形成了自己的一套学习方法。尤其是通过第一学段现代汉语、普通话语音训练等相关口语交际课程的学习，已经认识到口语交际课程学习以及口语交际的重要性，这就为其语言规范化层面的日常口语交际打下了较为扎实的基础。所以，这个学段课程目标的核心任务就是在第一学段相关口语交际课程学习与训练的基础上，系统地学习日常口语交际知识，培养并提升人际交往情感，掌握日常口语交际的基本能力，从而为实现第三学段拓展性口语交际课程目标夯实基础。这个学段的课程目标是发展性目标。

在这个学段内，要认真系统地进行日常口语交际和口语修辞的基础知识、基本理论教学，尤其要注重口语交际基本技能的训练和实践。通过教学与训练，养成敢于并愿意进行人际沟通和交流的意识，进一步锻炼思维能力和记忆能力，培养并提升师范生口语交际的基本情感和情感沟通能力，注重态势语的恰当运用，使师范生掌握口语交际的基本规则和基本规范，采用会话、情景设置等方式强化训练师范生的倾听能力、表达能力和应变能力。经过训练使其普通话测试达到二甲及以上水平，做到能够较为熟练地运用普通话进行口语交际；学会根据交际目的主动利用不同交际环境条件，顺畅地进行沟通和交流；不仅能够规范而得体地表达，而且能够充分理解说话者的交际意图。

### （三）第三学段课程目标

这个学段即大学三年级。师范生通过第二学段相关课程的学习和训练已经具备了日常口语交际能力，这为发展自己的口语交际特长和拓宽自己的个性化口语交际空间创造了较为完备的条件。所以，第三学段内课程目标的核心任务就是在达到第二学段发展性目标的前提下，根据师范生个人的兴趣爱好和未来职业方向需要的可能性，分门别类地系统开设相关口语交际选修课程，使师范生获得具有拓展性的口语交际能力，以凸显师范生颇具个性化和多面性的口语交际能力。这个学段的课程目标是拓展性目标。

在这个学段内，要认真系统地讲授诵读、演讲、辩论等相关知识和理论，尤其要强化公关、朗诵、演讲、辩论、活动（节目）主持等交际活动的训练和实践。通过教学与训练，充分展现并进一步拓宽师范生的口语交际领域，使之在公关、朗诵、演讲、辩论、活动（节目）主持等方面获得更为专业的知识和能力，进一步提升其思维能力和记忆能力，巩固并展现交际情感，健全口语交际知识结构和能力结构，练就具备多种交际特长的口语交际能力，以拓宽并进一步提升口语交际能力。

**（四）第四学段课程目标**

这个学段在大学四年级上学期。这个学段内，师范生即将全面进入专业教育实践阶段。除了教育见习外，还要适时模拟课堂教学活动（试教），并在大四上学期进行为期一个月甚至更长时间的语文教育实习。在这一背景下，在这个学段的前半段开设教师口语特色课程，并根据中小学语文教育教学的实际对师范生进行教师口语教学和训练，就会有非常强的针对性和职业性。所以，这个学段内课程目标的核心任务就是认真系统地进行教师口语教学，使师范生通过学习和训练掌握教师职业口语交际艺术，具备教师职业口语交际的基本功。这个学段的课程目标是职业化目标或特色性目标。

在这个学段内，要认真系统地进行教师口语课程的教学，尤其要强化教学职业口语的训练和实践。通过教学和训练，使师范生充分认识到教师口语交际的基本规律，系统地学习并掌握教师职业口语的基本要求和技能，努力培养教师职业情感，使其学会并善于与学生沟通和交流，继而发展其思维能力与记忆能力，强化态势语的协调运用能力，熟练地驾驭语文课堂，从而有效地开展语文教学并顺畅地促进师生互动，使教师职业口语成为从事语文教育教学的工作用语。

四个学段课程目标的分解意在表明，只有分层次、类型化地设置口语交际课程，在循序渐进的教学过程中才能够全面提高师范生的口语交际能力。在汉语言文学专业大学四年不同阶段的口语交际课程教学中，可以通过各种不同类型、不同模式的口语交际实践训练，逐步实现由基础性目标教学到发展性目标教学，再到拓展性（特长化）目标教学和职业化目标教学，最终达到全面提高师范生口语交际能力的总体目标。

### 三、科目目标

参照中小学语文课程标准，我们认为口语交际课科目目标层面反映的是不同口语交际课程自身对师范生口语交际知识性目标、技能性目标和情感价值目标三个角度的不同要求，而以上目标最终都要落实到每门课程的具体目标上。口语交际课程体系中的任何一门课程，在教学目标方面都有具体要求，都有该门课要达到的具体目的和要完成的具体任务。比如公关语言学课程目标为：通过课程教学，使学生认识公关语言在现代管理中的性质、意义和作用，学习和理解公关语言学的基本概念、基础知识和基本原理，了解和掌握沟通过程中公关的语言规则、手段、方法，在实践训练中努力培养学生的现代公关意识，完善自身的公关语言素质，提高学生实际的公关语言表达能力、倾听能力和公关应变能力等公关语言交际能力。这些课程目标中都蕴含着知识性目标、技能性目标和情感价值目标。这样的表述是就一门课程来说的，虽说是具体目标，但只是相对而言，实际上还是比较抽象的，每门课程的目标自然还要具体反映到每个章节的教学要求和观测标准上。

其他课程的具体目标不再赘言。

## 第五节　课程结构

德雷克·博克指出，课程体系主要解决两个问题：一是实现培养目标需要哪些课程及其内容的深度与广度的问题；二是各课程在内容和呈现方式上如何互相配合和衔接的问题。[①] 对此，笔者深有体会。我们在《高校师范生口头语言表达能力训练体系的建构——以肇庆学院汉语言文学（师范）专业为例》一文中，曾经根据肇庆学院汉语言文学专业口语交际课程设置与实施情况对口语表达能力训练课程群进行了分析。文章发表后，经过较长时间的思考，我们依然坚持文中的基本观点。但由于现在我们扩宽了研究范围并转换了观察角度，即由"口语表达能力"范围扩展到"口语交际能力"范围，由"口语表达能力训练"角度转换到"口语交际课程"角度，又考虑到课程体系建构的完整性，所以本节将对口语交际课程体系建构作进一步的修正、调整与完善。基于这一思路，我们依然坚持紧紧围绕着"逐步全面提高师范生口语交际能力"这一总体目标，坚持分层配置、优化互补的原则，逐步打造较为科学合理的口语交际课程体系。这个课程体系涵盖了现代汉语、语言学理论、普通话语音训练、言语交际学、口语修辞

---

① 德雷克·博克. 回归大学之道［M］. 侯定凯，等译. 上海：华东师范大学出版社，2008.

学、社交礼仪、演讲与辩论、诵读训练、公关语言学、主持语言艺术、教师口语等课程，并努力给出课程的层次定位及其相互关系。[①]

课程结构反映了课程体系的基本框架，不仅设定了各门课程相对稳定的结构层次，也明确了各门课程之间的内在关联性，更重要的是为课程总目标以及学段目标和课程具体目标的逐一落实提供了切实可行的运行机制。要根据地方性普通本科高等院校在向具有鲜明特色的高水平应用型综合大学转型过程中的人才培养目标要求，仔细分析口语交际课程在整个专业课程体系中所占的比重，并结合师资、师范生意愿、人才市场需求情况以及其他相关教学资源所提供的条件来进行科学的运作。这样，设置的课程、建构的课程体系才具有针对性、可操作性和科学性。

经过多年的摸索、研究和实践，我们把口语交际课程结构确定为由两个模块、四个系列、十一个科目所构成的课程有机体。

## 一、课程模块

我们把口语交际课程二分为专业必修课和专业选修课两个模块，共十一门课。

模块1：专业必修课，包括现代汉语、语言学理论、普通话语音训练共三门课。这些课程的基本内容是语言学基本理论和知识，普通话语音、词汇和语法的基础知识、基本理论，以及口语表达所需要的基本素养，是实施其他相关口语交际课程的主要依托和骨架，是口语交际教学与训练的基础性课程。[②] 这个模块的课程，主要培养师范生口语交际的基础性能力。

模块2：专业选修课，主要包括言语交际学、口语修辞学、社交礼仪、演讲与辩论、诵读训练、公关语言学、主持语言艺术、教师口语共八门课程，内容各有侧重。它们是师范生口语交际教学与训练的发展性、拓展性和职业化课程。这个模块主要分别培养师范生口语交际的发展性能力、拓展性能力和职业化能力。

## 二、课程系列

课程模块由课程系列构成，上述两大模块课程即专业必修课和专业选修课课程，又可分设为四个系列。

系列1：基础性课程，即现代汉语、语言学理论、普通话语音训练课程。这

---

① 孟建安. 高校师范生口头语言表达能力训练体系的建构——以肇庆学院汉语言文学（师范）专业为例［J］. 肇庆学院学报，2010（6）：51－58.

② 孟建安. 高校师范生口头语言表达能力训练体系的建构——以肇庆学院汉语言文学（师范）专业为例［J］. 肇庆学院学报，2010（6）：51－58.

三门都是专业必修课，主要解决师范生口语交际的语言基础问题，也就是要为口语交际打下较为扎实的语言规范基础，包括语音规范基础、词语规范基础和语法规范基础。这是要通过现代汉语、语言学理论和普通话语音训练课程教学，使师范生具备较为熟练地运用普通话进行口语交际的能力，掌握选择规范化的语言材料创造规范话语的能力，掌握基本的语言学基础知识和基本理论。所以，基础性课程属于整个口语交际课程体系的第一梯级课程，要实现的课程目标和上文所说第一学段的课程目标对应。这个系列的课程主要培养师范生口语交际的基础性能力。

系列2：发展性课程，包括言语交际学、口语修辞学、社交礼仪课程。这三门课主要是通过教学，促使师范生掌握日常口语交际、口语修辞的基本能力，能够做到得体地进行口语交际。发展性课程属于整个口语交际课程体系的第二梯级，要实现的课程目标和上文所说第二学段的课程目标对应。这个系列的课程主要培养师范生口语交际的发展性能力。

系列3：拓展性课程，即演讲与辩论、诵读训练、公关语言学、主持语言艺术课程。这四门课程重在拓展、开发师范生口语交际的个性化空间，培养师范生的口语交际兴趣和特长。拓展性课程属于整个口语交际课程体系的第三梯级，要实现的课程目标和上文所说第三学段的课程目标相对应。这个系列的课程主要培养师范生口语交际的拓展性能力。

系列4：职业化课程，也就是针对师范方向开设的教师口语课程。这门课是要通过教学与强化训练，促使师范生增强从事中小学语文教育教学工作所应该具有的职业化口语交际能力。职业化课程属于整个口语交际课程体系的第四梯级，要实现的课程目标和上文所说第四学段的课程目标对应。这个系列的课程主要培养师范生口语交际的职业化能力。

### 三、课程科目

课程结构中共设置十一个科目，即十一门课程，分别为：

科目1：现代汉语。

科目2：语言学理论。

科目3：普通话语音训练。

科目4：言语交际学。

科目5：口语修辞学。

科目6：社交礼仪。

科目7：演讲与辩论。

科目8：诵读训练。

科目 9：公关语言学。

科目 10：主持语言艺术。

科目 11：教师口语。

为了更加明晰，我们根据上文的分析和论述绘制了口语交际课程结构表。

**口语交际课程结构表**

| 模块 | 系列 | 课程性质 | 科目 |
|------|------|---------|------|
| 专业<br>必修课 | 系列 1<br>（第一梯级） | 基础性课程 | 现代汉语<br>语言学理论<br>普通话语音训练 |
| 专业修选课 | 系列 2<br>（第二梯级） | 发展性课程 | 言语交际学<br>口语修辞学<br>社交礼仪 |
| | 系列 3<br>（第三梯级） | 拓展性课程 | 演讲与辩论<br>诵读训练<br>公关语言学<br>主持语言艺术 |
| | 系列 4<br>（第四梯级） | 职业化课程 | 教师口语 |

## 第六节 课程内容

"一个好的课程体系，其内容要素间是相互协调的，课程结构也具有内在一致性，从而对学生的发展产生更大更积极的动力。"① 关于课程内容的选择，黄政杰认为应该包括十个方面，即目标、范围、重要性、正确性、难度、实用、缺乏、弹性、资源和时间，他认为这十项标准适合于各个层次的内容选择，② 而且决定着什么样的内容将成为课程内容。因此，不同的课程需要什么，师范生需要什么，教师职业需要什么，社会需要什么，这些都是选择并确定课程内容时需要考虑的问题。口语交际课程体系中，每门课程的内容都有选择原则问题，也有选

---

① 胡弼成. 高等学校课程体系现代化研究 [D]. 厦门：厦门大学，2004.

② 黄政杰. 课程设计 [M]. 台北：台湾东华书局，1991：265.

择标准问题。在我们的研究中，课程内容的设置必须紧紧围绕师范生口语交际教学的总体目标，坚持以听说运作能力为核心，以心理调控能力为前在，以情感沟通能力为伴随，以态势语协调能力为辅佐。口语交际课程总目标的实现最终还要依赖于课程体系中各门课程的教学与实践训练，而课程教学与实践训练又必然要以课程内容的科学建构为依托。根据上述思路，口语交际教学课程体系中共有十一门课程，每门课程各有自己特有的内容设计与安排，但不管是哪个层次、什么性质的课程都有相通的内容。通过对课程体系内各门课程进行更为深入的研究和进一步完善，以教学大纲为载体，明确并稳定各门课程的核心内容，可进一步平衡好相关课程内容之间的关系。

为了能够具体地说明这一点，这里以基础性课程语言学理论课程为例略作说明，其他课程不再赘述。参阅不同院校该课程的教学大纲和使用的相关教材，地方性普通本科高等院校汉语言文学专业语言学理论课程内容主要包括以下几个部分：第一，语言的社会功能部分主要讲解语言是交际工具、语言部分是思维的工具、语言符号的性质和特点、语言符号的系统性等内容；第二，语音部分主要讲解音标、发音系统、音位等内容；第三，语法部分主要讲解语法规则、语法单位、语素、词的结构、语法结构的意义和形式、组合的层次性、词类、形态、变换和句型、语法范畴、语法结构类型、语言的普遍特征等内容；第四，词义部分主要讲解词和词汇、词汇意义、词义性质、单义和多义、同义词、反义词、词语搭配、词义和环境等内容；第五，文字和书面语部分主要讲解文字的作用、本质、起源、发展、书面语和口语等内容；第六，语言发展部分主要讲解语言发展的基本条件、特点、社会方言、地域方言、亲属语言、共同语等内容；第七，语言接触部分主要讲解借词、结构规则的借用、语言系统的排挤和替代、自愿融合和被迫融合、洋泾浜、混合语、国际辅助语等内容；第八，语言系统的发展部分主要讲解语音演变的规律性、语音对应关系、历史比较法、组合规则的发展、聚合规则的发展、新词产生和旧词消亡、词语替换、词义演变等内容。在教学过程中，关注的焦点在于让师范生理解并掌握语言学的一般理论知识，获得处理简单的语言文字问题的基本技能。

# 第四章 基础性课程教学

## 第一节 基础性课程概说

### 一、基础性课程范围

按照《现代汉语词典（第 5 版）》（商务印书馆 2005 年版）的解释，"基础"是事物发展的根基和起点。那么，在这里基础性课程则是指对师范生口语交际能力培养具有根基作用的口语交际类课程。在所建构的口语交际类课程体系中，紧紧围绕着师范生口语交际能力的培养初步设置了十一门相关课程。其中，处在第一梯级的专业必修课程，即现代汉语、语言学理论、普通话语音训练就是基础性课程。

本专著不可能详细讨论所有基础性课程的教学问题，我们只就现代汉语这门课程在教学中出现的相关问题进行较为深入的思考。

### 二、基础性课程厘定

之所以把现代汉语、语言学理论和普通话语音训练这三门课程确定为口语交际能力培养的基础性课程，主要是基于以下考虑。

#### （一）都以培养师范生基本语言技能为教学目标

现代汉语、语言学理论、普通话语音训练这三门课作为基础性课程，其教学目标都落在了师范生基本语言技能的培养上，只不过这些课程的关注点各有不同。

现代汉语课的教学目标被广泛确定为：以国家关于语言文字的方针、政策为依据，系统地讲授现代汉语的基本理论和基本知识。通过教学，培养和提高学生分析、运用现代汉语的能力，为学习其他相关课程及将来从事语言文字工作、语文教学工作或进一步从事语言研究打下了坚实的基础。语言学理论课则把教学目标确定为：从理论上探讨人类语言的本质、结构和演变的规律。它研究的是语言的共性问题，所以不同于以具体语言为研究对象的现代汉语课程、古代汉语课程，而是通过讲授人类语言的本质、语言的结构、语言的发展以及文字等方面的内容，要求学生能初步树立科学的语言观，获得语言学的基础知识和基本理论，并且初步具备运用语言学的方法分析语言现象的能力，为学生将来从事语言文字工作、语文教学工作和科研工作打好基础。从以上两门课的教学目标可以看出，它们各有侧重点：现代汉语课程重在从现代汉语应用角度来培养师范生的基本语言能力，而语言学理论课程重在从一般语言学角度来培养师范生的基本语言能力。教学目标的表述虽有不同，但都是要通过教学让师范生全面掌握基础知识、基本理论和基本技能，做到说话通顺明白，表达规范，从不同的侧面为口语交际打下了坚实的语言素养和技能基础。

### （二）都以基础知识、基本理论和基本技能为主要教学内容

地方性普通本科高等院校汉语言文学专业现代汉语、语言学理论、普通话语音训练这三门课都以基础知识、基本理论的传授和基本技能的培养为主要教学内容。这些内容有助于夯实师范生的语言素养基础，对训练和提升口语交际能力具有非常重要的作用。例如，现代汉语课程内容的语音部分，主要讲授语音的属性、声母、韵母、声调、音节、音变、朗读和语调、语音规范化等内容；词汇部分，主要讲授词汇和词汇单位、词义的性质和构成、词义的分解、词义的聚合、语境和语义、熟语、词汇的发展变化和词汇的规范化等内容；语法部分，主要讲授语法属性、词类、短语、句子成分、句型、常见的句法错误、复句、句群等内容；修辞部分，主要讲授修辞属性、词语的锤炼、句式的选择、辞格、语体风格等内容。显然，现代汉语课程所选定的内容主要就是现代汉语的基础知识、基本理论和基本技能，包括语音知识和理论、词汇知识和理论、语法知识和理论、修辞知识和理论等及其运用。在教学过程中，关注的焦点在于让师范生学会运用规范的语言材料进行规范的表达，掌握口语交际的基本技能，做到说话符合现代汉语的语音规范、词汇规范和语法规范，以及基本的修辞要求。

## 第二节　现代汉语教学论

### 一、引言

现代汉语课程是地方性普通本科高等院校汉语言文学专业开设的专业必修课。过往现代汉语教学更偏重于师范生书面语言运用能力的锻造，而忽略了对其口语交际能力的培养。我们把现代汉语作为一门基础性课程并纳入所建构的口语交际课程体系中，主要就是为了强化这门课程在师范生口语交际能力培养过程中的基础性作用。所以，现代汉语教学对师范生口语交际能力的培养不可或缺。

本专著第二章中，对口语交际教学尤其是现代汉语、普通话语音训练等课程教学中的诸多矛盾和困惑作了简要的类型化梳理。我们认为，口语交际教学与语言生活和语言研究的脱节、不同课程相关内容的碰撞等问题在现代汉语教学中表现得最为突出和明显。这些问题和矛盾实际上就是教学思想和教学理念的培养与确立问题、教学内容的整合与更新问题、教学手段和方法的改革问题、基本技能的锻炼和提高问题。困难就在我们面前，矛盾就在我们面前，问题就在我们面前。作为现代汉语任课教师，自然要迎难而上，努力做出积极的应对和抉择，以便带领学生走出现代汉语学习的困境，并和学生一道信心百倍地迈向现代汉语教学更为广阔的天地。在笔者看来，现代汉语教学改革的总原则应该是坚持以学生为主体，以教学大纲为准绳，把基础知识、基本理论的传授与基本技能的培养作为基本的目标，并把师范生书面语言表达能力和口语交际能力的培养和提高作为核心目标。从口语交际教学角度来考虑，那就是要通过开展有效的现代汉语教学，为逐步全面提高师范生口语交际能力打下坚实的语言基础。

## 二、教学过程实施

### （一）适时调整教学内容

教学中要适时整合教学内容，时刻关注现代汉语课程的基本教学内容。按照教学大纲的要求，基础知识、基本理论依然是现代汉语课程的核心要素，是现代汉语教学的重要内容，也是师范生应该掌握的基础性知识和应该达到的知识性目标，更是培养师范生基本技能的前提性条件。因此，无论怎么进行教学改革，这一点是不可移易的，不能不重视，不能不认真对待，我们在教学中应该坚持现代汉语教学的理论性原则。这些内容的知识性、理论性、科学性最强，学习起来却最枯燥、乏味，然而又不能因为枯燥、乏味就弃之不顾。问题的关键是，在教学过程中怎么去调配、处理和安排，使现代汉语教学更趋于合理，更能让学生愉快地接受，更能为口语交际能力的提高储备营养。

在教学过程中，教师应该根据情况不断优化整合现代汉语基础知识和基本理论等教学内容。这包含两层内涵：

其一，教师在内容的处理上要有更多的自由度。当然，有更多的自由度不是说任课教师可以对内容随意进行增删或调整，而是要建立在对相关课程和学生充分了解的基础之上来进行。也就是说，一方面要充分发挥教务处等教学管理职能部门的作用，处理好与相关课程的关系，即对语言学理论、教师口语、言语交际学、普通话语音训练、主持语言艺术等与现代汉语课程关系较为密切的课程进行统筹安排，做出合理的调整，在内容方面减少不必要的重复或加大某些课程在某些方面的教学力度。另一方面，要采用问卷、测试、口头询问等形式对学生进行较为全面的调查，以便准确了解相关信息，并根据所掌握的情况对学生的现代汉语知识和理论水平进行较为客观的评估；然后再根据评估结果对学生进行类型化组配，从而针对不同的类型化教学对象在课程内容上做出相应的选择和调整。在上述工作的基础上，或把与语言学理论、主持语言艺术、普通话语音训练等课程雷同的内容剥离出去；或把某些内容充实到现代汉语课程中来；或浓缩与中小学语文教学中重复的知识；或充实教材中需要掌握但又过于简单的内容；或重新认真审视和准确把握教学的重点和难点；或统筹安排与合理分配教学的时间等。总之，要在不违背教学大纲要求的前提下，让教师有较大的自主权。

其二，以培养师范生语言应用能力为主体目标来调整教学内容。从口语交际教学角度来考虑，作为师范生语言应用能力支点的口语交际能力和书面语言表达能力一样，自然应该是教学内容整合的重要聚焦点。教学内容的整合要与时俱进，应该是动态的而不是静态的。意思是说，应该根据每年入学新生以及不同教学班的具体情况做出相应的内容调整。进行这样的教学改革，任课教师是非常辛苦的，要在课外花费很多的时间和精力，还要不断地充实更新教案、课件等教学文件，但是在付出的同时也会有很多的收获，还能找准师范生口语交际能力培养的关键所在。

根据以上设想，现代汉语教学不必蹑手蹑脚，在课程内容上完全可以做出大胆的调整与变革。比如，歧义现象的讲授是现代汉语教学大纲规定的非常重要的内容，但在多数高校选定的黄伯荣和廖序东主编的《现代汉语》（高等教育出版社 2011 年版）教材里对这一问题的处理比较草率：所占篇幅很少，而且例子占去了大部分版面；存在基础知识欠缺、内容过于简单化、重点不够突出等问题。那么，作为现代汉语课程的任课教师，在教学中就应该适当增加相应的教学内容，把教学的重点和难点放在歧义产生的原因和分化方面。尤其是歧义分化手段的讲解和实际操作更应该到位、详细、深入，因为在包括口语交际在内的实际语言生活中，我们经常会犯这种错误。消除歧义是解读和接受话语的必要前提，否则就不能很好地理解话语文本的真实内涵。① 又比如，就广东省地方性普通本科高等院校汉语言文学专业而言，因为学生大多来自广东省，身处粤方言、客家方言和闽方言的层层包围之中，又深受港、澳、台口语交际态势语的影响，再加上经济繁荣带来的复杂多变的其他语言要素的熏染，学生的口语交际状况普遍不理想。因此，在这种情况下教师就应该更加突出语言规范化的内容，尤其是语言规

---

① 孟建安. 大胆突破教材局限，努力探索歧义教学新路——兼及黄、廖本《现代汉语》有关章节的编写缺陷 [J]. 平顶山师专学报，2001（4）：80–81.

范化意识的培养和规范运用普通话能力的强化训练。比如在语音教学方面，就应该归纳总结出粤方言、客家方言等与普通话在声母、韵母、声韵配合、声调、语音变异等方面的对应规律，让学生有规律可循；注重"说话"教学，有针对性、有步骤地重点训练。因为这些是学生的弱项，学生有很强的学习普通话的动力和愿望，而教师科学性和技巧性的引导，会使学生在短期内就有所收获，所以这样的教学内容处理就能够激发学生的学习积极性。另外，在病句教学中，针对学生语言运用尤其是口语交际中语病过多、表达不清楚、无条理等问题，减少病句理论知识的单一传授，更多地考虑把病句修改的方法、知识与一定语境中病句修改的实际操作结合起来。这样就能使学生多动手、多动脑、多动口，从而深入研究句子内部结构，知道句子错在何处、为什么错、应该怎么修改、为什么这样修改、与上下文的语意是否协调、与具体语境是否吻合等。

### （二）强化课堂训练与实践教学环节

从口语交际教学角度来说，在现代汉语教学中强化课堂训练与实践教学环节实际上就是强化学生简单的语言应用能力训练与实践，以便为口语交际能力的培养打下坚实基础。现代汉语教学大纲明确规定，要通过教学加强学生基本技能的训练，培养和提高学生理解、分析、运用现代汉语的能力。按照李如龙先生的说法，培养应包括普及和提高两个方面：普及方面就是听、说、读、写在应用上的达标。提高方面就是掌握规范标准，具备示范、评判和批改各种言语作品的能力；了解语言应用中各种变异的规律，具备鉴赏、分析和创造的能力。[①] 地方性普通本科高等院校汉语言文学专业（师范方向）培养的对象是师范生，未来职业取向主要是做中小学语文教师，基本能力的培养就落实在"师范技能"的练就上，因此必须对师范生口语交际能力尤其是教师口语交际能力训练与实践教学环节给予较多的关注。任课教师要绷紧这根弦，始终贯彻这一原则，把课堂训练与实践应用当作重要的教学环节。

其一，要强化师范生听、说、读、写能力训练与实践。听、说、读能力的基本内涵在第三章第一节中已经有所论述。这里进一步强调的是，任课教师在现代汉语教学过程中需要努力强化听、说、读、写能力的训练与实践教学。比如对朗读技能的教学，就不仅仅要求学生了解朗读的基本要求，还要求学生做到使用普通话朗读，朗读语言的设计必须建立在对生活语言加工的基础之上，调控好朗读的语调等；还要教师本人通过音像视频等进行示范性朗读，引领学生选择适宜的语体从而开展实操性训练，锻炼学生的朗读能力，使之在学习、训练和实践中逐

---

① 李如龙 . 也谈现代汉语课程的改革［J］. 语文建设，1998（5）：41 - 45.

步得到提升。"写"就是要具备较强的书面语言表达能力，这是对师范生的必然性要求，也是训练师范生口语交际的重要手段。要求师范生做到能够规范地运用汉字，写出文从字顺的言语成品，简洁准确地表情达意，能够进行议论文、说明文、散文、记叙文、文化散论、广告文案，以及通知、总结、工作计划等不同语体文章的撰制，熟练掌握常见文体的语言运用规则，由此为口语交际能力的提高提供不同的语言基础支点。

其二，要强化师范生语文批评和语言创造能力的训练与实践。这是对中小学语文教师的较高要求，也是在校师范生在语言上应该达到的较高目标。这一点凸显了师范生语文批评能力和语言创造能力的训练与实践对培养口语交际能力的基础作用。

第一，提高语文批评能力，就是要求学生在熟练地掌握现代汉语语音规范、语法规范、词语规范、汉字规范的基础上，能够对言语成品中的单个用例或整个语言运用做出较为合理的和接近于事实的综合性评价，并能够修正语言运用中的错误。这也是对未来中小学语文教学中教师作文教学、作业批改的要求。比如拿到中小学生的一篇短文，教师就应该非常轻松地判断出其汉字书写正确与否、词语运用恰当与否、句法组合规范与否、语意表达明确与否。与此同时，还应该具备从审美层面鉴赏话语文本，尤其是鉴赏文学语言的能力。要求学生有较强的语文感受能力，能够通过对语言的品评和玩味，依据心理联想机制对作品创设的意境、宣泄的情绪、表现的主题、刻画的人物等做出综合性的认知与评判。比如就语文实践中的词语运用来说，要结合上下文、背景因素、心理因素等语境条件来分析词语应用的优劣和得体程度，由此来锻炼师范生的语文鉴赏和语文批评能力。例如：

> ……闰土说着，又叫水生上来打拱，那孩子却害羞，紧紧的只贴在他背后。
>
> （鲁迅《故乡》）

该例中，作者用"贴"字而不用"靠""站""立""趴"等词语，自然有作者的考虑。为什么会这样？在教学中要有意识地引导学生利用已经学过的现代汉语知识把这个词放在具体语境中做出动态分析，结合上下文语境条件强化训练学生的语文分析和批评能力。要让学生通过课前查阅资料等手段把《故乡》中水生是农村的孩子、没有见过大世面、第一次见到"我"、存在惧怕心理、闰土让水生打拱等背景信息弄明白，引导学生利用这些语言内和语言外条件解读此处为什么运用"贴"这个字。因为语境的作用，该例仅用了一个寻常化的字眼，就把水生初见"我"时害羞胆怯的情态惟妙惟肖地刻画了出来。通过具体语境条件分析，可以让学生感受到同义手段选择的重要性及其所具有的积极效应。如果不把该字放到整个语篇之中去分析，那只能是孤立地、静止地空谈该字所谓的生动性。这自然不会让学生真切地领悟到该字的修辞功用，也就不能很好地使学生把握语句的意思，更不能吃透作者的用意和段落层次的意旨，当然也就不能够提高学生锤炼、运用词语的能力以及批评鉴赏的能力，因此也就不能收到预期的教学效果。

第二，提高语言创造能力就是要求学生在达到听、说、读、写这个层面所设定的目标的前提下，能够艺术化、得体地运用语言。表达时，能够突破语言规范的束缚和限制做出变异运用，能够根据不同交际对象、说话目的、语言环境、语文体式等做出得体的选择，能够在突变的情境中适宜地选择语言项目。

### （三）适当引入研究性教学理念

大学毕竟是大学，应该允许教师带着研究性问题进行教学，允许学生带着问题进行研究性学习。在这种大语境下，教师教学引入研究性思路和内容，学生开展研究性学习就显得尤为重要。研究性教学和研究性学习实际上是一个整体，二者相辅相成，不可分割。这也与当下提倡并轰轰烈烈开展着的系列性科技活动一脉相承。这样做的目的主要不是让任课教师在课堂上传授多少与口语交际教学相关的最新研究成果，介绍多少与口语交际教学相关的最前沿的学术信息；也不是要求学生在某个时段内撰写多少篇论文，申报多少个课题。以上这些虽然重要，但不是研究性教学理念的全部内涵。

教师的研究性"教"就是要在课堂教学、作业批改、课外辅导、教学方案的设计等所有教学环节中，带着学术研究的治学精神，结合学生实际和教学内容设计一些常见的、有意思的、值得探讨的口语交际问题，从不同的方面去启发学生。同时，引导学生在平时的口语交际生活和现代汉语学习过程中注意发现更多有价值的口语交际问题，提出更多有意义的口语交际问题；逐步诱导学生根据所学知识和方法尝试性地做出分析，给出学理上的阐释，从而进一步提升教学质量。现代汉语课程作为口语交际课程体系中的基础性课程，教学中引入研究性学习理念为的是突出对学生学术意识的引导和学术思考兴趣的培养，以促使师范生在课程学习和语言应用能力训练过程中牢固树立科学的态度、严谨扎实的学风。也就是说，要让学生在任课教师的引导下，通过多种渠道逐步掌握科学有效的学习方法，努力拓宽学习视野，带着口语交际问题去看书、听课、训练、实践。比如教师针对"欢迎凯旋而归""讲述老百姓自己的故事"等说法，引出这些"说法究竟是否规范"的疑问，并作引导性解释，以促使学生进行较为深入的思考。学生得出什么样的结论不重要，重要的是要用这种教学理念引导学生思考问题，培养学生发现问题的能力，并由此锻炼师范生的思辨能力和心理认知能力，从心理能力角度为师范生口语交际能力的培养提供条件。

### （四）倡导并实施快乐教学

倡导并实施快乐教学实际上是现代汉语教学的方法论问题。在所看到的有关现代汉语教改论著中，几乎没有人提到过"快乐"教学的问题。我们之所以提出这种方法论性质的观点，主要基于如下几点考虑：①课程本身的枯燥与乏味；②教学方法灵活度不够；③教师课堂教学过于拘谨，缺乏应有的激情；④学生对现代汉语课的兴趣不大，情绪较为低落，有的学生甚至有排斥情绪；⑤课堂气氛过于严肃、凝重等。

培养和认同快乐教学的意识，营造和谐欢愉的教学氛围，倡导并实施快乐教学是我们多年来一贯的主张，原因就是希望在现代汉语教学中坚持快乐性原则。如果有谁把快乐教学理解为在课堂教学中讲一些笑话让学生发出爽朗的笑声，那实在是对快乐教学的最大误解。我们所谓的快乐教学，就是要通过各种手段和方法把教师和学生紧密地联系在一起，营造浓厚的欢愉氛围，培育积极的教学心态，共建平等交流的渠道，以一种正常的心态来看待现代汉语，努力克服对现代汉语的偏见和惧怕心理，不断地发掘现代汉语课的重要性，从而使学生在内心深处感受到学习现代汉语的乐趣，使教师在欢乐中教书，学生在愉悦中学习，高效率地达到教与学的目的。

### （五）突出学生的主体意识和生命意识

新的教学理念就是要以学生为中心，突出学生的主体地位。现代汉语教学更应该强调这一点，在教学中围绕学生来设计教学方案。教师要走下讲台，深入学生中；要了解学生需要什么不需要什么；要注重与学生平等对话和交流，让学生有更多的机会参与到教学中来，与教师处在同一个层次上进行对话；要鼓励学生提出比较尖锐的问题，并允许学生说出自己的看法，尊重并理智评价学生的观点和思路；要特别注意培养学生的角色意识，使学生感受到自己的存在。但同时也要注意，不要使其产生认识上的偏误。以学生为中心不是说教师要包办一切，满足学生的任何要求；也不是说学生就可以随意地支配教师，让教师毫无原则地跟着学生的思路去组织教学。

### （六）走进语言生活并拉近与语言研究的距离

走进语言生活并拉近与语言研究的距离就是要把语言教学、语言生活、语言研究融为一体。教学中不可为了教而教，对现实语言生活和语言研究不闻不问或漠不关心，这只会使教学永远搁置在象牙塔中。在实现知识性目标、技能性目标和情感价值目标的过程中，应该较多地引用并分析学生现实语言生活尤其是口头语言表达中的鲜活用例，引入相关学术性信息。如手机短信用语、大学生校园用语、网络用语等都是大学生经常运用的最熟悉的，而又具有时代感、人文性的信息。如果适宜地拿来作比较分析和学理上的说明，学生们自然会有浓厚的兴趣。这也是实施快乐教学的重要手段之一。

### （七）注重针对性训练，优选适宜的教学方法

教师应根据平时的调查情况，对学生采用针对性的措施进行训练。除正常的作业和课堂练习外，比如对现代汉语基础较差的学生，在最初阶段应注重其知识性目标和情感价值目标的训练；达到一定程度之后，再对其进行技能性目标的训练。对基础较好的学生，一开始就可以在发展其能力这个层面上进行训练。也就是说，要因材施教，因情施教。训练时，可根据情况成立语言兴趣小组、组织课堂讨论、实施情景角色训练、开展社会用语调查与分析等。

### （八）优化糅合现代教学技术和传统教学手段

充分利用现代教学技术是时代的潮流，但传统教学手段也不可忽视或遗忘，二者本质上不是矛盾的对立体，而是相辅相成的，所以不可偏废。应该使二者糅合在一起，借助于现代技术凸显现代汉语教学中的现代性和科学化；依赖于传统教学手段，传承现代汉语教学的传统性与人性化。要让学生在"现代"与"传统"这两种教学手段的完美运用中感受学习现代汉语的乐趣。

综上所述，现代汉语作为口语交际课程体系中的一门基础性课程，其教学改革应该与时俱进，在改革中不断地发现矛盾并根据实际情况进一步改进教学方法解决这些矛盾。这样才是遵循了高等教育课程教学的基本规律，才能够真正体现以学生为主体的教学思想，才能够较好地实现现代汉语教学大纲所规定的基本目标。

## 三、部分章节教学

现代汉语课要讲的内容很多，从大的方面看有语音、词汇、语法、修辞、文字等章节，从小的方面看其涵盖了现代汉语三要素以及文字、修辞等方方面面。这里选择病句教学、歧义教学和修辞格教学略作分析。

### （一）病句教学

病句也可以叫作病例，它涵盖了语音错误、词语运用不当、语法不通、修辞

失当等内容。为了便于叙述，我们将之统称为病句或病例。病句教学作为现代汉语教学的重要内容，是与合乎规范的通句（也可以叫"通例"）相对应的。现代汉语教学不但应当讲解合乎规范的通句，还应当讲解不合规范的非常规病句，使学生们尽量避开病句。因为以合乎规范的常规句为基础建立起来的现代汉语课程内容结构缺乏解释性和实用性，在理论上也有不足之处。[①] 从教学角度看，现代汉语教学应包括通句教学与病句教学两部分内容。通句教学是讲授一些相关的句法规律和理论与如何使语句通顺明白、准确无误，而病句教学则是讲解病句生成、病句形态、病句矫正、病句转化的有关规律、规则、方法等内容。当然，教师在讲授过程中应有所侧重。虽然二者所讲内容有较多的不同，但关系密切，殊途同归，都是为了促使学生掌握现代汉语语音、词汇、语法、修辞知识和理论，从而提高学生分析语言及规范化和艺术化地运用语言的能力。正因为如此，病句及病句教学在现代汉语内容结构以及教学中都占据着十分重要的位置。因而，教师应该一视同仁地对待病句教学与通句教学，并正视病句教学的重要性，不能忽略病句的存在。

## 1. 病句教学观

病句教学应该坚持系统观和辩证观。[②] 病句教学是现代汉语课程的重要内容之一。传统的病句教学仅仅把病句看作具体的有错误的句子，而且认为病句是不好的，是应该坚决予以排斥的。按照新的病句观来看，上述观点有失偏颇。笔者认为，在病句教学中应树立系统观和辩证观，这将有助于推动现代汉语教学观念的变革，并有助于培养师范生的口语交际能力。

（1）病句教学应该树立系统观。在现今教学大纲、教材尚未变动，又较难单独开设病句分析课程的情况下，作为现代汉语任课教师应改变原有的思维模式，摈弃传统的病句观念，不要仅仅把病句当作具体且有语病的句子，也不要仅仅把病句教学看作微不足道的病句归类与修改教学，甚至当作语音、词汇、语法、修辞教学的附庸。相反，应该树立系统观念。我们主张在病句教学中树立系统观念，其意义不仅仅在于让教师全面了解并把握整个病句系统的各个子系统及其相互关系，更为重要的是让教师做到心中有数，从而准确地确定病句教学的重点和难点，合理安排教学时间和内容，结合教学实际科学地设计练习，并注意因材施教，灵活地选用教学方法。这样就能够做到有的放矢，充分调动教与学的主

---

① 王希杰. 病句生成学［J］. 汉语学习，1989（3）：19 – 25.
② 孟建安. 病句教学应树立系统观和辩证观——现代汉语教学改革谈片［J］. 语文知识，2001（10）：48 – 51.

动性，激发学生的学习兴趣，促使枯燥的病句教学走上生动活泼的教学之路。这里的"系统"有两层含义：

其一，病句作为自足的系统又有病句生成、病句形态、病句矫正、病句转化四个层面，每个层面又分别是病句系统中的一个子系统，每个子系统又由若干个不同的内容构成。这些处在不同层面上的大小不等的子系统，共同形成了多层级的病句系统。

病句生成系统主要阐释病句生成的一般原理、病句产生的原因（包括语言内和语言外的原因），以及病句生成的规则和方法。

病句形态系统重点考察病句的类型和不同表现形式，并描述各种病句类型的构造特征，分析病句归类的原则，提供归类的标准，并在此基础上揭示病句类型的实质。

病句矫正系统主要讨论病句修改的必要性，病句辨识的原则、标准和手段，病句修改的原则和方法，具体病句的修改问题，以及制定检验修改结果是否正确的标准与方法。

病句转化系统主要探讨病句向通句转化的现实依据和心理学基础，转化的原则、转化的标准和条件，以及转化的方法与手段。

其二，病句是分属于现代汉语语音、词汇、语法和修辞等章节的重要内容。说到病句，人们一般会将其与语法病句对接起来。这当然是对的，但是我们这里所说的病句不仅仅是指语法病句，还包括语音病句、语义病句、修辞病句等。换句话说，在语言表达过程中，语音、词汇、语法和修辞等各个方面产生了违背语言规范的有语病的用例都是病句。正因为如此，语音系统有语音病句，词汇系统有词汇病句，语法系统有语法病句，修辞系统有修辞病句。它们分别归属于语音病句系统、词汇病句系统、语法病句系统和修辞病句系统。

（2）病句教学应该树立辩证观。传统的病句观片面地强调病句的"病"，过分地关注其负面作用。笔者主张，在病句教学中应牢固树立辩证观，以一种新的观念来重新审视病句。病句虽是不好的东西，但也有积极的作用，在说话和写作过程中人们还要开发利用它。也就是说，要辩证地对待病句，不要仅看到它的负面作用，还要看到它的积极作用。要以四个世界（物理世界、心理世界、文化世界、语言世界）的理论为依据，从规范表达和艺术表达两个层面上来处理病句。在病句教学中树立辩证观念的主要目的，就是要通过病句教学让学生摈弃对病句已有的片面看法，促使学生一分为二地看待病句，能够规范化和艺术化地处理病句，引导学生在常规表达和变异表达两个界面上解读有关病句的知识并掌握相关的技能。

在规范表达界面，就是要揭示病句的负面作用，把病句看作是语言不规范的对象。表达过程中要注意避免和排斥病句，使言语成品中少出现或不出现病句。在规范表达界面的教学中，学生通过学习要做到能够分析病句的成因，掌握辨识病句的原则与方法、修改病句的原则与手段，并对病句做出较为科学的归类与修改，从而在表达过程中规范化地运用语言，并为今后的中小学语文教学与现实口语交际做好准备。

在变异表达界面，就是要努力发掘病句的积极作用，实现由病句向佳句的转化。在表达过程中，有时出于交际的需要不但不能拒绝病句，还要适当创造病句，合理调配病句，充分开发和利用病句资源。在变异表达界面的教学中，学生通过学习能够弄清病句与佳句的实质、病句向佳句转化的原则与条件，并掌握转化的手段和方法，从而为艺术化地运用语言提供有益的启示和帮助。比如"红刀子进去白刀子出来"，这显然是个病句。但在具体的语言运用中，也可实现化腐朽为神奇的效果。《红楼梦》在写到焦大酒后醉态骂人时说："……不和我说别的还可，若再说别的，咱们红刀子进去白刀子出来！"有些《红楼梦》校勘本认为"红刀子进去白刀子出来"是个病句，是曹雪芹的笔误，故改正为"白刀子进去红刀子出来"。其实，在我们看来这句话是一种艺术化的用法，结合语境就会发现这正好表现出焦大酒醉后神志不清、颠三倒四、语无伦次的口语交际状态。因此，从"适合题旨情境"的角度而言，这是非常得体的口语表达形式，是艺术交际领域的佳句。所以，不能一概而论地把类似语句斥为病句。否则，众多在具体语境和特定语体规制下说出或写出的语句就会失去光泽，失去鲜活的魅力。

总之，病句教学在现代汉语教学中应该占有一席之地。在病句教学中教师要树立系统观和辩证观，为现代汉语教学改革注入新鲜的血液，并努力引导学生树立这两种观念。

### 2. 病句教学重点

（1）主导思想。病句教学是现代汉语课的重要教学内容之一。通过学习，学生能否恰当地处理病句，使病句转化为规范化句子或者艺术化佳句，这是衡量教师教学效果好坏的标准之一。要想取得比较好的教学效果，就必须在教学内容、教法等方面做出有益的改革性探索，努力找准并抓住病句教学的重点。

教师只有树立了系统观念，才能把握住病句系统的全局，以及病句系统在整个现代汉语课内容结构中的位置，从而更好地抓住病句教学的重点进行教学。由于受教学大纲、教材、教学课时等条件的限制，在病句教学中不可能也没有必要做到面面俱到，教师应在内容上有所侧重，找准教学重点。病句系统中不很重要的，或者与学生语言运用关系不太密切的内容可以略讲，有的甚至可以一带而过；重要的，与学生语言应用关系密切的内容一定要讲清楚、讲明白、讲透彻，让学生真正理解其实质，并熟练掌握处理病句的相应技能。

（2）重点内容。我们把病句教学的重点内容聚焦于以下几点：

其一，病句辨识教学。传统的病句教学往往是拿已知有语病的句子向学生讲解如何修改，而且所提供的病句往往又是较为理想的病句，较少甚至不涉及如何辨识的问题。这大概是受传统病句教学观念和教材的影响。事实上，病句的辨识和修改是同等重要的，而且只有先学会了辨识病句的方法和技能，才有可能从众多的句子或言语成品中推定哪些是病句，"病"在何处，然后才谈得上去修改。因此，从这个意义上说，辨识病句的教学应该重于病句修改的教学。在病句辨识教学中，应主要把常用的辨识方法如审读法、抓干寻枝法等教给学生。这样一来，学生不仅能掌握一般的操作规则和程序，也能通过训练与实践较为轻松地辨识出病句。

以抓干寻枝法[①]为例，首先应该让学生懂得什么是抓干寻枝法，其中的"干"是什么，"枝"又是什么。抓"干"就是要先忽视"枝"（附加成分），看"干"（主要成分）是否有错误；寻"枝"则是审查检视附加成分是否有语病。由此进一步分析运用这种方法时的具体操作程序：

第一步：确定句子的主干成分和枝叶成分。

第二步：先撇开枝叶成分，看主干成分是否有语病。

第三步：审查检视枝叶成分是否有语病。

第四步：对整个句子进行综合感知与判断。

与此同时，通过实例分析和实践训练让学生初步掌握抓干寻枝法的一般原理和用这种方法辨识病句的基本步骤。然后，再通过作业训练促使学生熟练地运用这种方法去鉴定言语成品中是否有病句，以达到减少病句甚至是杜绝病句的目的。

其二，病句生成原因的教学。应注重揭示生成病句的语言外原因和语言内原因。语言外因素如心理紧张，心不在焉，追求奇巧，交际目的不明等，即便是写时环境的变化、不负责任的写作态度等也会使表达者说出或写出病句。因此，病句生成的语言外原因的分析教学必须结合具体的语言环境和特定的原用语体规制，才有说服力和实证作用，也才能分析得透彻。语言内因素如省略不当、滥用介词、语序混乱等的分析教学，应立足于句子本身，用一定的语言学知识对句子进行分析、阐释。把病句生成原因的教学作为病句教学的重点，其意义主要是通过揭示病句产生的原因，对症下药，对病句进行合理的修改，并使学生从中汲取

---

① 孟建安. 汉语病句修辞 [M]. 北京：中国文联出版社，2000.

教训，避免语言运用包括口语交际中类似病句的出现。

其三，病句修改教学。病句教学的基本目的是提高学生修改病句的基本技能。这部分内容的教学几乎成了以往病句教学的全部内容。现行多种版本的教材中，有关病句的部分几乎全是病句修改的内容。这就足以证明病句修改在病句教学中的重要地位。在教授病句修改这部分内容时，除了向学生讲清病句修改的基本原则，还要注意修改方法的传授和实际操作技能的培养。

### 3. 病句教学方法

（1）落实好针对性课堂训练。病句教学要实在有用，符合学生对病句特征的认识，符合病句教学的目的与要求，做到有的放矢。教师不能拘泥于纯粹的灌输式教学法，应该做到教学方法灵活多样，并使课堂教学与课外训练紧密结合。教师不能仅仅满足于教材中简单的模式化练习，而应该针对学生书面语言表达和口语交际实际及中小学语文教材展开针对性训练，以调动学生学习的主动性和积极性。拿病句辨识教学来说，教师在讲授一般的辨识方法之后，结合微信、微博短文，让学生运用所学方法确认文中的句子哪些有错误、哪些没有错误；或者让学生根据要求写一篇短文，然后互相分析对方短文中存在的语言表达问题；或者就某件事情让学生进行口述，谈谈自己的看法，其他同学在听的过程中注意判断该同学话语中的病句；或者以现实生活中的广告词、宣传标语等为例，让学生分析找出其中的病句。当然，也可以把几种形式结合起来进行训练。总之，要采用灵活多样的教学方法为学生辨识病句提供可视文本，以加强学生的实践训练。

（2）认真组织好课堂讨论。认真组织课堂讨论也是提高病句教学效果的手段之一。课堂讨论组织得好，就能收到好的教学效果；组织得不好，就难以取得好的教学效果。所以，应认真组织课堂讨论，使课堂讨论有声有色。在遵照教学大纲的前提下，就某些问题展开讨论不仅是必要的，而且是可以做好的。要组织好讨论课，应该注意：其一，设计好问题，让学生做好准备。问题设计好后，应布置下去，给学生一定的思考和准备时间，让他们分组查阅资料，相互商量，厘清对问题的初步看法，选出发言代表。其二，组织好讨论过程。经过准备之后，再利用课堂教学时间或辅导时间让各组代表先后发言，每个同学都可以针对各组的观点谈自己的看法。其三，教师讲评。学生发言之后，教师就学生提出的有关问题给予解答，并认真讲评各个小组及个人的发言。对观点正确和观点虽不正确但思路正确的学生应予以鼓励和表扬；对学生所犯的知识性错误和方法选用的不当应及时予以纠正。课堂讨论可以给学生更多的思考空间、发言机会和处理有关病句问题的主动权。通过讨论，会激发学生学习病句理论的兴趣，澄清语言运用中尚存的模糊认识。这样做可以强化学生的自主意识，使学生有机会施展拳脚。

这对学生理解、分析和处理病句能力的提高会起到重要的积极作用。

### （二）歧义教学

不同版本的现代汉语教材对歧义现象的处理不尽相同。黄伯荣、廖序东主编的《现代汉语》教材在全国高校中文专业（含自学考试）中具有较大的影响力，而且被使用了几十年。虽几经修订，但其对歧义现象始终着墨不多。正如前文所说，教材有关章节编写的明显不足是：所占篇幅极少；基本知识欠缺较多，内容过于简化；重点不够突出。① 编者的这种淡化处理自然有其道理，但笔者认为这样处理歧义现象不够妥当。歧义现象是现代汉语教学的重要内容，当然也是中文专业课程教学的重要内容。教材对歧义现象的忽略势必导致教师不重视歧义现象的教学，而这将无益于学生处理歧义现象以及在现实语言生活中对歧义现象的规避与转化。当然，教材的局限性也为教学提供了较为广阔的发挥空间。

#### 1. 引导学生吃透基本概念的实质

弄清相关概念的实质及概念间的相互关系是学习理论知识和掌握相关技能的基础，歧义教学也不例外。教师应首先引导学生认真领会概念，努力提示与歧义相关的概念的实质及相互关系。"歧义现象"一节主要有歧义现象（歧义）与多义现象（多义）、歧义短语与多义短语、歧义句与多义句等概念。概念虽不多，但由于不同教材所使用概念的名称不完全相同，而且包括黄伯荣、廖序东主编的教材在内的大多现代汉语教学材料都较少对这些概念作比较分析，因而仅仅依靠教材是难以让学生理解它们的特征的。由此，学生对这些概念产生了模糊认识，在运用过程中也容易混淆，难以说清什么是歧义现象、多义现象，什么是歧义短语、多义短语，什么是歧义句、多义句。因而，教师应该把对应概念分别放在一起，通过例证作简要比较分析，辨析它们之间的相同之处和细微差别，引导学生理解：所谓"多义"是说一种结构的构成成分相同、语序相同，但具备了两种或两种以上的语义，是静态语境下的语义现象；所谓"歧义"是说在一定的语境中，一种结构的构成成分相同、语序相同，但依然具备了两种或两种以上的语义，是动态语境下的语义现象。通过这样的比较教学就能让学生明白，这几个概念的实质是相同的，都是说一种结构中语义的非单一性，但定义的角度不同：歧义现象是从动态层面上来分析的，而多义现象则是从静态层面上来分析的；歧义（多义）短语是从句法的短语层面上来说的，而歧义（多义）句则是从句法的句

---

① 孟建安. 大胆突破教材局限，努力探索歧义教学新路——兼及黄、廖本《现代汉语》有关章节的编写缺陷 [J]. 平顶山师专学报，2001（4）：80－81.

子层面上来说的。也就是说，有备用的语言材料的多义，也有运用中的歧义；有短语的歧义（多义），也有句子的歧义（多义）。教材为了叙述的方便往往笼统地将它们称为歧义现象（歧义）或多义现象（多义）。教师在进行比较概念的教学时，要督促学生加深对歧义现象的认识和理解，抓住歧义的特征，从而强化学生的记忆并促使学生正确地理解相关概念，为分化多义或消除歧义提供理论支撑。

### 2. 重视歧义产生原因的分析

包括黄伯荣、廖序东主编的《现代汉语》在内的多种版本的教材都涉及了歧义产生的原因，但较多地停留在语法范畴之内。一般认为，歧义的产生源于结构层次、结构关系、语义关系的不同。显然，前二者属于语法范畴内句法层面的原因，后者属于语法范畴内语义层面的原因。这样的分析无疑是正确的，然而也是不全面的，因为除了语法范畴内的原因，词汇、语音、修辞因素也同样会导致歧义的产生。像一词多义、谐音等都会造成歧义现象。比如"他走了一个小时了""期 zhong 考试"就分别是一词多义和读音相同造成的歧义。教材之所以不涉及词汇、语音、修辞因素，大概是出于这样的考虑：为了叙述的方便或界定的方便而对词汇、语音、修辞方面的歧义避而不谈。这样的处理方便了教材的编写，但难以让学生了解歧义产生的全部原因。这又势必让学生在学习了歧义知识之后，对由词汇、语音、修辞等因素造成的歧义感到茫然和手足无措。所以，加强这方面的教学是非常有必要的。教师完全可以突破教材的局限性，较为全面而细致地揭示歧义的各类因素。这样做的效果主要有三：一是向学生展示歧义的丰富内涵，扩大学生的知识面，使学生了解歧义产生的更多原因。二是有利于学生在分化歧义时有针对性地选择分化方法，从而更好地进行分化。三是有利于学生在语言实践中充分地利用歧义现象去创造具有无限魅力的艺术佳句，由此提高学生艺术化地运用语言的能力。

### 3. 加强分化歧义方法的教学

认识了歧义的本质，揭示了歧义产生的原因，并不等于完成了歧义教学的所有任务。从某种意义上说，做到了这些也只是达到了歧义教学最基本的要求。因为，歧义教学的终极目标不在于向学生描述歧义是什么，而在于让学生采用不同的有效方法去分化歧义，把已学的基本知识转化成能力。所以，还应该加大分化歧义方法的教学力度。如今的教材对歧义的分化多采用层次分析法和语义关系分析法。黄伯荣、廖序东主编的《现代汉语》采用了层次分析、增添词语、改变结构的方法，但其叙述多有重复，且把歧义的分化放在了不太重要的位置上。层次分析法、语义关系分析法对分化由句法、语义原因造成的歧义是有用的，但对由词汇、语音、修辞因素产生的歧义就显得无能为力。所以，无论是从扩大学生知识面和健全其知识结构的角度，还是从提高学生分化歧义能力的角度来看，都应该在注重这两种分化方法教学的同时把变换分析、语义指向分析等方法引入课堂中来。对这些方法，要讲透其实质，把握其要领，并让学生掌握分化操作时应注意的问题，充分认识这些方法的优势与局限。比如对变换分析法的教学，在让学生弄清其含义的前提下要着重讲解其操作程序，使学生逐步认识到运用这种方法分化歧义时可以变动、增添、删减、替换一些语言成分。这种方法的最大优势是适用于分化由各种原因造成的歧义现象。在具体教学过程中，结合实例分析并辅之以课堂训练、课外练习，可以使学生熟练掌握并运用这种方法。

4. 改变观念，辩证对待歧义

笔者在《病句教学应树立系统观和辩证观——现代汉语教学改革谈片》① 一文以及上文中，主张病句教学应树立辩证观。通常情况下，人们把歧义句看成是病句。在教学时不仅教师自身要有辩证的观念，还要努力引导学生树立辩证观。要培养学生的辩证意识，让学生辩证地看待歧义，不要认为歧义都是不好的。事实上，应该客观地正视歧义的积极作用，认识到它也是提高语言表达效果不可忽略的因素，启发引导学生从规范表达和变异表达两个界面来审视歧义现象。

在规范表达层面，歧义句是病句的一种，是语言不规范的对象，是语言表达时应予以拒绝的。比如在教师讲授专业理论时是绝不允许歧义现象出现的，否则会影响教学效果。

在变异表达界面，借助于具体语境条件和特定语体规范，利用一定的手段和方法，遵循一定的原则，歧义现象就会发生转化，由病句转化为佳句。② 此时的歧义句是艺术佳句的一种，③ 是人们为了某种语用目的而有意识地创造出来的句子。它丰富了语言的表达形式，强化了语言表达的效果。在文艺语体比如小品、相声等语文体式中，表达者不仅不排斥歧义，反而还积极地利用语句的多义性来刻画人物、表达思想等，从而使语言表达生动形象，充满活力。表达者就是利用了语义上的多解性、游移性、模糊性等特征，让解读者去想象，为解读者理解语言的奥妙留下了无限空间。通过教师的讲解与实例分析，尤其是对名家名作、现

① 孟建安. 病句教学应树立系统观和辩证观——现代汉语教学改革谈片 [J]. 语文知识，2001 (10)：48 – 51.

② 孟建安. 病句、常规句、佳句及其相互转化 [J]. 郑州大学学报（社会科学版），2001（3）：115 – 119.

③ 孟建安. 修辞语义：描写与阐释 [M]. 广州：暨南大学出版社，2015.

实语言表达中歧义现象的分析，学生就会深刻体会到歧义现象的积极作用和消极作用。这样就能促使学生根据不同的表达目的合理利用歧义。这无疑会有助于学生规范化和艺术化地运用语言，进一步提高其语言运用能力。

### （三）修辞格教学

修辞格是现代汉语的重要组成部分，也是汉语言文学专业现代汉语课教学的一个重点。尽管以往的修辞教学以修辞格为重，甚至以修辞格教学取代修辞教学，但由于过分强调修辞格的基本知识，且其教材内容与中小学教材多有重复，所以教师难教、学生厌学的现象也就在所难免，因而也就难以取得理想的教学效果，更难达到修辞格教学的目的。在教学中，应该更新并浓缩基本知识，适当略讲与中小学教材重复的内容，把教学的重点放在对学生分析和运用修辞格的能力的培养上。基于这种认识，修辞格教学还应从以下几个方面做出努力。

#### 1. 注意修辞格成因的教学

任何一种修辞格的形成都依赖于一定的客观现实，并有某种心理动因和修辞需要。现实事物之间的不同联系和不同的情感冲动，可能会使人们的语言运用发生变异，从而形成各不相同的修辞格。例如，比喻的形成是基于现实生活中异质事物的相似点，比如在外形、颜色、性质、作用、情感等方面的相同点，并以心理学意义上的类比联想为依据，使彼此不同的事物联系在一起，由此事物联想到彼事物，以彼事物来说明此事物。过去由于受传统修辞格教学思路的影响，我们对于这些内容几乎没有涉及，学生即使学习了修辞格，也只知其然而不知其所以然。很多学生在阅读文学作品时，对某种语境中为什么要用这种修辞格而不用别的修辞格不甚了了；而对自己语言应用实践中某种修辞格的运用也说不出个所以然。强调修辞格成因的教学，就是为了让学生了解修辞格产生的条件，帮助学生理解具体语境中修辞格的字面意义和言外之意间的关系，从而更好地运用修辞格，以便其在今后的中小学语文教学和现实口语交际中做到游刃有余。

#### 2. 加强修辞格的比较教学

（1）比较修辞格的基本特征。汉语修辞格种类繁多，像比喻与比拟、顶真与回环等异类修辞格，虽然本质特征不同，但由于它们在形式或某种性质上有共同之处，因此在学习和运用时往往容易混淆。教师首先应该在一般理论上把易混淆修辞格放在一起进行比较。比如从结构形式、性质、作用等不同的方面进行比较，以说明它们之间的异同。这不仅有助于加深学生对修辞格的理解与分辨，也有助于学生正确地运用修辞格，同时也为师范生未来中小学语文课的修辞教学打下了一定的基础。在比较教学中，应重点比较易混淆修辞格的本质差异，并尽量在形式上确定用以辨别的记号，让学生一目了然。拈连和移就就是一对易混淆的修辞格：拈连重在"连"，所"连"的词语大多是表示动作的动词，而且要求本用与连用在一定的上下文中先后出现；而移就所"移"的大多是表示情状的形容词，而且所关涉的两项一般构成限定关系。教学中，只要把这些讲清楚，学生吃透了，便不难凭这些知识去推定某个句子是拈连还是移就了。比如，"线儿缝在衣服上，情意缝在我心里"这句话中用的是拈连还是移就呢？句中把本该用在"衣服"上的动词"缝"依据上下文关系顺势与"我心里"相连，从而构成动宾关系，且"缝"的本用和连用在上下文中都出现了，因此可以认定句中用的是拈连格而不是移就格。

（2）用与不用修辞格的比较。就某个话语片段或文章，在表达某个语意时用与不用修辞格的效果是不同的。在教学中，应注意这方面的比较分析。通过对比，让学生理解并学会分析在何种情况下应该使用修辞格，何种情况下不该使用，及用与不用的原因和不同的修辞效果。

（3）修辞格运用的得失比较。语言运用中，包括一些著名作家的文学作品中，既存在得体应用的情况，也存在修辞格病例。易蒲把修辞分为成功修辞和"病例"修辞两类，成功修辞又分为大为成功、比较成功、不很成功等几类，"病例"修辞又分为略有毛病、毛病较大、毛病很大即失败等几类。[①] 修辞格是修辞的一部分，当然也存在这几种情况。在教学中，应该注重修辞格运用的得失比较，不仅要把好的修辞格典范和修辞格病例放在一起分析比较，还要把不同的人描述同一件事时所用相同或不同修辞格的优劣放在一起进行分析比较，让学生真正理解在这种语境中运用这种修辞格为什么是恰当的，而运用那种修辞格为什么是不恰当的。一方面可在比较教学中提高学生分析修辞格优劣及修改修辞格病例的能力；另一方面可从正面向学生提供可资借鉴的修辞格运用经验，并从负面检视应该引以为戒的地方，使学生无论在书面语言表达还是在口语交际中都能够巧妙运用修辞格，避免出现修辞格运用不当的错误。

3. 特别注重修辞格的动态分析

传统修辞格教学往往侧重于对修辞格的定义、分类、修辞效果的简单说明。事实上，只联系题旨、情境、语体、风格等是远远不够的。[②] 然而，离开了具体

---

① 易蒲. 小议"病例"修辞 [J]. 当代修辞学, 1992 (1): 11-12.
② 易蒲. 小议"病例"修辞 [J]. 当代修辞学, 1992 (1): 11-12.

的语言环境和上下文，离开了目的和对象，修辞格也就谈不上有多少实用价值了。① 易蒲曾举例说，一个考生在作文中写出了"高高的鼻子，大大的眼睛，鸟一样完美的嘴"这个比喻句。因考生的语用目的是称颂，但据上下文的语境，易蒲先生认为这个比喻是不恰当的。② 当然，如果离开了这个语境和特定的上下文，就很难说该比喻的运用是好是坏了。可见，在教学中不能只对修辞格作静态的分析，还必须用动态分析法把修辞格置于一定的语境中，根据修辞的原则来分析优劣得失。要引导学生学会在语境中把握、分析、运用修辞格。这样的教学才有指导意义，才能让学生真正领略修辞格的奥妙。不同的语体、风格对修辞格运用的要求是不同的，因此还应该把修辞教学与语体、风格联系起来。最好结合不同语体的范文作适宜的分析，注意分析什么样的语体常常可以使用或允许使用什么样的修辞格。比如，口头语体很少使用对偶、排比、通感等修辞格，而较多使用比喻、夸张、双关、对比、反语等修辞格。通过教学，可以让学生学会处理不同语体中的修辞格运用问题。

再如言语交际活动中比喻的运用，在教学中要让学生结合现代汉语的相关知识，在有限的时间内能够真正吃透比喻创拟所必须具备的条件。通过实例分析，健全学生在言语交际运作中比喻应用的基本能力结构。例如：

生活像一杯酒。/生活像一张网。/生活像一团麻。/生活是一个陷阱。/生活像一趟没有返程的列车。

例中，本体"生活"和不同的喻体"酒""网""麻""陷阱""没有返程的列车"在物理世界分别是不同质的物体，它们之间是依赖于一定的相似点联系在一起构成比喻的。但这些相似点是如何确认的，那就要结合语境进行动态阐释。要通过语境的分析，让学生明白，由于出身、地位、修养、个性、年龄、经历、兴趣、心理等语境因素的制约和影响，表达主体对"酒""网""麻""陷阱""没有返程的列车"的感受和认识是不同的，因此会产生不同的心理联想，从而体察"浓烈""乱糟糟"等不同的相似点。这样就可以利用这些不同的相似点把同一个本体与不同的喻体联系起来，从而建构出以上几个各不相同的比喻修辞文本。这就是对把心理、生活阅历等语境因素的分析作为促使学生尽快掌握比喻建构技能的重要手段。这实际上就是把比喻辞格放在了语境中而作的动态分析。如果不把该修辞格放在具体语境中作动态分析，那么学生理解相似点时就会产生较

---

① 张德明. 高校现代汉语修辞教学向何处去［J］. 当代修辞学，1991（3）：16 - 18.
② 史有为. 十字路口的"现代汉语"课［J］. 语文建设，1987（1）：22 - 23.

大的难度，也就很难解释"生活"与"酒""网"等的内在联系，由此也就难以接受这样的比喻，更难以从中学习到建构比喻的基本技能。

4. 精心设计实践训练题目

教师不能仅仅满足于教材中的练习，还要根据教学目的和教学内容对教材中的一些练习题作适当的增减或改动，可以删去那些过于简单、比较呆板的练习题，或将其换成偏重于实践应用的练习题。类似"排比的修辞效果是什么"这样的练习，只是让学生死记硬背一些条条框框，实在没有多大意义，对学生表达能力的培养也没有多大帮助，倒不如让学生结合范文去分析排比的修辞效果。与此同时，还应该精心设计一些融知识性、启发性、实践性为一体的训练题目，最好是结合现实语言生活，尤其是学生自己的口语交际实际去设计。设计练习题时，要注意实用性和针对性，练习形式也要多样化并具有可操作性。

## 四、教材编写与修订

### （一）现有教材反思

在如今地方性普通本科高等院校向应用型综合大学转型的大背景下，重新评估现代汉语课的教学现状，[①] 积极推动教学方法的改革[②]就显得非常重要。而如何编写和修订汉语言文学专业现代汉语课程的教材，也是摆在每一位从事现代汉语课程教学的教师和教材研究者面前的一个非常重要的课题，因为这个课题研究得好与不好直接关系到是否能够全面贯彻学校办学理念以及教学大纲的精神，是否能够真正在教学中提高学生理解、分析和运用语言的能力。而对教材编写与修订原则的深入讨论将有助于现行教材的改革，有助于编写或修订出切实可行的适宜于目前地方性普通本科高等院校汉语言文学专业实际的现代汉语教材。

笔者查阅了大量的有关现代汉语教材改革的资料和论著，绝大部分的讨论都囿于对教材具体内容优缺点的说明和评价，如对黄伯荣、廖序东主编的《现代汉语》（含第一至第五版）教材的评论。在笔者所看到的多篇论文中，有的文章明确地提出了批评性意见，如孟建安的《高师现代汉语修辞格教学改革刍议》（《修辞学习》1996 年第 5 期）、张小克的《黄、廖本〈现代汉语〉指瑕》[《广西民族学院学报（哲学社会科学版）》2002 年第 6 期]、雷涛的《〈现代汉语〉（增订二版）质疑》 [《西南民族学院学报（哲学社会科学版）》2002 年第 11

---

① 孟建安. 高校现代汉语教学的检讨与批评 [J]. 肇庆学院学报，2005 (1)：64 – 66.
② 孟建安. 高校现代汉语教学的"四性"原则 [J]. 周口师范学院学报，2004 (6)：84 – 86.

期］；在对存在的问题和缺陷提出批评的同时，有的文章也提出了自己对教材建设的积极建议。令人感到遗憾的是，能够从教材编写和修订原则方面作较为深入讨论的论著还不多，有的虽涉及了相关问题，但研究还略显单薄。

黄伯荣、廖序东主编的《现代汉语》在教材品种繁多、各地方性普通本科高等院校汉语言文学专业自主选择教材的环境中锤炼了几十年，依然保持着旺盛的生命力，拥有相当多的使用者和市场占有量。这充分说明了该教材具有其他教材难以比拟的优势。该教材的编写者一直十分关注教材的变化，不同版本在内容上都有不同程度的增删。比如语法分析的三个平面、普通话水平测试的要求等内容在教材中的出现都让人耳目一新。在感到"新"的同时，我们心中也有不少忧虑和疑问。这些疑问长期以来迫使我们不得不系统地去考虑教材建设、教材改革、教材编写和修订的一些原则性问题。这里笔者就现代汉语教材的编写与修订的原则提出一些主张和看法。

### （二）编写与修订原则

#### 1. 凸显教学大纲的统领性

培养高水平的综合性应用型人才作为地方性普通本科高等院校办学理念的重要内涵，为汉语言文学专业现代汉语课程教材的编写与修订提供了理念支撑和指导思想。因此，首先应该结合新的办学理念和人才培养目标，重新修订原有现代汉语教学大纲，以适应新常态下现代汉语教学之需，并为现代汉语课程教材的编写与修订提供依据。

强化教学大纲的统领性是说在现代汉语课程建设中，无论对教材做出怎样的设计、修订或变动，都必须以教学大纲的要求为准则，认真贯彻教学大纲的精神，把教学大纲作为行动的指南。现代汉语课作为地方性普通本科高等院校汉语言文学专业的基础课，是培养包括口语交际能力在内的语言应用能力的基础性课程，是每一位中文专业的大学生必修的课程。这门课程所要达到的要求和目标，教学大纲都作了明确的规定与说明。解读教学大纲时应把重点放在"三基"训练和语言能力的培养上。"三基"就是基础知识、基本理论和基本技能，语言能力又包括书面语言能力和口语交际能力。这就为现代汉语课程教材的编写与修订清除了理论上的障碍。在教材编写与修订过程中应该重视基础知识、基本理论和基本技能。对"三基"的重视是进行语言能力培养的必要前提，教师只有认真进行基础知识、基本理论的教授，才能够在此基础上由理论而逐步把学生引向基本技能的练习；学生也只有在学习了基本的理论和知识之后，才可以此为指导，从容地掌握相应的基本技能，并由此巩固所学到的现代汉语基本理论知识，培养自己的语言能力。所以说，在教材编写与修订的过程中不可忽视理论知识，更不能够废弃能力，它们都同样重要。问题的关键是如何把握好"度"，并合理地分配它们在教材中的比例。综观所见的教材，大都偏重于基本理论知识的介绍和分析，对基本技能的训练内容则显得比较少，且多以孤立的单一章节练习题的形式呈现，似乎还没有凸显重视技能训练的强烈意识，更没有比较系统的训练策划和比较科学有效的训练方法，这是无益于语言能力培养的。教材的编写与修订者应该充分认识到教材的导向作用，牢记教学大纲的要求，吃透教学大纲。

### 2. 强化理论知识的科学性

任何一门基础性学科或课程都是讲究科学性的。现代汉语作为基础课，不是专题性讲座或专题研究课程。从理论上说，同一现象有不同的说法或观点，一些理论性问题的不严密解说与界定都是应该避免的，有知识性错误、自相矛盾的说法更是不被允许，否则必然会使教师在教学中陷入尴尬的境地，学生更是无所适从。因此教材的编写与修订一定要坚持科学性原则，注重严谨性，强化理论知识的绝对正确性。注重理论知识的科学性也是教学大纲的要求之一，教材的编写与修订必须做到知识正确、表述准确、结论可靠、概念界定严密、方法运用得当等，这些都是最基本的要求。现代汉语作为课程向学生传授的本就是科学的内容，而作为学科其性质也规定了它的内容应该是精确的、严密的。教材内容要科学地揭示现代汉语的语音规范、语义搭配关系、句法构造规律和语言运用规律等，这样才能较为真实地反映现代汉语的本质特征，才更具有解释力和普遍性。

在笔者所看到的现代汉语课程教材中，编写者与修订者都在科学性上下了很多功夫。从包括黄伯荣、廖序东主编的《现代汉语》的众多版本的教材中可以看出，教材编写者与修订者一直秉持着科学态度和追求真理的执着精神。所以说，任何一本教材都倾注了编写者与修订者大量的心血，都蕴含着他们对众多现代汉语现象的真知灼见，这一点是不可置疑的。虽然如此，笔者还是不无遗憾地发现了一些教材在编写与修订上存在着诸多不够严谨的地方。第一，自相矛盾，在表述的过程中存在着如下现象：前后观点相左，同一个语言现象在同一套教材的不同章节甚至是同一页的上下文有截然不同的说法，不能自圆其说。第二，表述不准确。第三，用例不当。

### 3. 注重内容调整的必要性

现代汉语课程教材的编写与修订要充分考虑某些内容的更换、增加与删减等，也要考虑课本的内容是不是必不可少和符合社会需要的。在修订的过程中，要看内容的调整是否弥补了原教材的不足，是否有利于促进教材的科学化，是否有利于更好地完成教学大纲规定的任务，是否有利于学生更好地学习相关语言知识和提高语言能力，是否有利于教师更好地把握教材等。若原教材内容陈旧、例子过时、方法不当、观点错误等，那么修订是非常必要的，是值得提倡和肯定的。如果对不该调整的内容强行作调整，或者本应作调整的却没有调整，那么这样的修订工作就失去了意义：前者有画蛇添足之嫌，后者则缺乏与时俱进的精神。比如，有些内容在原教材中显得过于简略，已经影响了学生对类似问题的理解和分析，但由于修订者不太了解教材的使用情况，没有及时对类似问题做出相应的修改，那么修订后的教材依然承袭着原教材的编写缺陷。这样的内容调整在笔者看来是不太合理，不切合实际的，因此也是没有必要的。

### 4. 重视内容与表述的简明性

现代汉语课程教材的编写与修订还应该重视内容与表述的简明性。所谓简明就是要做到去粗取精，用精练的语言表达较为丰富的内容，说话要清楚明白，不含糊，不说废话，不该说的内容不说，该说的内容则应简洁清晰地表述出来。比如黄伯荣、廖序东主编的《现代汉语（增订五版）》为"复句"下的定义：复句是由两个或两个以上意义上相关、结构上互不作句子成分的分句加上贯穿全句的句调构成的。这个定义的表述就非常简洁明了。编者用简短的一句话，就传递出了关于复句的多重信息：其一，从构成复句的分句数量上看，至少要有两个分句；其二，从分句之间的意义关系上看，构成复句的两个以上的分句之间在意义上必须有联系；其三，从分句之间的结构关系上看，构成复句的两个以上的分句，相互之间不作句子成分，也就是结构上不能够互相纠缠；其四，复句全句只有一个统一的句调贯穿。这就是坚持简明性原则的最好例证。总的来看，简明性主要体现在两个方面：其一是教材内容本身是否详略有度，其二是对内容的表达是否简洁清楚。如对概念的界定就是要明确地解释其内涵和本质特征；对语言构造规律的归纳就是要简单明了；对一些易混淆概念、句法成分、修辞格、词类等的辨析就是要有理有据等。该教材对这一点把握得比较好，对一些内容的处理详略有度，这实际上就是坚持了简明性原则。如关于元音与辅音的区别，是学习普通话的声母和韵母时所必须了解的内容，但也仅限于了解，不需要作更为深入细致的讲解。黄伯荣、廖序东主编的《现代汉语（增订五版）》对此从四个方面作了简要性说明，作为该教材的使用者我们并不感觉到这部分内容冗余，也不认为内容过于简单。这样的处理就很好地把握了简明性原则。

但有时教材的编写者与修订者没有充分意识到坚持简明性原则的重要性，往往根据自己的所思所想，坚持一种美好的愿望，试图面面俱到，但结果往往适得其反。比如，在某种心理支配之下把一些烦琐的、对教学并无多大益处的内容添加进去，而不去考虑这是否徒增了学生的学习负担，是否会给教师的教学带来不必要的麻烦。比如，教材中一些分析方法的介绍，就完全不必啰里啰唆、反反复复，把简单的问题说得玄玄乎乎，最终让人不知所云。具体分析时符号的运用更应以简便、易学、易记为原则，不可过分地追求"异"，否则会给学生的学习人为地增加难度。比如在黄伯荣、廖序东主编的《现代汉语（增订三版）》中，除了原有的符号外，又规定了一些符号和数字来标记不同的句法成分和层次关系，并介绍了竖线符号图、横线符号图和符号层次图三种图示的方法和手段，其实运用什么符号来标记应该是很简单的问题，这样做反而繁复化了，让人难以捉摸。

在分析句法结构时究竟采用什么方法和手段，这是所有教材必须考虑的一个非常重要的问题。它不仅牵涉教材的体系问题，还涉及学生能否熟练地分析、理解句法结构的问题，所以教材的编写者与修订者都十分重视方法的选用。这是无可厚非的，黄伯荣、廖序东主编的《现代汉语（增订三版）》也延续了这样的思路，这并没有错。问题的关键在于本是简单的问题为什么非要复杂化？有没有必要把最新的研究成果或者方法都硬性塞进教材？这对教学究竟有多大帮助？对学生语言应用能力的培养又有多大裨益？比如，该教材中介绍了平面分析、句子成分分析、层次分析的方法，又涉及了语义指向分析、语义特征分析等方法。笔者认为教材的编写者与修订者是想要把知道的所有信息都告诉学生。这一出发点是好的，但最终的效果究竟怎样还要打上一个问号。有些情况下，教师不讲不行，讲得多了课时不允许，讲得少了又不能解决问题。事实上，学生能否接受得了，教师能否讲透而又不影响教学进度和教学大纲的要求也是问题。所以，把这么多方法、手段和理论都搬进教材，内容显得太庞杂，是有违简明性原则的。笔者认为，教材的编写也好，修订也好，都要充分考虑学生的承受能力，考虑教学大纲的基本要求。基础知识、基本理论和基本技能，以及理解、分析和运用语言能力的培养和提高，是教材编写者和修订者应该重点考虑的。教材的编写与修订应该与时俱进，如果把主要精力放在了"标新立异"上，为了编写而编写，为了修订而修订，那么以此为基础建构起来的教材将存在潜在的危险，可能会使原本很有影响力的教材失去魅力。更为重要的是，这对学生书面语言表达能力和口语交际能力的培养作用不大。

综上所述，在现代汉语课程教材编写与修订的过程中，应该坚持以培养师范生口语交际能力为目标，以教学大纲为统领，在此前提下还应强调教材内容的科学性，注重必要性和简明性。只有这样，才能促使现代汉语课程教材日臻完善，才会受到广大教师和学生的欢迎。

# 第五章　重要课程教学

## 第一节　重要课程概说

### 一、重要课程范围

在本研究所建构的口语交际课程体系中，口语修辞学、言语交际学、社交礼仪、公关语言学、演讲与辩论、诵读训练、主持语言艺术、教师口语等课程都是专业选修课程，分别属于发展性、拓展性和职业化课程。它们以言语交际学课程为核心，分处于课程结构的第二梯级、第三梯级和第四梯级。其中，口语修辞学、言语交际学、社交礼仪课程处在第二梯级，属于发展性课程；公关语言学、演讲与辩论、诵读训练、主持语言艺术课程处在第三梯级，属于拓展性课程。我们把这些课程都确定为重要课程。

本专著不详细讨论所有重要课程的教学问题，只就口语修辞学这门课程在教学中的相关问题进行探索。

### 二、重要课程厘定

#### （一）课程都具有重大作用

《现代汉语词典（第5版）》把"重要"一词解释为"具有重大的意义、作用和影响"。在我们看来，之所以把上述课程确定为重要课程，就是因为这些课程对师范生口语交际能力培养具有重大的意义、作用和影响。它们是为了更好地开展课程教学，紧紧围绕着师范生口语交际能力的提升，以及师范生交际技能的多样化而设置的课程。在口语交际课程结构中，这些课程处在重要位置；在师范生口语交际能力培养过程中具有重要的台阶作用，对提升和拓宽师范生口语交际能力无疑具有非常重要的积极作用。

#### （二）课程都以发展和拓宽口语交际能力为主要教学目标

在给出的这些重要课程中，社交礼仪、言语交际学、口语修辞学为发展性课程，其注重以现代汉语、语言学理论、普通话语音训练课程所达到的基本语言技能为基础，并以言语交际学核心课程的基本要求为指导，强化日常言语交际、口语修辞对口语交际原则、规范、条件、礼仪等的综合运作能力的提升。

公关语言学、演讲与辩论、诵读训练、主持语言艺术为拓展性个性化课程，注重培养师范生结合兴趣学习并掌握某个领域的口语交际技巧，以开拓自己的交际视野，并从交际角度为今后立足社会疏通更多道路，打造更宽广更有益的实践平台。比如演讲与辩论课的教学目标一般被设定为：主要针对学生普及演讲与辩论的基础知识，讲授演讲与辩论的方法及技巧。在演讲与辩论中训练即兴表达的逻辑思维能力、语言组织能力、临场应变能力，以及运用有声语言与态势语言表达思想并解决问题的能力。这显然比基础课的教学目标定位要高，更偏重于具体语境和特定语体规范下口语交际能力的训练与实践。

发展性课程面向的是全体师范生，注重的是全体师范生口语交际能力的普遍提高，要求师范生掌握的是口语交际知识、技巧和能力的通则；相较于发展性课程来说，拓展性课程面向的是对某个交际领域有兴趣爱好的师范生，突出的是对师范生个性化口语交际能力的培养。但不管是发展性课程还是拓展性课程，都在师范生口语交际能力培养的过程中起着不可或缺的重要作用。

### （三）课程都以发展和扩宽口语交际能力为主要教学内容

教学目标的达成最终都体现在教学内容的取舍上。因为什么样的教学内容与培养什么样的能力是对应的，所以选择什么样的教学内容是很重要的问题，是教师把握并训练师范生口语交际能力的关键。比如，诵读训练课程往往把主要的教学内容锁定在诵读时情感表达的基础技巧、调动技巧、停连实现、重音实现方法与步骤、语气表达、节奏把握，以及诗歌、散文、小说、议论文、说明文、童话、寓言等文体的诵读技巧与方法训练上。该课程强化的是师范生的诵读能力，因此教学内容自然就围绕着加大诵读能力训练来选择。其他如社交礼仪、公关语言学、演讲与辩论、主持语言艺术、言语交际学、口语修辞学等课程都同诵读课程一样，是在师范生学习了基础性课程，掌握了相应的语言基础知识和语言基本技能的前提下，依据个人不同的兴趣并结合不同的领域交际而开设的课程。这些课程主要教学内容的确定也都基于师范生口语交际能力的进一步发展与拓展的需要，强化的是对师范生交际能力训练的分类指导，注重的是对师范生不同领域交际能力的训练。由此可看出，这些课程在整个口语交际课程体系中的重要性。

## 第二节　口语修辞学教学纲领

### 一、口语修辞学教学思辨

随着交际视野的不断扩大，跨地域、跨国界、跨文化的口语修辞活动也在普遍化。因此，口语修辞学课程在地方性普通本科高等院校汉语言文学专业课程体系中占有非常重要的位置。

从课程名称就可以看出，该课程主要解决的是口语修辞中的相关问题，尤其是具有普适意义的口语修辞通则问题。我们知道，口语修辞的障碍就是文化之间的不同构性，或者说是文化的差异性。这里所谓的"文化"涵盖地域文化、民族文化和域外文化。如何让不同文化背景下的师范生交际顺畅，有效交流情感，快捷传递信息，这是口语修辞学课程必须首先考虑解决的问题。口语修辞学课程的教学只有努力建构文化渗透机制，才有可能实现课堂教学效果的最大化。有研究者认为，所谓文化渗透机制就是"以文化导入为中心，以教学内容改革为重点，以教学方法、考核方式调整为手段，以教材调整等为辅助，提高学生的语言应用能力和综合人文素质"[①]。在我们看来，文化渗透是在口语修辞学课程教学时所采用的重要的教学策略和教学手段。陈光磊说："'语言教学中文化导入'的基本含义似乎可以作这样的说明：进行语言教学，在教授语言结构规律的同时，还要使学习者了解乃至习得所学语言的本体构造和使用方式所具有的文化内涵和所遵循的文化规约，并在一定程度上转化为交际能力，以期在一定的范围内顺利地加入该语言社团的交际活动。"[②] 由此，所谓文化渗透机制是指在口语修辞学课程教学过程中，以文化自觉为主体教学意识，把交际文化作为核心教学内容，把实践训练作为重要教学手段，把文化审视作为重要检测手段，从而开展有效的课堂教学，以全面提高师范生口语交际能力并实现教学效果最大化的教学运作机理。

文化渗透是提高教学质量的重要教学理念和教学策略，但绝对不是唯一的。不能仅仅把文化渗透作为救命稻草，其他的教学策略和手段无疑也可能有助于达到理想的教学效果。或者，更确切地说，口语修辞课更应该坚持多种教学策略和教学手段综合运用，也更应该坚持文化渗透，努力建构完善的文化渗透机制。只

---

① 翟燕. 由文化导入谈对外汉语专业汉语教学改革 [J]. 现代语文（语言研究版），2009（30）：118－120.

② 陈光磊. 语言教学中的文化导入 [J]. 语言教学与研究，1992（3）：19－31.

不过本节在论述过程中把立足点聚焦在了文化渗透方面，其余不论。

## 二、教学方法论选择

### （一）树立文化自觉教学意识

把文化自觉作为主体教学意识，可以强化师范生的口语修辞观念。文化自觉强调的是任课教师和师范生的文化自省意识。每一个教学主体和客体都应该充分意识到口语修辞中文化渗透的重要性，把文化阐释、文化解读、文化寻根、文化渗透放在重要位置，当作铲除不同文化之间的壁垒并进行顺畅交际、心灵沟通的重要策略和手段。在口语修辞中，语言世界重在解决话语的规范化与合格化问题；物理世界重在解决话语语义的真实性和逻辑性问题；心理世界重在解决话语的可接受性问题；而文化世界解决的根本问题则是交际主体话语的可解释性问题，也就是对交际话语进行文化阐释，看能不能从文化意义上解释得通。文化渗透的重要目的之一是要教会师范生对包括话语在内的口语修辞现象做出文化阐释，能够从文化层面给口语修辞现象一个最具说服力的理由，从而廓清师范生对异质和异域文化模糊不清甚至是完全错误的认识。

文化既是文化自身，又是语境的重要组成部分，[①] 还可以被当作教学策略和手段来为课堂教学服务，我们曾就此做过专门的论述。文化语境策略是课堂教学语境策略中的重要策略之一。[②] 教师和学生应该努力形成文化自觉意识，并把这种意识作为主体教学意识贯穿于整个口语修辞学课程教学之中。所谓"文化自觉"，简单地说就是为了达到教学目的，提高教学的质量，而在教学的整个过程中始终自愿而又主动地牢固树立文化渗透意识，把文化渗透到教学的各个层面，通过导入文化来引领教学并用文化来解释口语修辞中出现的各种异质和异域文化现象。坚持把义化自觉作为课堂教学的主体教学意识，目的在于强调文化渗透的必要性、普遍性和不可或缺性。

第一，文化渗透是必要的、必需的。交际中，人们往往发现母语和目的语之间存在着较大的文化差异。即便是在同一个文化圈内，人们有着不少相同的背景因素，但在文化上也依然存在着较多的不同。甚至同一个民族的不同区域在文化习俗、风土人情等地域文化上也都存在差异。因此，使用口语修辞时往往会因为文化的差异而出现交际上的障碍。这种障碍主要是文化障碍。文化障碍自然得用文化手段来解决，因此，交际需要文化的介入，其具有文化渗透的现实需要性。

---

① 孟建安．语文阅读教学语境策略选择［J］．教育理论与实践，2012（20）：57－59.
② 孟建安．修辞转化的语境策略选择［J］．国文天地，2010，26（3）：87－92.

作为教师无论是在教学的哪个环节、哪个模块，都必然要用文化的眼光来审视，注重文化渗透的不可或缺性。要自觉地、有意识地利用一切可能的、有效的文化条件，有针对性地进行口语修辞学教学，以培养师范生的口语修辞观念，让他们真正意识到在口语修辞中文化的重要性和必要性。张英在谈到留学生教育时说："把留学生的注意力引导到中国文化的深层，即在民族文化中起主导和定型作用的那部分文化，如价值观、道德观、思维方式、民族心理等。当那些曾经令他们惊叹、兴奋不已的异国文化景观不再是一堆杂乱无章的现象，而是找到了产生这些现象的深层原因时，就实现了从'知其然'到'知其所以然'的飞跃。无疑，这对他们学习汉语又是一次强刺激。"① 这对口语修辞学的教学很有启发意义。举表达委婉含蓄的例子来说，如：

女人们到底有些藕断丝连。过了两天，四个青年妇女聚在水生家里来，大家商量。

"听说他们还在这里没走。我不拖尾巴，可是忘下了一件衣裳。"

"我有句要紧的话，得和他说说。"

"听他说，鬼子要在同口安据点……"水生的女人说。

"哪里就碰得那么巧，我们快去快回来。"

"我本来不想去，可是俺婆婆非叫我再去看看他——有什么看头啊！"

于是这几个女人偷偷坐在一只小船上，划到对面马庄去了。

（孙犁《荷花淀》）

这虽是文学作品中的用例，但实际上也是口语交际的真实写照。例中，几个年轻的媳妇儿，因为思念和牵挂而想去看望自己的丈夫，就分别找了各种不同的借口：或说"我不拖尾巴，可是忘下了一件衣裳"，或说"我有句要紧的话，得和他说说"，或说"我本来不想去，可是俺婆婆非叫我再去看看他——有什么看头啊"。这些理由并不充分，但就是所谓的一样话百样说，即修辞同义手段，都表达了同一个意思，那就是对丈夫"藕断丝连"的情思。然而，她们又都不直接说出自己想要说的话，而是采用了婉曲、省略、拐弯抹角等手段，委婉含蓄地表达了自己内心对丈夫的无限思念。为了引导学生不因为对中国传统文化的认知不够，而造成对几个年轻媳妇儿话语的误解、曲解，进而不能真正解读她们话语的真实内涵、言外之意，教师就应该渗透文化意识，据情采用不同的导入方法，从文化层面对这个用例进行深入分析。要让学生懂得，二十世纪三四十年代，中

---

① 张英. 论对外汉语文化教学［J］. 汉语学习，1994（5）：46－50.

国北方的农村妇女由于受到传统文化的熏陶，具有传统女性保守、含蓄、重礼教等浓重的思想意识，所以在表达想念丈夫这样的个人情感时，往往不敢也不能直接说出，相反要采用侧面表达的手段，以固守自己的传统文化观念。这样，学生就能从例文中得到启示，深刻领会文化因素对口语修辞的影响。

第二，文化渗透普遍存在于教学的各个环节。在跨文化交际课教学的各个环节，包括大纲制定、资料准备、内容设计、课堂教学、实践训练以及效果检测等教学过程中，都必然存在着文化自觉意识，必然要用文化渗透来平衡教学过程。在教学内容方面，对语音形象的塑造、词语意义的阐释、话语内涵的理解、话语内容的表达、修辞心理的把握、人际情感的沟通、态势语的协调、听说原则的坚持、修辞技巧的应用等都离不开文化因素，都需要有文化因素的参与。简单地说，在口语修辞的各个角落，在口语修辞学教学的各个环节，文化渗透是普遍存在的，是教师和学生的普遍性选择。比如汉语中"妇女"一词，在传统观念中带有较为浓重的文化色彩。胆怯、爱唠叨、有母性、缺乏理性、善于烹调、富有同情心等，这些都是传统观念赋予"妇女"一词的特有文化内涵。显然，这些文化含义带有些许贬义色彩，体现了不健康的价值观念。教学中，教师要充分利用文化渗透手段，从文化层面向学生阐释"妇女"的深层文化内涵，探寻形成这种特有含义的深层社会文化根源，促使学生能够正确认识、牢固掌握并恰当应用这个词语，而不至于在运用口语修辞时出现尴尬现象。

### （二）合理取舍教学内容

把交际文化作为核心教学内容，夯实大学生口语修辞的基本素养。周小兵认为："在对外汉语教学中，应该更注重当代中国交际文化，尤其是语言交际文化。当然，对非语言交际文化、知识文化、中国古代文化也不能排斥。""应该以交际文化教学为主，知识文化教学为辅。这是因为，对外汉语教学的主要目标是让留学生尽快掌握目的语和相应的文化，用目的语进行交际。比如说，对初级水平或零起点的留学生，应着重进行交际文化教学，如社会上流行的打招呼方式，进行各种日常生活交际的习俗等。花很多时间介绍中国历法和廿四节气，对提高他们的交际能力没有多少直接的帮助。"[①] 我们完全赞同这种观点，并且认为在口语修辞学课教学中，应该把交际文化作为核心教学内容，以夯实师范生的口语修辞素养。

交际文化作为文化渗透的核心教学内容，为师范生口语修辞提供了丰富的营养。按照人们通常的理解，文化有物态文化、心态文化、行为文化和制度文化之

---

① 周小兵. 对外汉语教学中的跨文化交际 [J]. 中山大学学报（社会科学版），1996（6）：118－125.

分。陈光磊认为，在语言教学中，文化导入的内容应该包括习俗文化、思维文化、心态文化、历史文化和汉字文化等，① 并进一步认为从内容上看还应该包括语构文化、语义文化和语用文化。② 可见，语言教学中可以导入的文化内容是相当丰富的，外延也是非常宽广的。这是语言教学过程中必须做到的，是提高语言教学质量的必要条件。就口语修辞学这门课来说，在教学中是否有必要把所有的异质和异域文化内容都讲解得非常清楚，是否有必要让师范生一并照单全收，也是任课教师必须慎重考虑的问题。从课程性质与教学时间来看，教师不可能也没有必要什么都讲，更不可能也没有必要让师范生掌握异质和异域文化甚至是汉文化的全部内容。那么，在口语修辞学课教学中哪些异质和异域文化内容才是核心教学内容，哪些异质和异域文化内容才是师范生必须熟记于心并学以致用的呢？

赵贤洲"把语言本身所含的文化及语言交际时所含的文化背景称为交际文化"。他说："所谓交际文化，主要指两种文化的人进行交际时直接发生影响的言语中所蕴含的文化信息，即词、句、段中有语言轨迹的文化知识，它主要以非物质为表现形式"，并列举了 12 种交际文化。③ 我们把交际文化概括为人们在口语修辞时所形成的一系列文化规约，也就是利用特定的修辞环境条件和文化背景因素实施跨文化交际行为时，逐步约定的各种文化通则，包括语言内的文化通则和语言外的文化通则。这不仅是一个民族内部言语交际中应该遵守的文化规则，也是所有口语修辞中应该遵守的文化规则。这些原则与规约是对各个范畴内交际文化的高度概括，比如对异质和异域文化中敬语、谦称、詈语、称呼语、招呼语、问候语、答谢语、告别语、忌讳语、委婉语、褒奖的话、谦让的话、态势语等语言的和非语言的交际文化的认知、甄别、判断和选择。人们常说，入乡随俗，入国问禁，主随客便，客随主便，到什么山上唱什么歌，在很大程度上其实说的就是对不同交际文化的认同和接受。总之，要通过多种手段和方法来夯实师范生的口语修辞素养。把交际文化当作核心内容教授给师范生，通过实例来证明交际文化的重要性，以牢固树立师范生的文化认同意识；弄清楚一些交际文化的来龙去脉，以拓宽师范生的文化视野；对交际文化存在的合理性与不合理性进行剖析，以厘清师范生对异质和异域交际文化的模糊认识；教会师范生交际时如何得体地利用交际文化，以培养师范生口语修辞的文化选择能力或者说是文化适应能力。

---

① 陈光磊. 语言教学与文化背景知识的相关性 [J]. 语言教学与研究, 1987 (2): 125 – 133.
② 陈光磊. 语言教学中的文化导入 [J]. 语言教学与研究, 1992 (3): 19 – 31.
③ 赵贤洲. 文化差异与文化导入论略 [J]. 语言教学与研究, 1989 (1): 76 – 111.

### （三）以文化审视为教学检测手段

要把文化审视作为重要的教学检测手段，以考核师范生的口语修辞水平。口语修辞课教学效果如何，教学质量是否达到了预期，最终还是要看师范生口语修辞水平是否得到了提高以及提高的程度。口语修辞水平是师范生口语修辞能力的综合体现。师范生通过口语修辞课的学习与实践训练，自身的修辞能力究竟达到了什么样的水平，这需要利用一定的教学手段来检测。

文化审视是考核师范生口语修辞水平高低的重要检测手段。也就是用文化的眼光，尤其是异质和异域文化的眼光来审核、查验、评估师范生口语修辞中对异质交际文化的利用和适应程度；检视师范生在口语修辞中是否能够最大限度地利用和适应异质和异域文化条件为自己的交际服务，包括话语策略的设计、话语表达手段的选择、话语表达方法的运用、话语文本的创造等；是否做到了对异质和异域文化背景、风土人情、民风民俗、思维方式、审美意识、道德价值观念、社会时代环境等的利用与适应；修辞话语是否能够为交际对象所接受；是否能够顺利开展修辞活动。总之，任课教师要利用各种不同的文化手段，通过审视师范生对各个"文化点"的掌握和应用情况，对其言语交际能力、口语修辞水平做出判断，由此来检验课程的教学效果和教学质量。

# 第六章 核心课程教学

## 第一节 核心课程概说

### 一、核心课程范围

在本研究所建构的口语交际课程体系中，言语交际学课程和社交礼仪、口语修辞学课程一样处在课程结构的第二梯级，都是专业选修课程。我们把言语交际学这门课程确定为师范生口语交际能力培养的核心课程。

### 二、核心课程厘定

为什么要把言语交际学课程确定为核心课程？主要基于以下考虑：

#### （一）言语交际学课属于口语交际课

言语交际学是以人际关系为立足点来讨论人与人之间在交往过程中的言语交际问题的。学界关于"言语交际"的理论界定，一般有广义和狭义之分。从广义上看，言语交际包括了口语交际与书面语交际；从狭义上看，言语交际就是指口语交际。在言语交际学课程教学以及众多相关教材中，教师、教材编写者以及研究人员多采用了狭义的认知概念，直接把言语交际与口语交际对应，把言语交际等同于口语交际。基于这种考虑，本专著也认定言语交际学课从属于口语交际课。

#### （二）课程教学目标凸显了核心交际能力

言语交际学课要实现的教学目标是，借助于课堂教学、模拟训练与交际实践加深师范生对口语交际本质、功能和交际知识的理解，引领师范生熟练掌握口语交际原则、规律和艺术，并通过强化心理调控、情感沟通、态势语协调能力和听说运作能力的训练，学会适时创造和利用语境条件，以实现得体交际，从而逐步提高口语交际综合应用的能力。显然，这一教学目标把焦点聚集在了师范生口语交际能力的培养上，强化了教学中利用综合条件进行整体性口语交际能力训练这一核心任务，并期望最终实现师范生口语交际能力整体水平的提升。

### （三）主体教学内容体现了言语交际学课的核心作用

从概念上看，言语交际学课程的关键词主要有两个，即"人际交往"和"语言应用"，而"语言应用"就反映在言语交际上。作为一门核心课程，这两个关键词涵盖了该课程的主要教学内容，概括起来大致涵盖了言语交际模式方式、言语沟通障碍归因、人际吸引与语言魅力、交往主体角色关系、语言环境综合利用、得体原则过程管控、施言策略优化选择、领域交往话语实践等主要内容。这些内容又会体现在具体而细微的"点"上，比如在口语交际中交往双方如何做到问候—问候、提问—回答、请求—同意（反对）、提议—赞同（否定）、埋怨—申辩、祝贺—感谢、邀请—接受（拒绝）、告别—告别等。这些具体内容的教学从口语交际话轮转换的角度引导并训练师范生学会在会话中进行交谈，也体现出了言语交际学课对师范生口语交际能力训练与培养的核心功能。

# 第二节　言语交际学课程标准[①]

## 一、课程定位

言语交际学课程是汉语言文学专业课程体系中提高语言能力的核心课程。该课程主要对接中小学基础教育、文化产业以及其他相关行业的职业岗位，所以也是提高相关职业素质与职业能力的核心课程。该课程是建立在现代汉语等课程基础之上的，主要在语言应用范畴内讲授人际交往过程中言语交际的基础知识、基本理论和基本技能。

## 二、课程设计思路

笔者把课程内容划分为人际交往言语行为、交际模式与交际类型、人际吸引与语言魅力、交际主体角色定位及其语言应用、人际交互状态及其语言应用交际环境、施言策略、交际原则、领域交际等。每周 2 学时，总学时为 36 学时。在向学生传授言语交际基础知识的同时，注重使学生了解和掌握言语交际的基本理论和基本技能；注重言语交际的实例分析和交际实践，培养学生的人际角色定位能力、领域交往认知能力、语体规制选择能力、话语格调确定能力、语境条件利用能力、施言策略谋划能力、交际原则秉持能力、领域交往话语实践能力等。整个课程设计将课堂教学、模拟训练、实践操作有机结合起来，实施"课堂 + 实践

---

① 以下课程教学内容安排与学时安排是由笔者根据肇庆学院 2016 年版人才培养方案提供的课程标准模板撰写而成的人际交往语言学课程标准的主体部分。

（训练）"的教学模式，适当加入话语策划、模拟训练、实践操作、调研与采录等实践环节，将学生的中文素养与应用中文的能力落到实处。这样，通过教学、训练和实践逐步提高学生言语交际的综合能力。

### 三、课程达成目标

该课程要达成的目标主要包括课程工作任务目标、职业能力目标。

前者主要是通过课堂教学、模拟训练和实践系统掌握言语交际学的基础理论和基本知识，提高学生查找、阅读相关文献的能力，引导学生初步掌握言语交际学研究的技能和方法，培养学生的学术创新意识。通过言语交际语料、案例分析，培养学生的语料案例分析能力和创新思维能力。通过课堂训练与课外言语交际实践，从心理调控能力、情感沟通能力、态势语协调能力和听说运作能力等多个方面协调培养并逐步提高学生言语交际的综合能力。

后者则主要是针对大学生在中小学校、教育管理机构、政府部门、企业、媒体就业的特征，强化对其语言知识的学习与应用能力的培养，促使学生逐步具有较强的言语交际能力。

### 四、教学内容安排

教学内容是课程的主体部分，必须科学设计、合理安排，才能满足课程教学的需要。根据上文所提及的几大模块，关于教学内容可做出如下安排：

| 章节 | 课程内容 | 教学方式 | 教学目的 |
|---|---|---|---|
| 第一讲 | 人际交往言语行为 | 讲授、讨论、观看视频 | 认识人际交往言语行为属性，了解并掌握言语交际的几种重要媒介 |
| 第二讲 | 交际模式与交际类型 | 讲授 | 了解言语交际模式与类型的基本属性，掌握几种常用的交际模式和交际类型，学会恰当选择交际模式与类型 |
| 第三讲 | 人际吸引与语言魅力 | 讲授、讨论 | 认识人际吸引的基本属性和基本表现样态，了解人际语言魅力的内容结构，掌握语言魅力与人际吸引之间的交互关系及其对语言应用的影响 |
| 第四讲 | 交际主体角色定位及其语言应用 | 讲授、讨论 | 了解交际主体角色定位及其角色关系，学会利用人际角色条件得体地使用语言 |

（续上表）

| 章节 | 课程内容 | 教学方式 | 教学目的 |
|------|---------|---------|---------|
| 第五讲 | 人际交互状态及其语言应用 | 讲授、训练 | 认识并梳理人际关系状态，学会利用人际交互状态应用语言 |
| 第六讲 | 交际环境（一）：语言语境 | 讲授、讨论 | 理解交际环境、语言内语境的属性与构成，掌握认识不同语境的能力，学会创新利用语境；学会设置语言内语境障碍，并能够利用语言内语境条件进行言语交际 |
| 第七讲 | 交际环境（二）：物理语境、文化语境 | 讲授、讨论 | 理解物理语境、文化语境等语言外语境的属性与构成，学会把脉物理语境、文化语境障碍，并能够利用物理语境、文化语境条件进行言语交际 |
| 第八讲 | 交际环境（三）：心理语境 | 讲授、训练 | 理解心理语境的属性与构成，学会设置心理语境障碍，并能够利用心理语境条件进行言语交际 |
| 第九讲 | 施言策略（一）：话语领域研判、语体规制先行 | 讲授、讨论、观看视频 | 理解施言策略内涵，掌握并熟练运用话语领域、语体规制条件进行言语交际 |
| 第十讲 | 施言策略（二）：话语风格调控、表达手段建构 | 讲授、讨论 | 理解话语风格调控、表达手段建构施言策略的内涵，掌握并熟练运用话语风格、表达手段进行言语交际 |
| 第十一讲 | 施言策略（三）：交流方法选择 | 讲授、训练 | 理解交流方法选择的基本要求，掌握并熟练运用不同交流方法进行言语交际 |
| 第十二讲 | 交际原则（一）：适度恰当、交互合作 | 讲授、讨论、观看视频 | 理解交际原则的基本内涵，学会坚持适度恰当、交互合作等交际原则 |
| 第十三讲 | 交际原则（二）：循约遵礼、谨言慎行 | 讲授、训练 | 理解循约遵礼、谨言慎行的基本内涵，学会坚持循约遵礼、谨言慎行等交际原则 |

（续上表）

| 章节 | 课程内容 | 教学方式 | 教学目的 |
|------|---------|---------|---------|
| 第十四讲 | 领域交际（一）：媒介视角的言语交际 | 讲授、讨论 | 理解人际交往话语领域的内涵，理解并掌握以媒介为视角的言语交际基本技巧和能力 |
| 第十五讲 | 领域交际（二）：角色视点的言语交际 | 讲授、讨论 | 理解并掌握以人际角色为视点的言语交际基本技巧和能力 |
| 第十六讲 | 领域交际（三）：行事视域的言语交际 | 讲授、训练 | 理解并掌握以行事为视域的言语交际基本技巧和能力 |
| 第十七讲 | 实践课（一）：语用实践及学术思辨 | 坚持分类指导，进行调查、讨论、研究、写作 | 通过对言语交际现实的观察与实践，写一篇与教师职业言语交际有关的文章（如讲话稿、述职报告、总结），强化教师职业话语策划能力，训练学生口语和书面语表达能力及其转化能力，以锻炼学生职业语用实践能力；讨论"学习和研究言语交际学的方法"。采集教师职业言语交际会话语料，让学生学会发现并解决问题，能够独立表达自己的评析意见，掌握学术研究的一般方法，以挖掘学生学术创新思维能力。写一篇小型课程论文，或调查报告，或学习心得 |
| 第十八讲 | 实践课（二）：总结报告会 | 学生报告、教师点评、生生互评 | 通过报告学习收获，掌握书面语和口语适时转化的能力，锻炼学生言语交际现场操控能力以及口头评价能力 |

## 五、学时安排

本课程在学时安排上，必须考虑学习情境的规划与设计，根据课程总体教学目标以及章节教学目标合理安排教学时间，把学习情境、子学习情境纳入教学计划之中，才能做到有的放矢。具体设计如下：

| 教学模块 | 学习情境 | 子学习情境（项目载体） | 主要内容 | 学时分配 |
|---|---|---|---|---|
| 人际交往言语行为 | 通过播放小视频或者设定交际场景带学生回到言语交际现场 | 用具体语料对比口头交际与书面语交际等方式的不同 | 言语交际属性、交际媒介 | 2 |
| 交际模式与交际类型 | 设定交际场景，带学生回到言语交际现场 | 以具体语料为例讨论交际媒介和交际模式 | 言语交际模式和交际媒介类型化阐释 | 2 |
| 人际吸引与语言魅力 | 课外收集、观察案例，以领悟、阐释交际主体语言魅力与人际吸引的关系 | 观看影视片段，讨论语言魅力与人际吸引交互关系 | 人际吸引、语言魅力、人际吸引与语言魅力互动 | 2 |
| 交际主体角色定位及其语言应用 | 课外观看影视作品、读名著，厘清人物角色及其关系 | 以《围城》《雷雨》等为例讨论人物角色关系与语言应用的相互制约关系 | 人际角色定位及其关系类型、人际角色认知及其语言应用 | 2 |
| 人际交互状态及其语言应用 | 课外观看影视作品、读名著，厘清人物角色及其关系 | 结合所讲内容依据交际角色设定话题，开展课堂训练 | 角色关系差异、人际性别关系、人际关系差异及其语言应用 | 2 |
| 交际环境（一）：语言语境 | 课外收集、研读口头交际和书面语交际实例 | 结合具体案例和语料讨论语言语境与语言应用的关系 | 交际环境构成及其应用、语言语境对人际交往的影响 | 2 |
| 交际环境（二）：物理语境、文化语境 | 课外收集、研读不同物理语境和文化语境中的会话实例和语料 | 结合具体案例和语料讨论物理语境、文化语境与语言应用的关系 | 物理语境构成及其对言语交际的制约、文化语境构成及其对言语交际的规约 | 2 |
| 交际环境（三）：心理语境 | 课外收集、研读现实语用实例以及话剧会话片段 | 结合所讲内容以心理语境为参照设定话题开展课堂训练 | 心理语境构成及其对言语交际的管控 | 2 |

（续上表）

| 教学模块 | 学习情境 | 子学习情境（项目载体） | 主要内容 | 学时分配 |
|---|---|---|---|---|
| 施言策略（一）：话语领域研判、语体规制先行 | 观看小视频回到言语交际现场 | 结合小视频提供的案例讨论话语领域、语体规制及其与语言应用的关系 | 日常交际、社会交际和艺术交际话语领域及其语言追求、语体类型及其认知 | 2 |
| 施言策略（二）：话语风格调控、表达手段建构 | 课外收集、研读文学作品中的会话语料 | 结合具体案例和语料讨论、归纳言语交际话语风格及表达手段 | 常用话语风格类型、常用表达手段 | 2 |
| 施言策略（三）：交流方法选择 | 课外观看影视作品、观察现实语言生活 | 结合所讲内容设定话题开展课堂训练 | 常用交流方法 | 2 |
| 交际原则（一）：适度恰当、交互合作 | 观看小视频回到言语交际现场 | 结合小视频讨论适度恰当、交互合作原则的具体呈现 | 适度恰当、交互合作原则 | 2 |
| 交际原则（二）：循约遵礼、谨言慎行 | 课外有意识地与人交际，观察体验言语交际现实 | 结合所讲内容，讨论并设定话题开展课堂训练 | 循约遵礼、谨言慎行原则 | 2 |
| 领域交际（一）：媒介视角的言语交际 | 有意识地借助于微信、电话、信函等媒介与人交际，体验现实语言生活 | 结合案例与现实语言生活体验并讨论媒介交际 | 口头交际、信函沟通、网络交际、电话沟通等话语实践 | 2 |
| 领域交际（二）：角色视点的言语交际 | 课外观察语言生活，读名著、观看影视作品，感受不同角色的言语交际 | 在特定话语领域内扮演角色进行言语交际 | 同事交际、性别交际、代际交际等话语实践 | 2 |
| 领域交际（三）：行事视域的言语交际 | 课外观察体验不同领域因行事而发生的言语交际现实 | 在特定话语领域内依据行事特征，讨论并设定话题开展训练 | 表扬与批评、请求与回应、提问与回答、招聘与求职等话语实践 | 2 |

（续上表）

| 教学模块 | 学习情境 | 子学习情境<br>（项目载体） | 主要内容 | 学时分配 |
|---|---|---|---|---|
| 实践课（一）：语用实践及学术思辨 | 观察、体验教师职业言语交际，采集语料 | 坚持分类指导，或结合秘书职业言语交际实际进行沟通并开展书面写作；或通过调研、案例分析进行学术思辨 | 写一篇与教师职业言语交际有关的文章（如讲话稿、述职报告、总结）；策划并创作言语交际会话片段；写一篇小型课程论文（如调查报告、学习心得）；申报课题 | 2 |
| 实践课（二）：总结报告会 | 调研报告，写论文，召开心得报告会 | 学生报告、教师点评、生生互评 | 学生代表分类发表成果，总结学习收获 | 2 |
| 复习、考试 | | | | |
| 总学时 | | | | 36 |

## 第三节　言语交际学教学要略

言语交际学作为一门核心课程，在师范生口语交际能力培养中具有不可替代的关键作用。笔者主张坚持以语境为纲来开展言语交际学课程教学，并把语境资源的开发和利用作为言语交际学课程教学的重要支点。本节主要就言语交际学课程的教学纲领作较为详细的阐释。

### 一、"以语境为纲"是一种教学原则

语境的内涵很丰富，本节结合言语交际活动进一步把语境界定为言语交际活动中影响交际者口语交际的语言内和语言外因素。主要包括语言世界的上下文和前言后语（语音语境、语义语境和语法语境）、语体和风格等；物理世界的时间、场合、事件、主体、对象、话题等；心理世界的情绪、心情、欲望、潜意识、心理动机、语用目的等；文化世界的地域文化、文化心理、社会心理、时代

环境、民族思维方式、民族习俗、文化传统、认知背景等。① 因此，所谓以语境为纲实际上就是为了提高教学质量并达到相应的教学目的，而在言语交际学课程教学的各个环节中始终贯穿语境意识，坚持以语境为中心，把语境作为统领言语交际学课程教学活动的纲领和原则。对以语境为纲的教学原则的界定，是在确立言语交际学课程教学体系中语境的导引作用。这种作用至少指向三个不可忽视的要素，那就是教学活动、教学目的和教学方法。

　　言语交际学的教学活动本身就是教师的口语交际运作过程，是语文教育、语言教育的重要环节，是根据教学大纲的要求，依据经过精心策划编制的教材和各种经典性文献以及为传授相关教学内容而实施的教学行为。教学效果是目的，是教师组织教学所追求的目标，具体地说，就是在坚持以语境为纲的教学原则的前提下，通过教师的传授和训练使学生掌握相关口语交际艺术，从而提高口语交际能力以及其他相关语言能力。以语境为纲是宏观策略，是实现言语交际学课程教学目的的最重要的指导原则。比如对角色认知及其角色关系内容的教学，坚持了以语境为纲，在具体教学过程中就会使教师教得自如，学生学得轻松。有一个关于朱元璋与其两个儿时朋友的故事，引用到课堂上进行分析，更能说明坚持以语境为纲的教学原则的重要性。如下例：

　　朱元璋做了皇帝，他从前的一个穷朋友从乡下来到南京皇宫。见到朱元璋时说："我主万岁！当年微臣随驾扫荡庐州府，打破罐州城，汤元帅在逃，拿住豆将军，红孩子当关，多亏菜将军。"朱元璋听他说得好听，心里很高兴。回想起来也隐约记得他的话像是包含了一些以前的事情，所以立刻封他做了羽林军总管。另一个穷朋友听说了这件事，也抱着做官的希望求见朱元璋。见面后，便直通通地说："我主万岁！还记得吗？从前，你我都替人家看牛。有一天，我们在芦花荡里，把偷来的豆子放在罐里煮着。还没煮熟，大家就抢着吃，把瓦罐子都打破了，撒了一地的豆子，汤都泼在泥地里。你只顾从地上抓豆子吃，却不小心连红草叶子送进嘴去了。叶子哽在喉咙口，苦得你哭笑不得。还是我出的主意，叫你用青菜叶子放在嘴中一口吞下去，才把红草叶子带下肚子里去了……"朱元璋嫌他太不顾体面，不等对方把话说完就大声喊："推出去斩了！推出去斩了！"

（转引自王绍龄《言语交际》，河南大学出版社 1991 年版）

　　叙述同样的事件，却有两种完全不同的结果。一个给足了朱元璋面子，讨得了他的欢心，做了大官，从此可以享受高官厚禄；一个却不给朱元璋面子，惹得

---

　　① 王希杰. 修辞学通论［M］. 南京：南京大学出版社，1996.

他心烦，结果被砍了头。问题的症结就在于与朱元璋面对面交流时，第一个人善于把握角色，定位准确：此时此地的"我"只是一介草民，而不是朱元璋过去共患难的穷朋友。于是知道自己该说什么，并以小民的身份、含蓄的说话方式说话。话语又尽可能切合自己的身份，得体大方，因而取得了预期的效果。第二个人依然把自己定位为朱元璋儿时的穷朋友，忽略了此时此地"我"的身份的被动变化，不知道自己该说什么话不该说什么话，其直白的说话方式与其角色不符，非常不得体，因此便没有取得预期的效果。结合这个鲜活的用例，教学中教师要引导学生分析故事背后的语境因素。分析时要抓住几个主要问题与关系：①朱元璋彼时的角色是什么？朱元璋此时的角色又是什么？彼时和此时角色的不同所带来的角色心理又有什么不同？②这两个朋友此时的角色是什么？这两个朋友彼时的角色是什么？这两个朋友此时的角色心理是什么？他们之间有什么不同？③此时的朱元璋与两个朋友之间的角色关系是什么？彼时的朱元璋与两个朋友之间的角色关系是什么？④朱元璋与两个朋友此时的角色及角色关系对彼此话语表达有什么影响？对彼此话语理解又有什么影响？第一位朋友采用了什么样的说话方式？第二位朋友又采用了什么样的说话方式？教学中可以通过提问激发学生学习的主动性，引导学生积极思考，以此来弄清楚这些问题背后的答案。在这个过程中可培养学生对言语交际中角色定位及角色关系这两个语境条件所具有的功能有所认知。

## 二、"以语境为纲"是一种教学理念

以语境为纲也是我们所倡导的一种教学理念。在言语交际学课程教学过程中，要保持清醒的语境意识，始终绷紧语境这根弦，把语音调控艺术、词语运用艺术、句式选择艺术、辞格创拟艺术、语体管控艺术等相关内容的教学贯穿于动态的语境层面，把语境条件作为口语交际知识传授和口语交际现象分析的重要平衡点，从而实现语境自觉。

把以语境为纲视作教学理念，就是要在整个言语交际学课程的教学体系中，在教学大纲的制定、教学内容的设置、教学重点与难点的确定、教材的编写、教学方法的运用、教学用例的选择、教学反馈机制的建构、教学效果的评估、课堂的讲授、课后的辅导、口语运作训练等过程中必须有语境因素的参与，要自觉地把语境摆在极为重要的位置，要把语境资源的开发和利用作为理所应当的事情而不应有任何迟疑和猜忌。丁金国在谈到语体意识时认为，作为一个合格的语文教师，在进入教学状态时对每篇课文、每个语言项或语言单位都应该从语体视角来进行审视。只有教师有了语体自觉，学生才能初步建立起"体"的意识。① 在语境意识的培养和语境自觉的实现方面，笔者也有同感。教师语境自觉的实现靠的是教师本人对语境的感悟和主动应对；而学生语境意识的培养与形成，则更多地依赖于教师。所以，任课教师应该积极主动地创造条件进行语境意识的培养，抢占言语交际学课程教学的制高点，以起到导航引路的作用。

语境意识、语境自觉反映了教师在课堂教学前内心对语境的认知程度和在教学活动中对语境条件的利用程度。李如龙在《汉语应用研究》中认为，所谓文化自觉就是要做到自知、自信和自主。② 以此来诠释语境自觉也是非常适宜的。实现语境自觉，要注意：

其一，要做到自知，要科学地认识人际交往中的语境系统，弄清语境系统的构成要素，厘清该语境系统各构成要素之间的关系，把握好该语境系统的建构规则。

其二，要做到自信，要相信语境的潜在功能对提高教学效果的重要作用，充分发挥语境所具有的补充和省略、生成和解释、暗示和引导、创造和过滤、协调和转化、限定和选择等功能。例如：

　　孔乙己一到店，所有喝酒的人便都看着他笑，有的叫道："孔乙己，你脸上又添上新伤疤了。"

（鲁迅《孔乙己》）

这句话中，如果不考虑语境因素，仅仅从词语本身的意义出发，那么"新伤疤"也就只能理解为"刚刚添加的伤痕"。但是，作者实际表达的意思并非如此。如果联系上下文并以当时特定的语境作为参考框架，就会发现说话人是借用"新伤疤"委婉地暗示"孔乙己因偷窃又挨了打"这种言外之意。这种意义的理解，靠的就是对语境因素的认知。所以，教学过程中任课教师应该具有非常强烈的语境意识："新伤疤"在这个特定的语境中究竟是什么意思？在这样的上下文中，作者的这种表达究竟有什么样的意图？在这个语境中，作者为什么要这样表达而不做出其他的选择？总之，这种种思考都把语境因素视为重要的影响参数。通过强化语境参照意识，教师教会学生掌握发掘、转化语境功能的方法并夯实这种基础，使学生准确地解读交际话语，从而提高教学的效果。这就是一种以语境为纲的言语交际学课程的教学理念。

---

① 丁金国. 语体意识与语言运用［J］. 修辞学习，2005（3）：11 – 18.
② 李如龙. 汉语应用研究［M］. 北京：中国传媒大学出版社，2004：98 – 110.

其三，要做到自主，要主动而有选择地利用语境条件进行言语交际学课程教学。教学过程中对语境资源的开发和利用不是盲目的、毫无选择的，而是有针对性，有一定的主观愿望作为心理支撑的。当然，语境自觉、语境意识是一种主观的能力，人们对语境的感悟和理解各有不同，所以语境自觉就会因人而异。这样势必影响和制约不同的教师对语境条件的利用程度。正因为如此，坚持以语境为纲进行言语交际学课程教学自然也就会存在教学效果的差异和教学质量的高低问题。教学过程中，存在教学质量的高低和教学效果的差异是正常现象，但这不是以语境为纲的教学理念本身的问题，而是因为实施教学活动的教师对这一教学理念的把握存在着差异。

## 三、"以语境为纲"是一种教学策略

### （一）语境作为教学策略的理据

以语境为纲是言语交际学课程教学的一种教学策略选择。这种论断的提出是有一定的事实依据和语文教育理论支持的。

首先，教育部颁布的《全日制普通高级中学课程计划（试验修订稿）》已经非常明确地把研究性学习设定为学生综合实践活动的重要内容。

其次，近年来语文教育界所进行的教育教学改革，已经在理论层面和实践层面对研究性学习进行了非常有益的探索。"情境教学法"[1] 的重新提出和现实选择实际上就是运用语境理论指导语文课堂教学的体现。而研究性学习的基本要求就是要创设一种情境，使学生模拟一种学习过程，并在这个过程中通过对信息的鉴别，更全面深刻地理解知识，[2] 并使相关的口语交际能力得到提高。其基本的教学模式可分为"五段九步"：

第一段——理解。又分为两步：第一步是预习认知指导，第二步是分析整合指导。

第二段——掌握。又分为两步：第一步是比较鉴别指导，第二步是归纳总结指导。

第三段——运用。又分为两步：第一步是口语表达指导，第二步是口语理解指导。

第四段——发展。又分为两步：第一步是批评指导，第二步是研究指导。

第五段——反馈。仅有一步，即对言语交际学课程的教学效果进行评估。

---

① 韦志成. 语文教学情境论 [M]. 南宁：广西教育出版社，1996.

② 王建华，周明强，盛爱萍. 现代汉语语境研究 [M]. 杭州：浙江大学出版社，2002：423.

　　这五段九步表明，以语境为纲作为一种教学策略为言语交际学课程教学提供了另一种思路。它自然处在宏观层面，是一个由较多的方法和手段按照一定的规则组合而成的聚合系统，具有抽象性和理论性。所以，在这个方法论下还存在着众多具体的教学方法与手段。

　　按照我们的观点，语境不仅仅是语境自身，在一定条件下还可以作为口语交际运作的一种策略，[①] 并且具有转化为教学手段的可能性。也就是说，教师应该对语境因素进行有意识的转化，使相应的语境因素转变为教学手段。教师要主动、自觉地赋予这些语境因素以工具性能，要设置一定的语境并充分利用语境因素的优势条件为提高教学质量服务。比如，可以把语境条件作为言语交际学课程教学反馈的重要手段，利用语境来检视教学效果；把对口语交际用例的分析和评价置于一定的语境中去考察；把口语交际理论的阐释和论证放在具体语境中来进行等。就口语交际中修辞格运用的教学来说，要想通过课堂教学让学生领略口语交际中修辞格的意趣，并熟练地创拟和恰切地运用修辞格，就必须首先设置特定的语境，然后再采用启发、问答、比较等一些具体的教学方法，在语境中训练学生对修辞格的感悟能力，使修辞格知识和修辞格理论转化为口语交际运用层面上的操作系统。如果撇开语境，教师在课堂上一味地大谈修辞格的一般原理和修辞作用，那必然会把学生引入修辞理论的象牙塔之中。因为没有实际的语言生活作为参照，没有具体的语境条件作为支撑，学生很难高效地掌握修辞格的相关知识，更难以在一个动态的语境条件下得体地运用修辞格，所谓的教学效果就会大打折扣。

## （二）语境教学策略应用

　　语境教学策略应用是教学过程中不可或缺的教学策略。王希杰把影响表达与理解的语言内和语言外因素分为语言语境、物理语境、心理语境和文化语境。[②] 这些语境条件经由教师的合理配置，具有分别转化为教学策略并被广泛利用的可能性。

### 1. 语言语境教学策略的应用

　　语言语境主要是指语言世界内的上下文或前言后语、语体和风格等。这些构成要素是语言内语境的基本组成成分，在书面上表现为上下文，在口语中表现为前言后语，在语言运用的系列性特征上又表现为语体和风格。如果仅仅从语言本

---

① 孟建安. 汉语修辞转化论 [M]. 广州：暨南大学出版社，2013.
② 王希杰. 修辞学通论 [M]. 南京：南京大学出版社，1996：308－341.

体层面作更为深入的理解，那么上下文和前言后语就包括了语音语境、语义语境和语法语境。由于语言语境所具有的潜在功能和特有资质，为教学提供了作为教学策略的方便与可能，所以教师应该积极主动地利用语言语境条件，发挥其重要作用，为教学服务。

有效利用语言语境教学策略的关键，在于把前言后语以及笼罩在整个话语之上的语体和风格作为教学的重要前提和参照物。教师要教育引导学生在讲解、问候、聊天、辩论、演讲、总结、评述、叙述、解释、话轮转换等言语交际活动中，学会把音同音近、前言后语、语体和风格等相关语言语境要素作为重要的参考依据，充分利用这些语言语境条件，通过对前言后语相关词义之间关系的细微分析，真正理解话语的确切意义，吃透交际话语的基本要义。

2. 物理语境教学策略的应用

物理语境实际上就是指物理世界的时间、场合、事件、主体、对象、话题等。物理语境被当作言语交际学课程的教学策略主要基于三方面问题的考虑及其相互关系：其一，要充分关注交际双方所在的真实的物理世界。这包括师生自身的角色、具体教学场合、具体教学时间、具体教学氛围等客观因素。其二，要充分考虑教师具体教学时所再现的物理世界。其三，要努力协调好现实语境与再现语境之间的相关关系。把语境作为重要的教学策略，就是要根据学生的心理特征和接受能力把教学中遇到的现实情况反过来为教学所用，帮助学生理解课程内容，并对教学计划、教学方法、教学内容等做出相应的调整，以便在单位时间内达到预期的教学目的。

3. 心理语境教学策略的应用

心理世界的情绪、心情、欲望、潜意识、心理动机、语用目的、心理联想机制等共同构成了心理语境，在这里我们主要谈谈现实教学中教师的心理语境和学生的心理语境。心理语境教学策略的选用至关重要，有助于教师把握话语建构的意图和目的，对教学内容做出更接近于事实的分析；有助于坚持以学生为主体，因材施教，合理地调控教学内容，有针对性、分层次地开展教学；有助于启发学生展开想象的翅膀，拓展思维的空间，使思绪上连下接。

4. 文化语境教学策略的应用

教师要充分利用文化语境条件，并把社会文化知识等文化语境要素作为教学策略来引导学生解读、感知教学内容。这无疑是一种有效的教学策略选择。文化语境教学策略的运用，主要是通过对相关文化因素的阐释来帮助学生理解教学内容所涉及的文化因素，以培养学生健康的情感、端正的态度和积极向上的价值观，提高其理解能力和整体把握能力，从而实现教学效果的最大化。

以上从四个角度分项说明了言语交际学课程教学中语境教学策略的应用问题。我们主张始终坚持语境教学策略的综合利用和全新创设，由此来开展有效的课堂教学和课堂训练。这就要求我们既要充分考虑言语交际学课程的属性、教学目的、教学任务、课程标准所规定的目标要求等学科因素，又要慎重考虑直接参与教学情境且影响教学进程的教师和学生等人的因素，还要考虑教学所不可缺少的教具、教材、教学手段、教学场合、教学时间等条件，以此来调控课程教学。

### 四、"以语境为纲"是以提高教学质量为目的的

以语境为纲是以提高教学质量为目的的，其过程在于凸显教师的主导作用，强化学生的主体意识，在动态条件下优选或创拟特定的语境条件并发掘语境所固有的潜在功能，富有创造性地进行口语交际的临场实验和现实操作，以提高言语交际学课程的教学质量和效果。具体地说，这主要体现在五个方面：其一，在语境中激发学生的学习兴趣；其二，在语境中传授口语交际知识和理论；其三，在语境中提高学生的口语表达能力；其四，在语境中提高学生的语言理解能力；其五，在语境中提高学生的综合口语交际能力。

在交往活动中，语境不仅决定了交际行为是否需要，而且决定了交际双方需要说什么或者不需要说什么。如丈夫在家里说妻子太胖了，也许得到的是老婆并不在意的微微一笑。但如果在大庭广众之下，尤其是在异性面前说一位小姑娘很胖，那极有可能会遭到小姑娘的怨恨。这显然是交际场合这一潜在的语境因素在起作用的结果。可见，在具体语境中，明白哪些话该说，哪些话不该说，是非常重要的。教师应该牢牢抓住语境，坚持以此统领教学过程，由此开展有效的课堂教学。言语交际学课程教学和语境结下了不解之缘，不以语境为纲而进行的言语交际学课程教学是难以想象的。言语交际学课程教学要想取得令人满意的教学效果，实施情境教学就是必由之路。所以，以语境为纲便成为提高言语交际学课程教学质量、实现言语交际学课程教学目的的关键。

## 第四节　交际领域认知能力培养

### 一、交际领域及其语言追求

#### （一）三分交际领域

在人类发展的各个历史时期，人际交往是最常见的交际活动，也是最基本的

交际行为。人际交往可以采用不同的手段和方式，其中，言语交际尤其是口语交际是最重要的手段和方式之一。人际交往活动是多种多样的，分属于不同的交际领域，因而与之匹配的口语交际活动也是丰富多彩的，也分属于各不相同的交际领域。人际交往的目的不同，那么口语交际活动的目的也就有差异。比如，由于心理世界因素的复杂性，人们便会有多种多样的交往动机和交际心理，因而在口语交际活动中就会有不同的出发点和追求。正因为如此，人际交往势必与众多相关的人际活动联系在一起，而不可能仅仅是单纯的情感沟通活动。在日常交际领域、政治话语领域、文艺创造领域、商业营销领域、教育教学领域、司法业务领域、科学研究领域、传媒活动领域、公关事务领域中，都充满着人与人之间的交往与沟通。从言语交际学的角度来看，这些领域就分属于不同的交际领域。

郑荣馨根据交际效果把言语交际分为日常交际、社会交际和艺术交际三个层面。[①] 笔者在《汉语修辞转化论》等论著中采纳了这一观点，但对其三分的依据进行了思辨并作了简要分析。[②] 立足于言语交际学，也可以据此把以上所涉及的政治话语领域、公关事务领域等分别归属到日常交际领域、社会交际领域和艺术交际领域中。具体归类大致如下：

日常交际领域：包括日常语言生活中的聊天闲谈、请求应答、打招呼、问候告别、讨价还价等。

社会交际领域：包括政治话语领域、商业营销领域、教育教学领域、司法业务领域、科学研究领域、传媒活动领域、公关事务领域等。

艺术交际领域：包括相声、小品、戏剧、小说、散文、诗歌等创作活动。

### （二）不同语言要求

不同交际领域之间虽然存在着共同的语言应用属性，但是也必然有着较大差异的语言追求。笔者始终认为，从交际者所追求的语言表达目标来看，以上三个交际领域实际上都以追求语言表达的得体性为根本目标，同时又分别在常规表达（一级）和变异表达（二级）两个界面上做出了相当多的努力，只不过在不同界面上语言追求的侧重点存在着差异。弄清楚这一点是培养师范生交际领域认知能力的基本出发点。笔者在《汉语修辞转化论》中曾专门论述过三个交际领域的语言追求，这里不再作说明。

其一，日常交际领域语言要求。日常交际领域是人们日常的语言生活领域，即包含了最常见、最普通的口语交际。日常交际有何目的呢？无非是正常的人际

---

① 郑荣馨. 语言得体艺术［M］. 太原：书海出版社，2001.
② 孟建安. 汉语修辞转化论［M］. 广州：暨南大学出版社，2013：205 – 207.

交往、情感沟通、人际关系搭建与疏通、日常事务处理等。在这些交往活动中，虽然也讲究话语的变异表达，但只要把话说明白、说清楚即可，不必过分苛求或者一味追求言语表达的艺术性。所以，在日常交际领域中的口语交际处于常规表达界面，得体性这一根本目标就体现为交际话语的合理性、语意的真实性——坚持以常规表达为主导，但并不排斥变异表达。

其二，社会交际领域语言要求。个人除了日常交际之外还要进入不同的社会交际领域。社会交际的目的是什么呢？当然以完成社会角色所承担的任务为第一要义。进行社会口语交际时在把话说明白、说通顺的基础上，还必须考虑话语的艺术性问题。因此，社会交际领域中的口语交际同时处于常规表达和变异表达两个界面。那么，在语言的追求上自然是坚持合理性与艺术性并重，得体性根本目标的实现就体现为同时追求常规表达的得体与变异表达的得体。

其三，艺术交际领域语言要求。艺术交际领域相较于日常交际领域和社会交际领域来说，参与的交际主体相对较少，不像前两者那样具有普遍性。艺术交际领域中口语交际处在变异表达界面，在对语言的追求上特别注重语言表达的艺术化。因为语言的任何变异运用都离不开常规表达和话语的合理性，所以合理性、规范性是艺术交际领域语言追求的前提条件和基本要求；如果没有合理性、规范性，要想实现语言表达的艺术化几乎是不可能的。试想，一个说话颠三倒四、语无伦次的人怎么能够说出给人以美的享受的话语？只有具备了规范运用语言的功底和能力，学会了常规表达，才能够游刃有余地实现由常规表达界面向变异表达界面的转化。[①] 因此，艺术交际领域的语言追求应该是以艺术性为主导的。

## 二、交际领域认知能力及其培养

### （一）交际领域认知能力

培养师范生口语交际能力首先必须训练其交际领域的认知能力。那么，认知是什么？认知能力是什么？交际领域认知能力又是什么？按照词典的解释，所谓认知就是通过思维活动去了解。据此，所谓的认知能力就是通过思维活动而练就的固化于心理结构中的对事物或者现象进行了解的条件与本领，也就是人脑加工、储存以及提取信息的能力，包括知觉、注意、记忆、思维、想象等能力。基于这种思路，那么交际领域认知能力就是立足于言语交际学并通过思维活动而练就的固化于心理结构中的对交际领域进行认识、知觉、了解的条件与本领。根据上文的观点，交际领域被三分为日常交际领域、社会交际领域和艺术交际领域，

---

① 孟建安. 汉语修辞转化论 [M]. 广州：暨南大学出版社，2013：206.

那么交际领域认知能力也就分别被划分为日常交际领域认知能力、社会交际领域认知能力和艺术交际领域认知能力。

## （二）交际领域认知能力培养

### 1. "交际领域认知能力培养"的内涵

从口语交际核心课程——言语交际学教学角度看，对师范生交际领域认知能力的培养也就意味着对师范生日常交际领域认知能力、社会交际领域认知能力和艺术交际领域认知能力的培养。简单地说，就是要通过言语交际学教学与相关训练，培养师范生利用可以把握的指标和细则，并借助于思维活动去认识、知觉、了解不同的交际领域，使之具备判断和识别不同交际领域的条件和本领，从而为在特定交际领域内进行口语交际做好准备。

### 2. 培养交际领域认知能力的理由

为什么要培养师范生交际领域认知能力？在人际交往过程中，对交际领域的认知与识别是一种先行行为。中国古代文体论中早就有"体制为先"的说法。李熙宗指出，体制为先就是指"在运用语言表达思想感情时首先确定适应的体式或文体，并根据体式或文体的要求选择和组织语言材料及表达手段，以借助体式和文体的规范有效地提高语言表达效果"①。程祥徽也曾撰文提出并较为深入地分析过"语体先行"的观点。在程祥徽看来，特定的表达者在特定的情境下首先考虑的是要说得体的话。"得体"之"体"就可以解释为语体之体。个人的一切言语活动首先要符合所选择的语体的要求。② 把这种观点和主张演绎到交际领域认知这一内容的教学上，其实就是指首先要认知、识别交际领域。只有通过认知并确定了交际领域，才能较为准确地确定口语交际时的施言计划。因为不同的交际领域有不同的语言追求，交际者在确定交际领域后就可以根据交际领域的基本语言追求来设计自己的语言策略、话语手段、说话方式，甚至是交际话题了。从某种意义上说，培养师范生交际领域认知能力就是要让师范生通过学习和训练来掌握区分交际领域的技能，以便在把控该交际领域口语交际的总体语言应用特征时，好好设计进行交际时的语言表达策略，从而最大限度地实现该交际领域内的口语交际效果。

---

① 李熙宗. "语体"和"语文体式" ［A］ //黎运汉. 迈向 21 世纪的修辞学研究 ［M］. 广州：广东人民出版社，2001：275 – 287.

② 程祥徽. 略论语体风格 ［J］. 修辞学习，1994 (2)：1 – 3.

3. 培养师范生交际领域认知能力的基本做法

第一，要积极开展思维能力训练教学。在认知过程中，思维能力非常重要，敏捷的思维将利于有效认知；思维迟钝会在一定程度上阻碍认知的顺利进行，影响认知的效果。因此，教师应该积极开展思维能力训练教学。教师要创设和谐、民主、愉快的课堂教学氛围，铲除师范生已经养成的思维惯性、思维定式等思维障碍。教师要发掘更多更新颖的信息刺激源，最大限度地激活师范生的好奇心理和求知欲望，为师范生积极开展思维活动提供不竭的动力源泉，从而引导师范生开启思维的闸门。教师要根据教学内容和学生的实际情况加强对师范生思维训练的指导，使思维训练有序化，以逐步提高师范生的思维能力和分析能力。教师还应该注意训练策略的合理利用，如通过简单提问、理解性提问、综合性提问、评价式提问、诱导性提问、疏导性提问、对比式提问、迂回式提问等①，从不同的提问中多维度强化师范生思维能力的训练。

第二，要促使师范生熟练掌握不同交际领域的语言应用特征。根据上文的分析，日常交际领域、社会交际领域和艺术交际领域分别有自己的语言追求，因此必须首先让师范生从宏观上把握好各交际领域要达到的语言应用要求。在此基础上，再通过训练等手段指导师范生根据具体交际活动，如闲谈聊天、商务谈判、演讲辩论、政治宣传、文化传播等进行口语交际，由此来促使师范生熟练掌握类型化交际活动语言应用的基本特征，以培养师范生人际交往过程中的口语交际能力。以小说语文体式为例，要通过教学让师范生认识到该语文体式的基本语言追求就是在不拒绝规范化表达的基础上，坚持以艺术化表达为主导。在此前提下，还要让师范生对小说语文体式语言应用尤其是其中的会话、对白等口语交际特征有清醒的认识。这样才能让师范生真正懂得在艺术交际领域该如何进行口语表达，如何选择措辞，如何进行口语沟通与交流，并训练师范生熟练掌握建立良好人际关系的基本语言策略。

第三，要综合优选不同教学方法让师范生学会举一反三。在言语交际学教学过程中，教学方法是多种多样的，可以说是教无定法。我们主张综合优选多种教学方法，坚持因材施教、以优制胜。其中，案例教学法就是一种非常有效的教学方法。教师通过不同案例的分析，总结归纳出带有普适效果的教学技巧，寻找到相应的教育教学规则，无疑有助于课堂教学质量的提高。比如可以根据教学内容选用如下片段进行教学分析：

---

① 李颖. 中学语文微格教学教程［M］. 北京：科学出版社，1999.

顾八奶奶：……哎，爱情！从前我不懂，现在我才真明白了。

陈白露：（讽刺地）怪不得你这么聪明了。

顾八奶奶：我告诉你，爱情是你甘心情愿地拿出钱来叫他花，他怎么胡花，你也不心痛，——那就是爱情！——爱情！

（曹禺《日出》）

在教学时，首先要引导师范生根据引文提示来认知这一语言片段的交际领域归属，然后再依据交际领域归属来分析这段对话的语言表现。根据引文提示，这段话出自于曹禺的《日出》，《日出》属于戏剧语文体式，而戏剧语文体式又属于艺术交际领域，所以这几句对白应该属于艺术交际领域。艺术交际领域的言语表达更多地处于变异表达界面，注重语言表达的模糊性、游移性、直觉性、变异性和不确定性。如果师范生认知到了这些并且能够理解其本质内涵，那么就极为容易理解这段会话中"聪明"等措辞的语用目的和语用含义。根据语境条件提供的帮助，显然陈白露使用"聪明"一词，并不是真的在称赞顾八奶奶聪明，而是在讥讽她愚蠢无知。字面意义与实际意思刚好相反。这一现象符合艺术交际领域对语言艺术化的基本追求。通过这一案例教学，可以抓住教学的信息焦点和教学重心，让师范生体味艺术交际领域中口语表达的奥妙和魅力，并从中学习词语运用的技巧、口语交际的艺术。

# 第五节　多维能力协调培养

我们一直主张言语交际能力是一种把心理的、情感的、态势语的、听说的等多维能力融为一体的综合性能力，而不仅仅是语言表达和理解本身的能力。口语交际能力作为言语交际能力的半壁江山，也是一种综合性交际能力。在言语交际学教学中，应该注重师范生多维能力的协调培养，而不是仅仅盯着"听""说"能力。

## 一、口语交际能力结构

### （一）口语交际能力是一种综合交际能力

口语交际能力绝对不只是口语的问题。交际不等于听和说，口语交际也不等于用有声语言把相关内容说给别人听，以及听别人用有声语言说的话。如果只是这样理解，那就大错特错了。口语交际当然是依赖于口头语言而发生于人与人之间的言语交际活动，其中有太多的心理、情感、态势语、听说等因素的共同参与。所以，口语交际能力是心理调控能力、情感沟通能力、态势语协调能力和听说运作能力等多维元素有机组合的能力融合体，是一种整体性能力。

### （二）口语交际能力构架

口语交际能力作为一种综合能力，主要是由心理调控能力、情感沟通能力、态势语协调能力和听说运作能力等多维能力构成的，而这些能力本身又具有相当丰富的内涵。比如心理调控能力就涵盖了记忆能力、思维能力、认知能力、想象能力、联想能力、现场应变能力等。心理调控能力、情感沟通能力、态势语协调能力和听说运作能力并不是口语交际能力的全部内涵，但确实是其要素。它们之间并不是并排的，而是有主有次、有轻有重。依据上文的表述和观点，心理调控能力是口语交际能力形成的前在能力，情感沟通能力是口语交际能力中的重要能力，态势语协调能力是口语交际能力中的辅助能力，听说运作能力是口语交际能力中的核心能力。换句话说，口语交际能力的架构就是以听说运作能力为核心，以心理调控能力为前在，以态势语协调能力为辅助，并以情感沟通能力为伴随而形成的有机结合体。

## 二、教学思路

言语交际学被归为核心课程，不仅表明该课程在口语交际系列课程中的重要位置，而且体现了口语交际的核心内容。从教学角度来说，更能突出口语交际能力尤其是其核心能力培养的重要性。

### （一）要在"多维"上下功夫

在教学过程中，要通过讲解和案例分析等手段对口语交际能力的重要内涵作深入剖析，让学生牢固树立综合能力意识，理解口语交际能力是一种由多维能力要素共同构成的综合性能力。在此基础上，要突出多维能力本身的训练教学。

对口语交际能力的训练教学不能只是单项能力的训练教学，比如不能仅是听说运作能力的训练教学，或者仅是情感沟通能力的训练教学等。单项能力训练教学是就口语交际能力中某一种能力的训练教学，是基础性训练教学。单项能力训练教学当然是重要的，但并不是口语交际能力训练教学的全部。要想使师范生口语交际能力得到全面提升，仅仅注重某一项能力的训练教学是远远不够的，还必须注重各个单项能力的共同发展。既要注重心理调控能力的训练教学，也要注重情感沟通能力的训练教学；既要强化态势语协调能力的训练教学，也要加大听说运作能力的训练教学，尤其是要注意把这几种能力捆绑在一起进行综合性训练教学。要引导学生平时多留心，有意识地开展研究性学习；要广泛涉猎口语交际的相关知识，注重口语交际知识的积累；要勤于求教，善于思索，认真领悟口语交际的精髓和真谛，努力提高对口语交际现象的观察、记忆、思考、想象、分析等能力。与此同时，更为重要的是要采用单一训练模式和手段，或者综合优选多种训练模式和手段，积极系统地开展课堂训练，并努力在现实语言生活中反复地实践。比如可以利用辩论比赛等形式进行综合性训练教学。教师要提出明确要求并全程跟踪，指导学生事先做好充分准备，根据辩题的要求对师范生话语策略选择、话语基调确立、现场应变、思辨、抗辩、理解、语境利用、态势语调配、情感投入等能力进行全方位的训练与培养。

### （二）要在"协调"上动心思

协调就是通过沟通、平衡使相关能力之间的关系更为适当。要想使口语交际综合能力得到提升，必须调整好综合能力内部和外部的关系，使各单项交际能力的内部关系通达、外部关系顺畅。口语交际能力作为综合性能力，是一种关系错落但又紧密相连的能力要素编织的网络。因此，在"协调"上动心思主要考虑的是内部协调、外部协调两个方面。

其一，各单项口语交际能力内部构成要素之间的协调。心理调控能力、情感沟通能力、态势语协调能力和听说运作能力这四种能力，既是口语交际综合能力的构成要素，其自身又有各不相同的能力观测点，所以这里所谓的内部协调就是指这四种单项能力自身所有观测点之间的协调。比如在听说运作能力中，要进行听话能力、说话能力、语境利用能力、语境创造能力、文化阐释能力、合作能力、语码转换能力、话语策略设计能力、问答能力、批评能力、表扬能力、谈判能力、辩论能力等的协调培养；在态势语协调能力中，要进行表情运用能力、手势配合能力、点头示意能力、握手能力、微笑匹配能力等的协调培养。一方面，要根据不同的口语交际实际合理安排这些能力之间在内容上的教学比重；另一方面，要根据交际内容、交际目的等的不同有针对性地合理统筹这几种能力的训练教学。通过教学、训练和实践，可以让师范生学会处理各单项能力内部构成要素之间的关系，以在交际中做到各有侧重但又相互配合。

其二，各单项口语交际能力之间的外部协调。心理调控能力、情感沟通能力、态势语协调能力和听说运作能力这四种能力，虽有千丝万缕的联系，但是又各自相对独立。教师一定要处理好多维能力之间的权重关系，合理分配教学的时间，并选择与各项能力相适宜的教学方法和途径，以使单项口语交际能力与教学时间、方法、手段、途径等合理对接。按照我们的看法，这四种能力中，听说运作能力是核心能力，是教学的重点，自然要花费更多的时间、精力并想更多的办法来强化这一能力的教学。根据这几种能力在口语交际中的功能和作用，要坚持把核心能力即听说运作能力教学作为重心，把心理调控能力教学作为基础，把态势语协调能力教学作为辅助，把情感沟通能力教学作为重要一翼，强化多维口语交际能力的综合协调发展。

## 第六节　分级能力逐层同步养成

从实现口语表达效果的角度看，需要注意对师范生进行分级能力逐层同步培养。要做到这一点，任课教师教学时要抓住"分级""逐层""同步""养成"四个关键词。

### 一、"分级"能力

分级意味着什么？意味着从什么角度切入把口语交际能力分为多少级别的问题。这是一个必须首先弄清楚的基本问题。口语交际能力是一种综合性能力，这个在上文已经做出说明与交代。如果换个思维的角度，仅仅从"说"的方面来看口语交际能力，那么所谓的口语交际能力其实也主要就是口头语言表达能力。依据对口语表达效果的期盼或者说对口语交际效果的实现情况来分析，又可以把口语表达能力分为三级，即规范表达能力、变异表达能力和得体表达能力。这三级能力在口语表达能力结构中分处于不同的层级。

#### （一）规范表达能力

师范生口语交际中的规范表达能力处在口语表达能力结构中的第一层级，也就是人际交往中师范生应该拥有的最基本也是最根本的口语表达能力。

什么是规范表达能力？简单地说，就是师范生所练就的使用规范语言材料，并按照语法规则、语义规范和语音标准进行规范口语表达的本领。相对于变异表达能力来说，这是一种常规表达能力。在口语表达时，要求发音准确，符合普通话语音标准；词语应用要遵循普通话词语语义搭配规范，讲究语义上的关联性，做到搭配得当；组词造句合乎普通话语法规则，说话要通顺明白。这些都是规范表达的具体表现，也是说话者具备规范表达能力的体现。规范表达是变异表达的基础，为变异表达提供了基础性条件；规范表达能力是变异表达能力的基础能力，也是做到得体表达的基础能力，是得体表达能力的表现能力之一。

#### （二）变异表达能力

变异表达能力属于师范生口语表达能力中的发展性能力，是在规范表达能力的基础上进一步发展的能力，处在口语表达能力结构中的第二层级。

什么是变异表达能力？简单地说，就是师范生所练就的利用语言材料突破普通话语音标准、打破语义搭配规范、冲破语法组合规则而进行的超越常规的口头语言表达本领。在口语表达时，其可以充分利用具体的语境条件，有意打乱停顿的秩序和语音匹配规则，故意背离语法规律，特意对词语进行超常应用等。例如"黑色的星期天""抓小偷抓出的官司""脱口秀脱出三大'名嘴'""OK眼镜不OK""形象工程别败坏形象"等，这些用例都不是正常的表达，都是偏离常规的表达，都是变异表达的表现样态，也是说话者具备变异表达能力的具体表现。

### （三）得体表达能力

得体表达能力是言语交际学教学所追求的终极能力，也是师范生口语表达能力中最高的能力要求。这种能力是建立在规范表达能力和变异表达能力基础之上的一种能力，处在口语表达能力结构中的第三层级。

什么是得体表达能力？简单地说，就是师范生所练就的切题适境的口语表达本领。得体表达注重的是表达效果要适应题旨情境，而不在乎语言本身是否规范、是否变异、是否艺术化。从这个意义上说，规范表达中有的是得体表达，有的并不是得体表达；错误表达中，有的是不得体的表达，有的依然是得体表达；变异表达中，有的是得体表达，有的未必是得体表达。因此，判断语言表达是否得体，关键不是看语言表达本身，而是看其是否切题适境，是否为社会群体所接受。如果做到了切题适境并为受众所认可，那么就做到了得体，也就具备了得体表达能力。

## 二、"逐层"开展

逐层开展就是循序渐进、有规律地开展教育教学，使师范生得到科学培养。根据前文论述，规范表达能力处在第一层级，变异表达能力处在第二层级，得体表达能力处在第三层级。这样的能力结构分布，要求教师在教学过程中，首先要强化规范表达能力培养，要把这个工作做得扎实到位，从而为进行第二层级能力即变异表达能力培养打下厚实的基础。在规范表达的基础上，有意识地培养师范生的变异表达能力。变异表达能力是一种锦上添花的表达能力，也是人际交往中应该重视的一种口语表达能力。在口语表达时做到规范，把话说得明白清楚是正常的，但仅停留在这个层面，显然不足以提升师范生口语交际能力。要把话说得魅力四射，恐怕不是一件容易的事，而变异表达就是达到这一说话效果的重要话语策略和手段。得体表达能力则是对师范生口语表达能力的最高要求，要求师范生能够根据交际时的语境条件做出适切的表达，做到游刃有余、驾轻就熟。这些最终都集中反映了师范生得体的表达能力。无论是规范表达还是变异表达，都以得体表达为最终目的，都把得体表达作为最高的追求目标。因此，得体表达能力是一种以规范表达和变异表达为外在形式，并在规范表达能力和变异表达能力之上的最高层级的能力。基于这种认识，我们应该坚持逐层培养的教学思路，把规范表达能力培养作为基础性教学工作，把变异表达能力培养作为更进一步的提升性教学工作，把得体表达能力培养作为终极性教学工作，由此来分层次培养师范生的口语表达能力。

### 三、"同步"培养

根据词典的解释，"同步"泛指互相关联的事物在进行速度上的协调一致。那么，分级能力同步培养就意味着规范表达能力、变异表达能力和得体表达能力这几个相互关联的口语表达能力在培养速度上保持协调一致。落实到教学中，就是要注重这几种能力的共同进步和协调发展。在培养规范表达能力的同时，要强化变异表达能力的训练，更要加大得体表达能力的锤炼。

在我们的得体观中，得体表达有微观得体、中观得体、宏观得体之分。微观得体在某种意义上看其实与规范表达是一致的，就是说做到了表达的规范性也就实现了口语表达的微观得体。中观得体在某种意义上与变异表达有相当大的共同性，就是说变异表达如果适宜恰当，那么便实现了口语表达的中观得体。宏观得体是就口语表达的整体语言状况而言的，涵盖了规范表达得体和变异表达得体，如果在这两方面做到了适切，也就实现了口语表达整体效果上的宏观得体。微观层次上的得体和中观层次上的得体依附于宏观层次上的得体，宏观层次上的得体高于其他一切层次上的得体。因此，所谓的同步培养在很大程度上其实就是指得体表达能力的培养要与规范表达能力培养、变异表达能力培养紧密联动。培养规范表达能力的同时就是在培养微观得体表达能力，培养变异表达能力的同时也是在培养中观得体表达能力，反之亦然，最终它们会统一于高层次的宏观得体表达能力。

### 四、"养成"教育

养成教育关注的是师范生口语表达能力教育教学的过程性和教学操作层面的具体教学方法等问题。"养成"意味着不是一蹴而就，而是要经历较为漫长的过程，需要有理念、有原则、有计划、有步骤、有手段、有方法、有时间地进行，以此来通观整个培养教育过程。笼统地说，就是要在研究师范生口语表达现状和能力现状的前提下，坚持口语交际教学的基本理念，确立能力培养的基本原则和教学思路，慎重做好培养规划和具体执行计划，认真策划培养的步骤和各个环节，优化选择合理适宜的教学手段和方法，科学安排课程计划与教学时间，把课堂教学、模拟训练、实践操作和评价考核有机结合起来，形成分级能力逐层同步培养的有效联动机制，从而高效开展师范生口语表达能力养成教育，使师范生口语表达能力培养成为一种自省、自觉、自动的行为。

# 第七章　职业化课程教学

## 第一节　职业化课程概说

### 一、职业化课程范围

在我们所建构的口语交际课程体系中，教师口语课程处在课程结构的第四梯级，属于职业化专业实践类课程，是为培养师范生未来职业取向而打造的富有专业化特色的课程。我们把这一课程确定为职业化课程。

### 二、职业化课程厘定

为什么把教师口语课程确定为职业化课程？

#### （一）教师口语课程定位

1. "教师口语"自定义

教师口语有广义和狭义之分。广义的教师口语包括教师在教育教学过程中的教学口语、教育口语和日常交际口语，也就是教师从事教育教学和日常交际的口语交际原则、条件、话题、方式、技巧、策略等一系列语言运用艺术的综合。狭义的教师口语仅涵盖教学口语和教育口语两种内涵，是指教师在教育教学情境中积极运筹话语策略，选择适宜的交际手段并运用恰当的说话方式，培养学生的情感和能力，向学生传授知识，启迪学生智慧的一种口语交际艺术。

在教育教学情境下，教师口语是一种富有创造力的语言运用艺术。既然具有创造力，那就意味着教师口语在具有共同性的前提下也颇具个性，它是不同教师在各种不同的具体教育教学情境下对语言的现实应用。教师口语综合体现了教师先进的教育教学理念、丰富的知识涵养、健全的心智结构、良好的职业道德、娴熟的教育教学技能，以及驾驭教育教学语言的能力。因此，它涵盖了教师在教育教学情境下口语交际所表现出来的基本语言特质、话语策略手段和技巧、话语表现风格，以及各种因素所共同创造的整体交际效果等重要内涵。

2. 教师口语课程属于师范生未来职业取向的职业化课程

作为一门课程，有研究者认为"教师口语是研究教师口语运用规律的一门应用语言学科，是在理论指导下培养师范生在教育、教学等工作中口语运用能力的实践性很强的课程，是培养教师职业技能的必修课"①。地方性普通本科高等院校汉语言文学专业人才培养方案告诉我们，在向应用型大学转型的新形势下，作为师范方向的人才培养目标就是要把师范生培养成德、智、体、美全面发展，具有坚实而又系统的中文素养、语言能力、文学能力和教育教学能力的创新型合格的语文教师。这个教学目标从顶层设计上最大限度地规划了师范生毕业后所要从事的教师职业走向。因此，从这个意义上说，教师口语课程是从口语交际角度为师范生开设的一门职业化、专业化的课程。

### （二）课程以培养教师职业口语交际能力为教学目标

教师口语课程的教学目标主要为，通过教学和实践训练要求师范生掌握一般的口语交际艺术、教师职业口语特别是教育口语和教学口语技能，使其在未来教师职业生涯中能够做到规范表达、变异表达和得体表达以实现顺畅交际，并具有指导中小学生口语交际的基本能力。这一教学目标是紧紧围绕着师范生教师职业用语来设立的，突出了对师范生教师职业口语综合应用能力的训练，强化了对师范生教师职业语言运用能力的培养。

### （三）教学内容以教师职业口语交际能力培养为核心

什么是教师职业口语技能？教师职业口语技能是指教师在教育教学过程中传授知识、解答疑惑、交流情感、沟通交往，以实现教书育人目的的口语技巧和口语能力。通常人们把教师口语三分为日常交际口语、教学口语和教育口语，据此教师职业口语技能也就集中反映在日常交际口语技能、教学口语技能和教育口语技能上。日常交际口语技能是指教师在日常人际交往中口语交际的技巧和能力，比如聊天、打招呼、问候、提问、回答、致谢等口语技能，重在凸显教师作为社会成员之一所具有的口语交际能力。教学口语技能聚焦于教师"教书"过程中运用教学口语的技巧和能力，而教育口语技能则聚焦于教师"育人"过程中运用教育口语的技巧和能力。在教师口语课程的教学过程中，任课教师要通过讲解、用例分析等让师范生了解并初步掌握教师口语技能的内涵、属性、类型、作用等。由于教师日常交际口语技能在言语交际学等课程中已经进行了系统化的讲

---

① 张锐，万里. 教师口语 [M]. 北京：北京师范大学出版社，1994：1.

授与训练，因此对这一技能的培养可以暂时忽略，而把教学口语技能和教育口语技能的培养作为教学的两个重点。根据多种版本的教师口语课程教材①对教师口语课程教学内容的厘定②，不难看出都是把师范生教师职业口语交际能力的培养作为核心教学任务的。教师口语课程的主要教学内容包括普通话训练，主要涵盖普通话语音训练、普通话词语训练、普通话语法训练等内容；一般口语交际训练，主要涵盖发声技巧、语音形象塑造、态势语运用、心理素质、思维能力等基础训练，以及听话技巧、说话能力、语境利用能力等技能训练；教师职业口语训练，主要涵盖教育口语、教学口语、指导学生口语应用等能力训练。这些教学内容从教师口语交际角度体现了要坚持以师范生教师职业口语尤其是教育口语和教学口语能力培养为核心的教学宗旨。

## 第二节　教师口语教学述要

教师口语课程作为师范生职业化课程，与师范生未来职业取向密切相关，是他们未来做好教育教学工作的重要基础和条件。从宏观调控策略上看，教师口语课程的教学应该调节控制好如下几个重要问题：

### 一、要努力平衡关联课程教学内容

汉语言文学专业（师范方向）课程体系中，各个二级学科课程之间都有较大的关联性，以使课程与课程之间、教学内容与教学内容之间、专业知识体系内部保持相应的衔接，从而形成较为系统的内容结构、知识结构和能力结构。口语交际课程体系中，各个模块、系列、科目之间同样需要保持这样的关系。这当然是课程体系的一种优势。坚守优势是没错的，但是如果不知道变通，优势也会变成劣势。因此，在巩固这一优势的同时，也不能忽略其劣势。要根据教学大纲的基本要求审慎研究教学内容，要敢于对教学内容有所取舍。这既是一种教学方法论的选择，也是出于尽量避免教学内容重叠的慎重考量。

口语交际课程体系中的关联课程，比如现代汉语、普通话语音训练、教师口语、诵读训练等课程，在某些内容上就存在着雷同。作为课程，彼此之间在其核心内容上有一定程度的重叠是没有问题的，但是作为教师来说，在教学中就不能不理会这一现象而把教学内容全部搬到课堂上来。任课教师应该在统一教学管理体制的基础上，对有内容重叠之嫌的课程进行协调，平衡好这些课程在教学内容

① 张锐，万里. 教师口语 [M]. 北京：北京师范大学出版社，1994：9-10.
② 姚锡远，赵国乾，李新. 教师口语教程 [M]. 北京：科学普及出版社，1996：10-11.

上的比重。就现代汉语、普通话语音训练、教师口语、诵读训练这几门课程来说，它们都重视语音内容的教学与训练，如果每门课的教学都固守这一内容而不作适当的调整，那么教师炒给学生的就是冷饭，学生们学的就会是重复的内容。同样的内容，教师完全有可能面对相同的学生反复讲授四次，而学生则极有可能反复学习四遍。可想而知，这样的教学会取得一种什么样的效果。因此，无论这几门课是同一位教师讲授（理论上完全有可能），还是由不同的教师讲授，进行教学前都要好好分析这几门课各自的教学重心和难点，好好研究这几门课各自的教学侧重点和要解决的根本问题。然后，对有重叠之嫌的教学内容进行比对，对之进行合理科学的区分，看看在不同的课程中分别讲授哪些具体内容比较适合，以实现课程内容之间的平衡关系，力避内容上的重叠现象。比如，语音基本理论和基础知识可以考虑在现代汉语课上讲授，声母、韵母辨正则可以由普通话语音训练课来完成，朗读知识与技能可以考虑在诵读训练课上解决等。这样同一模块的教学内容分解到不同的课程中，可以化解内容叠压的矛盾。内容分解不等于在讲授某门课程时不涉及这些被分解的内容，而是更好地开展各门课程的教学，在更大程度上避免教学资源的浪费，更大程度地提高各门课程的教学效率。

## 二、要树立角色转换意识

人际角色及其关系很复杂，可以随意列举出很多。因姻缘而形成的角色及其关系，如夫妻及夫妻关系、连襟及连襟关系、公婆儿媳及公婆儿媳关系等；因血缘而形成的角色及其关系，如父子及父子关系、兄弟及兄弟关系等；因地缘而形成的角色及其关系，如邻居及邻居关系、同乡及同乡关系等；因业缘而形成的角色及其关系，如同事及同事关系、同学及同学关系、战友及战友关系等；因事缘而形成的角色及其关系，如问路人与被问路人及其关系、顾客与售货员及其关系、乘客与乘务员及其关系等；因情缘而形成的角色及其关系，如朋友及朋友关系、恋人及恋人关系等。可见，任何人都有多个的角色。在具体情境下个人不会也不可能将这些角色都集中地表现出来，而是对角色进行筛选，并以合适的角色出场。教师口语课程教学中，必须培养师范生的角色意识，并让师范生学会角色转换，使之具备较强的角色转换能力，这样才能够担当起教师的责任和义务。

那么，如何培养师范生的角色转换能力？角色转换能力的培养必然要在课堂教学、模拟训练和实践操作一体化的过程中来完成，且其完成方法也是多种多样的。角色扮演是强化转化能力最有效的手段与方法。这里仅从角色定位角度作简要分析。

要培养师范生的角色转换能力首先必须使其具备角色定位能力。角色定位就像汽车定位一样，就是要根据一定的定位系统来确定自己在人际交往关系网络中的具体方位。角色定位有两层含义：一层是自我定位，另一层是给交际对象定位。前者是要引导师范生在人际交往过程中根据相关语境条件给自己定位，后者则是要指导师范生根据语境条件通过认知等心理过程给交际对象确定位置。角色定位准确，就意味着弄明白了双方的角色关系，也就为双方口语交际提供了方向。由此，师范生就明确了哪些是自己应该实施的言语行为，哪些不是自己应该实施的言语行为；哪些是自己应该说的话，哪些不是自己应该说的话；自己应该怎么说话，不应该怎么说话；说话时应该考虑怎样的语境条件等。同时也要让师范生能够较为准确地判断交际对象会实施什么言语行为，不会实施什么言语行为；会说什么样的话，不会说什么样的话；会怎么样说话，不会怎么样说话……认识到了这些，就可以根据情境从容地进行角色转换，根据具体的交际条件把握好自己在此时此刻的角色以及与交际对象之间的角色关系，从而驾轻就熟地进行口语交际，顺畅地进行人际交往。师范生要充分意识到，自己在教育教学情境下必然要把自己定位为教师角色，并对教师角色的角色权利和义务了如指掌；要把交际对象——学生定位为受教育者，并对学生的角色责任和义务熟记于心。在此基础上，平衡好教师角色与学生角色之间的关系，据此来规划自己的口语交际策略。

### 三、要养成使用普通话交际的习惯

#### （一）要树立教师职业用语意识

在学校讲普通话，在课堂上使用普通话，这已经是教师的共识，因此也就不是什么新鲜话题了。不可忽略的是，虽然共识已经达成，相关内容也已经做了规定，但是现实的教育教学工作中仍存在教师普通话使用不规范，甚至主观上排斥使用普通话的现象，其中尤以偏远地区一些县镇中小学的教师为典型。师范生作为准教师，被要求口语表达尤其是在未来的教师职业生涯中的口语表达必须做到规范，这是理所应当的。基于此，在教师口语课程教学中对师范生应用普通话意识的养成教育并不多余，甚至可以说是必要的。

其一，师范生作为准教师使用普通话进行教育教学符合国家有关规定。早在20世纪50年代，中央人民政府政务院就明文规定：到1960年小学和师范学校的各科教师都应该用普通话进行教学；中学和中等专业学校教师也都应该用普通话进行教学；高等学校的青年教师、助教，如果还不会说普通话，应该进行短期培训。在之后的许多年里，国家教育委员会（教育部）和国家语言文字工作委员会先后在不同时期对各类各级学校，尤其是中小学、师范院校教师中的中青年教师，提出了非常明确而又具体的要求，即普通话应该成为教师的职业语言。当时语言文字工作的三大任务中，制定和推行《汉语拼音方案》、推广普通话就是重要的内容。《中华人民共和国宪法》第十九条规定："国家推广全国通用的普通话。"《中华人民共和国国家通用语言文字法》也做了相应规定。这表明了国家对普通话的重视，也为教师使用普通话进行教育教学提供了可靠的、正确的甚至是法律上的依据。

其二，讲普通话是师范生未来教师职业角色的历史责任。实现语言文字的规范化、标准化，是新时期我国语言文字工作的重心，也是一项长期的历史性重任。这副担子，不仅仅历史性地落在了语文老师的肩上，也是其他学科教师的光荣使命。20世纪50年代国家就指出，在推普过程中"从小学到中学到大学，成百万的教师是普通话最直接的教学者和宣传家"。教师是学生的表率，一言一行都会对学生尤其是幼儿园、小学、中学的学生产生权威性的影响。学生的向师性、模仿性是很强的，他们总是把老师的语言当作典范去学习。在教师给学生讲课、答疑等活动中，学生不仅会接受教师的思想、知识，也会自觉或不自觉地接受教师的语言，所以教师口语表达规范与否，都在潜移默化地影响着学生。师范院校生源较广，学生来自不同的地方，他们在交际中都在寻找一种大家普遍能听得懂的通用语言，由此教师更要带头使用并积极推广普通话。很难设想，一位说方言土语的教师能够教出流利使用普通话的学生。与此同时，社会也在各个方面对教师提出了更高的要求。因此，要想让学生说一口流利的普通话，学校是基地，教师是关键。教师必须用法治观念来看待普通话的使用，更应当自觉地用高标准严格要求自己。这个高标准是意识层面的高标准，包括在执行教育教学计划时必须使用普通话，所使用的语言必须尽量向规范化靠拢等。教师不管是否来自方言区，都应当成为使用普通话的楷模，在教育教学中摒弃自己的方言土语，把使用普通话开展教育教学工作当作优秀教师尤其是优秀语文教师的必备条件和素质。

其三，使用普通话有利于提高教育教学效果。教师进行课堂教学时主要是靠口语表达并辅之以板书、多媒体技术等。学生通过听觉和视觉接受信息，接受教育。教师的教育教学口语只有做到规范顺畅，学生才能正确理解、深刻领会教师所表达的意思和情感，从而做出适宜的反应，而不至于被教师的话语纠缠，浪费宝贵的时间，影响视听，妨碍教学。一位教师能在教学时说一口标准流利的普通话，会使学生产生更多的共鸣，充分调动学生接受知识、思考问题的主动性。反之，教师口语表达上的障碍则势必影响到教学的进程和效果。比如，一位教师使用普通话说"四十四棵柿子树""好处""日本""我明天再来"等，学生会立刻借助这种规范的语音形式准确无误地理解它们所负载的语义内容。但是如果这位教师是用方言说出这些话，如"四丝四棵四子素""好醋""十本"时，可能就只有上海人听得懂；说"戏席戏棵戏几婿"时，也可能只有说粤语的人能够理解他们的意思；说"一本"时，可能只有东北人才明白；说"我明天又来"时，可能只有昆明人才知道"又"是"再"的意思。学生听都听不懂，又怎么可能很好地理解老师所讲的内容呢。因此，无论教师传授的知识多么有趣重要，学生听不懂，教学就是失败的。

### （二）要强化口语表达的规范化要求

规范化表达是师范生口语表达能力的重要体现。师范生口语表达必须选用普通话。普通话是以北京语音为标准音，以北方话为基础方言，以典范的现代白话文著作为语法规范的汉民族共同语言。在教学过程中，教师应该使用普通话实施规范的教师口语。所谓教师口语是指教师在课堂或其他特定场合中，对学生进行教育教学时所使用的口头语言。教师口语是教师传道、授业、解惑的重要工具。教师口语必须讲究规范性、科学性和艺术性，其中规范性是教师口语的根本属性。这种规范性主要是指教师在教育教学时说出的话，必须合乎社会约定俗成的表达习惯和国家明文规定的范式。依据普通话语音、词汇和语法等要素系统的规范标准，教师口语课程教学中对师范生口语表达规范的要求就聚焦于语音规范化、词汇规范化和语法规范化。

其一，要引导师范生做到语音规范化。教师语言包括口头语言和书面语言，但经常使用的还是口头语言。口头语言必须以语音为中介，使学生获得新知识、新思想。这就要求师范生只能以北京语音为标准音，剔除自己的乡音和北京话中的方音成分。要掌握普通话语音，最有效的方法是将自己的方音与普通话语音进行比较，从中找出对应规律。比如，四川籍的师范生就要注意区分舌尖中音 n 与 l，别把 l 读成 n。东北籍的师范生应注意发好舌尖后音中的 r，不要将有 r 的音节，读成零声母以 y 开头的音节。河南籍的师范生须注意读准普通话声调，特别是阳平和上声。一般来说，河南话中的四声与普通话的四声基本对应。普通话没有尖音只有团音，河南话中尖音很多，克服的办法就是舌尖前音 z、c、s 在与齐齿呼和撮口呼韵母相拼时，分别用舌面音 j、q、x 代替，这样就将河南话中的尖音改为普通话中的团音了。要根据师范生生源的方言状况作适当的有针对性的教学与训练，从而有意识地培养师范生口语表达过程中的语音规范化能力。

其二，要引导师范生做到词汇规范化。教师讲课和答疑时，遣词造句要准确精当。语音不规范是教学的一大障碍，用词不规范同样是一大障碍。比如，用普通话语音把"父亲"说成"老豆"，把"小孩"说成"细佬哥""细路仔"，如果不懂粤语，学生就会听得云里雾里。语言大师老舍于 1955 年 5 月 31 日就在《人民日报》发表文章称："我将尽量选用普通话词汇，不故意卖弄土语……假如'油条'比'油炸鬼'更普通一些，我就用'油条'。同样的，假如'墙角'比'嘎栏儿'（旮旯儿）更普通，我就用'墙角'。地方色彩并不仗着几个方言中的词汇支撑着。"老舍讲的是文学语言，但对教师培养师范生口语表达的规范化能力同样有启发和借鉴意义。教学中，一定要培养师范生正确使用普通话词语的意识，引导师范生使用普通话词语，在具体口语交际过程中锻炼其规范使用词语的能力。

其三，要引导师范生做到语法规范化。教师教育教学口语要符合社会约定俗成的言语表达习惯，要以典范的现代白话文著作为语法规范。一般来说，各方言与普通话在语法方面的差别，比起语音和词汇要小得多。这一方面与语言自身发展有关，另一方面可能与汉民族共同的思维定式有关。尽管如此，在进行教师口语课程教学时也不可忽略语法上的差异性，因为口语表达受时空限制，稍不注意就会出现语法毛病，如搭配不当、成分残缺、附加成分堆砌、句式杂糅、语序紊乱等。那么，教师在教学时就要以不同的题型、话题、场景、说话方式等加强说话训练，以培养师范生严格遵守语法规则的能力。

## 第三节　教学口语技能培养

根据前文的阐释，所谓的教学口语技能是指教师在传授知识、解答疑惑等过程中所拥有的口语使用技巧与口语能力，比如导入、讲授、提问、评价、总结等。教学口语技能又分为基本技能和核心技能，重在对教师作为授业解惑者职业角色所具有的口语能力进行归纳。教学口语艺术在未来语文教学中起着非常重要的作用，是开展有效课堂教学的重要手段，是师范生必须牢固掌握的技能。教学口语技能培养是教师口语课程教学的重要内容，是教学的重点和难点之一。从教学论角度看，这门课程应该着重解决以下几个问题：

### 一、知解教学口语特征，强化基本技能培养

通过教学和讲解，任课教师让师范生充分知解教学口语的基本特征。这有助于师范生从基本特征这个角度来加深对教学口语的了解，并对教学口语技能的功能等有更深入的思考，从而不断强化教学口语技能学习与训练的意识，以最终掌握教学口语基本技能。那么，教学口语的基本特征有哪些呢？教学口语具有综合性特征，[①] 融科学性、创造性、教育性、审美性、制导性等特征于一体。[②] 掌握

---

① 张锐，万里. 教师口语 [M]. 北京：北京师范大学出版社，1994.
② 陈之芥. 教学语言艺术 [M]. 太原：山西人民出版社，2009.

教学口语的这些基本特征,[①] 是培养师范生教学口语基本技能的前提和基础。

## (一) 科学性口语表达技能培养

科学性口语表达技能是指教师教学口语表达既要符合教学内容的学科特点,具有学科意义上的专业性,表述得准确、全面、严谨;又要符合语言学意义上的规范性,[②] 做到语言运用通顺明白,文意表达畅通,讲究语意上的逻辑关联性。

### 1. 学科知识表达要严谨准确

对学科知识表达关注的焦点在于教师教学口语的内容结构,要求师范生未来的职业教学口语要做到学科知识表达确切,毫无歧义。教学口语传递的学科内容要符合学科专业实际。在口语表达时本着实事求是的态度,在叙述事件、讲解理论、说明事理、阐释概念、提出问题、回答问题时要遵循专业学科的基本规律,依据事实说话;话语必须正确表现客观物理世界,保持同客观物理世界的某种一致性。做到言符其实,有理有据。要教育师范生不能不懂装懂,糊弄学生,甚至传授伪科学或错误知识。对一些专业的科学知识、理论、方法的讲解,更应该注重表达的准确性。准确性是与教学口语的规范性一脉相承的,二者互补,各得其所,从形式和内容两个方面体现了教学口语的专业科学特征。例如,对"望洋兴叹"成语的解释,就不可望文生义,妄加臆测,比如不假思索地把它解释为"看着大海发出感叹",那就大错特错了,是对该成语的错误理解。这样既不符合教学口语的科学性,也说明了科学性口语表达能力不够强。

### 2. 语言运用要规范

这主要是指语言本身的合理性以及语言运用的合乎常规性。要引导师范生使用规范的语言材料进行规范的表达,努力塑造合乎标准的语音形象,比如使用普通话,进行合乎规则的音变,组配符合声韵搭配规则的音节,力避发音错误、声韵组合不当、音变混乱、方音土语现象等;塑造合乎搭配规则的词汇形象,比如正确使用普通话词语,遵守词语搭配的语义规范,合理调配词语的褒贬色彩和语体色彩,力避词语误用错用、方言词语滥用等现象;塑造合乎规范的语法形象,比如话语符合词语组配的语法规则,讲究文从字顺,力避结构性错误、词性误用等现象。

---

① 傅惠钧. 教师口语艺术 [M]. 杭州:浙江教育出版社,1999.

② 张锐,万里. 教师口语 [M]. 北京:北京师范大学出版社,1994.

### 3. 语意表达要注重逻辑关联性

学科知识表达严谨准确、语言运用合乎规范是从内容和形式两个侧面反映了科学性口语表达技能的本质，而语意表达上的逻辑关联性关注的则是教学口语表达的语意连贯性、条理性和内在规律性。有条理的教学口语反映出种种表述对象之间的逻辑关系；上下文、前言后语之间张弛有度，环环相扣，前呼后应，形成了语义链条。比如言说之间蕴含假设关系、因果关系、选择关系、条件关系、顺承关系、转折关系、并列关系等各不相同的语义关系和逻辑关系，可以使话语紧密相连，建构表达严谨的语意周延的教学口语。

### （二）创造性口语表达技能培养

创造性口语表达技能是指师范生未来教师职业教学口语要借助于特定教学环境的有力支持，在做到科学性的基础上采用富有艺术性的言说方式和方法，从而表现出语言运用的巧妙、机智、灵活和独特的美感。教学口语的创造性表达能力培养主要体现在两个方面：

### 1. 超常性口语表达技能培养

教学口语虽然强调规范性，但并不意味着始终墨守成规；相反，它十分注重言说的创新性和个性化，突出口语表达的变异性。在不影响语意表达的可信度、科学性的前提下，教学口语也会在语言运用方面做出积极的努力，充分发掘师范生个性化的语言能力，对语言规范做出叛逆和反动的行为，从而超越规范，突破常规。教学口语中的大词小用、词性突变、褒贬转化等现象都属于词语运用上的非常规化和变异用法。临时组合不符合一般语法和词汇使用规则的教学口语现象，使本不该连在一起的词语或语句恰切地组装了起来；有时又以达意为根本，使词语意义左转右移，形成不受规范局限的语句或语句的排列；有时又遵循经济的原则，寻求语义重心所在，把代表语义重心的关键词语作为意义的支撑点提取出来，其他无关宏旨的语言成分就可以忽略不计，从而使教学口语具有独特的风貌。这些都是教学口语超常表达的重要表现，也是超常表达技能的基本内涵。比如，陈应生老师在讲《林黛玉进贾府》一文时，在引导学生分析了对贾府院落房屋、规矩礼法的描写后说：

现在要讨论的是，曹雪芹写这些贾府的"软件"所表达的"精神"，与院落房屋的"硬件"所表现的"显赫"，其作用是什么？（学生的话略去）对！贾府的环境，有着丰富的文化内涵，我们得感谢"导游小姐"林黛玉，她让我们得以领略这种无从亲临参观的"历史风景"。当然，最终功劳还是曹雪芹的，是他一手"策划"了我们这次穿越"时间隧道"的"故国神游"。

　　这段教学口语中出现了不少超越常规表达的现象。陈老师把贾府院落称为"硬件"，把林黛玉进贾府后对规矩礼法的感受称为"软件"，把林黛玉称为"导游小姐"。此外，还有"历史风景""时间隧道""故国神游"等词语的运用，都给人以耳目一新之感。这些都是陈老师在特定教学情境中独特的创造，是词语的变异用法，既幽默又生动，给人以美的享受。这体现了陈应生老师的超常表达技能，也是师范生学习超常表达的范例。

　　2. 模糊性口语表达技能培养

　　模糊性口语表达技能是师范生作为准教师在特定教学语境下，为了达到特定教学目的而故意采取话语模糊表达策略所表现出的口语表达技巧和能力。任课教师要引导师范生学会适时选择模糊语言进行模糊的表达，并学会适度利用准确的语言进行模糊表达。模糊表达主要表现在词语、句子与语意的多义性，以及采用富于变化、生动形象而又委婉含蓄的言语形式上。不要把话说透，容许存在一定的模糊度，给学生留有思考的余地，以此来制造模糊效果，从而使教学口语新颖独特、独具魅力。对师范生模糊性口语表达技能的培养就是要通过课堂教学、课堂训练、实践操作等手段，使之具备使用模糊语言或者用准确的语言进行模糊表达的技巧和能力。

## （三）教育性口语表达技能培养

　　教学口语是教师口语的重要组成部分，因此其重要功能之一就是知识教育功能。师范生的教育性口语表达技能培养就体现在对学科专业知识的口语表达技能的培养上。知识教育关注的焦点是教师通过口语教学传递专业学科知识，健全学生的知识结构，使学生逐步掌握学科内容，以实现教学的根本目的。这是教学口语所担负的最基本也是最重要的任务。任课教师应该加强师范生利用教学口语讲授、传递学科知识这种表达技能的训练，促使师范生学会巧妙采用适宜的表达策略、表达手段和表达方法，实施有效的教学。

## （四）审美性口语表达技能培养

　　教师教学过程在某种意义上说就是一个创造美并进行审美的过程。审美性口语表达技能是对教学口语基本技能的更高要求，是要求师范生通过教师口语课程的学习努力掌握利用教学口语创造语境美、语言美和过程美①的基本技能。因此，对师范生审美性口语表达技能的培养其实就是对师范生充分利用教学口语手段创造语境美、语言美和过程美时应该具备的口语表达技巧和能力的培养。

### 1. 创造语境美的口语表达能力

教学都是在语境中进行的，因此作为教师能否通过教学口语为教学设置优美的言说环境，包括优美的物理语境、心理语境、文化语境和语言语境等就显得尤为重要。其实，这里所说的语境美更倾向于指各种教学要素所形成的教学氛围美。也就是说，教师要充分利用教学口语为学生创造宽松的、和谐的、快乐的、平等的、相互尊重的教学环境，这就是对语境美的创造。语境是教师开展教学的必要环境，所以语境美很重要。因此，任课教师要通过课堂教学等手段，努力培养师范生利用教学口语创造语境美的基本技能。

### 2. 创造语言美的口语表达能力

如果说教学口语的特征主要体现在教学口语的"术"和教学口语表达局部上的话，那么语言美则体现了教学口语的整体美。采用优美的词汇，利用甜美的声音，调控悦耳的语调，选用得体的表达策略和手段，运筹完美的逻辑推导，可以形成具有突出美感的教学口语整体。这正是作为教师应该具备的基本口语表达技能。因此，任课教师更应该关注师范生教学口语表达的审美性，努力塑造师范生口语表达的语音形象、词汇形象、语法形象和修辞形象，培养师范生创造语言美的基本技能。

### 3. 创造过程美的口语表达能力

教学是一个漫长的过程，与之相伴的教学口语自然也是在教学过程中生成的。教师教学的过程也是一个审美的过程。教师要采用导入、衔接、提问、回答、启示、鼓励、总结、阐释、说明、表扬等教学手段来完成教学任务，那么必然要采用与教学行为相吻合的教学口语，如导入语、衔接语、提问语、回答语、启示语、鼓励语、总结语、阐释语、说明语、表扬语等。这些教学口语贯穿于整个教学过程，相互补充，互为观照，从而形成了教学口语的过程美。这种过程美正如张锐、万里等研究者所分析的那样，形成的是融洽畅达的沟通美、新鲜有趣的导入美、天衣无缝的衔接美、动静交错的起伏美、抑扬顿挫的节奏美、耐人寻

---

① 张锐，万里. 教师口语 [M]. 北京：北京师范大学出版社，1994.

味的结语美。① 在教师口语课程的教学过程中，要努力培养师范生的过程意识，并在教学过程中想方设法训练师范生创造过程美的能力。

### （五）制导性口语表达技能培养

制导性口语表达突出的是教师教学口语表达的导向性和调控性。② 教师通过教学口语来链接教学的各个环节，来沟通师生之间的关系，来传递各种信息，并最终实现教学目标。在这个过程中，教学口语的制导作用是不可忽略的。制导性口语表达技能培养主要体现在主导性口语表达能力培养和调控性口语表达能力培养两个方面。

#### 1. 主导性口语表达能力

主导性口语表达能力是说教师教学口语有明确的目标和导向，在整个教学过程中起到了主导作用。我们经常说，要以学生为主体，以教师为主导，"师者，所以传道授业解惑也"，凸显了教师的主导作用。从教学口语角度理解，是说教学口语承载着特定的教学任务，教师要通过教学口语艺术引导学生遵守教学要求，从而为达到教学目标、实现教学目的、完成教学内容而努力。主导性口语表达规定了教学口语的基本指向，包括教学内容的把握与处理、对学生的启发和引导、问题的设计与提出、说话的方式与选择等，教师在这其中起着主导作用。任课教师要训练师范生围绕着教学目标并采用教学口语艺术进行有效教学的技能，促使师范生的口语表达在教学中起着主导作用，凸显师范生的主导性口语表达能力。

#### 2. 调控性口语表达能力

调控性口语表达能力就是作为准教师的师范生主动利用教学环境条件，有意识地采用某些语言手段来控制和调适偏离了主题的教学因素，使话题、内容、目标等坚持一条主线，朝着既定目标组织教学的技巧与能力。教学过程中，可能会出现很多矛盾和突发状况，教师提出的一个问题可能会牵引出无数个答案；教师本人也可能会从一个现象中引发出多个问题，由于延伸理解的范围过大，往往很难做到收放自如。任课教师要教育师范生，在未来的教学生涯中不能放任自流。一味地放任学生，会淡化教学的主旋律，也会使教学过程松散而无秩序。因此，调控性的口语表达是必要的。要调控好课堂教学的主导方向、教学的重点与难

---

① 张锐，万里. 教师口语 ［M］. 北京：北京师范大学出版社，1994.
② 陈之芬. 教学语言艺术 ［M］. 太原：山西人民出版社，2009.

点、教学的节奏等，这些都是教学口语表达能力中调控性表达能力的表现。师范生要掌握调控性口语表达的基本技巧和能力，这是开展课程教学应该具备的基本技能。

## 二、树立语言转换意识，注重语言转换能力培养

语言转换能力是在语言转换意识驱动下而在语言使用上所表现出的对语码、表现风格、话语基调等做出适度转化的技巧和能力。汉语言文学专业师范生作为准语文教师必须牢固树立语言转换意识，并在课程学习、训练与实践过程中把这种意识固化于心理结构之中，使之成为一种自觉意识和自然样态。作为教师口语课程的任课教师则必须认真对待，并努力做足功课，引导并强化对师范生语言转换意识及转换能力的锻炼。语言转换意识和能力主要表现为普方转换意识及能力、文言转换意识及能力、专业化与日常化口语表达转换意识及能力这几个方面。

### （一）普方转换意识及能力培养

普方转换意识及能力培养说的就是要培养师范生在未来语文教学过程中，进行普通话与方言转换的意识与能力。地方性普通本科高等院校汉语言文学专业（师范方向）的生源地多为具有浓重方言背景和地域文化的区域，尤其是广东省、福建省等南方地区的地方性普通本科高等院校更是如此。以肇庆学院为例，汉语言文学专业师范生主要来自于广东省。广东省是方言非常复杂的地区，不仅并存着粤方言、客家方言、闽方言等多个主要的方言，而且来自全国各地的数以千万计的从业人员（含大学生）也带来了各具本土气息的方言成分，这使得本就相当多样化的多语并存状况更加难以统一。这就是广东人的语言背景，也是广东省内类似肇庆学院这个层次的高校学生所依存的语言背景。正是在这种背景下，我们感受到、看到了汉语言文学专业师范生的语言使用状况，那就是以方言为主。由于生源主要是广东省，所以在校大学生多有相当丰富的方言交际经验。由于对自己从小所使用的方言的驾轻就熟，于是就养成了用方言交际的惯性和定性，这势必影响到师范生未来教学口语能力的正常发挥。基于此，就必须针对这个实际寻找发掘更适合的训练方式和方法、训练策略和技巧、训练原则和规律等，对师范生加大普方转换意识的强化训练，使之在原有转换能力的基础上不断提升普方转换能力。比如，任课教师可以有意识地把来自同一方言区的学生、来自不同方言区的学生、主要使用普通话交流的学生各划归为一个学习小组或训练小组，设计一些有针对性的话题，要求在彼此毫无准备的状况下交替使用方言和普通话来进行交流，由此来固化师范生普方转换意识，不断提升其普方转换能力。

### （二）文言转换意识及能力培养

"文"就是书面语言，"言"就是口头语言。文言转换意识及能力培养其实就是要培养师范生在书面语言与口头语言之间的转换意识和能力。说到这一点，就涉及教学口语的语体属性问题。教师的教学口语属于什么语体？具备什么样的语体属性？弄清这一点对文言转换意识及能力培养意义重大。

意大利著名美学家克罗齐曾经说过，语言自身便是一种艺术。教师教学口语作为教师教学情境中口语交际的重要表现形态，不仅仅是对语言的具体运用，其自身也是一种语言艺术，也讲究艺术性。正因为如此，教师口语尤其是教师的教学口语才可以多姿多彩，处处闪烁着无限的艺术光芒，从而为教师进行有效教学提供了重要的保障。依据学界成说，可以把语体分为口头语体和书卷语体两种。口头语体和书卷语体各有自身的系列性语言运用特征。教学口语既具备口头语体的系列性语言运用特征，也颇具书卷语体色彩。因此，从这个意义上说，教学口语是口头语体和书卷语体的混合体，而这是由教师教学口语的基本属性决定的。

教学口语首先属于口语语体，具有口头语体的基本属性。教学过程中，教师和学生应该面对面进行交流，教师要最大限度地鼓励学生积极参与到教学过程中来。教师传递情感信息和语义内容主要是靠语音媒介。教师教学口语受到了时间和空间的限制，临场性和暂时性很强，此时此地所说的话，彼时彼地不一定听得到。因此，教师在实施教学行为时，教学口语就表现出语音多变、词汇丰富通俗、句式简短灵活、修辞格生动活泼等话语特征。与此同时，在教学口语交际活动中还往往会夹杂比较丰富的态势语，由此来增加教学口语的魅力。

教师教学口语虽具有浓重的口头语言特性，但又不同于一般所谓的口语语体，还具有一定意义上的书卷语体特性，渗透了书卷语体的一些核心成分，比如专业术语、公式符号、定律规则等。教师教学口语的主体源自于教师的教材、教案、课件等书面语言材料，因此要学会实现由书卷语体向口头语体的转化。教材、教案等书卷语体的语言运用特征在很大程度上必然会反映到教学口语上，这个意义上的教学口语实际上是书卷语体的口头表达形式。因此，教学口语又在相当程度上不可避免地具备书卷语体的下位语体——科学语体的语言运用特征。科学语体在语言运用上使用较多的专业术语和规范的书面词语而较少使用描绘性的词语，较多使用长句而较少使用活泼而具有修辞效果的短句。但是，基于教师教学口语交际行为的特殊性，教师在教学口语表达时必然要对书卷语体的语言表达惯性作适当的调整。教学口语具有一定的包容度，允许其他语体成分的渗透。在满足科学性、专业化等书卷语体的基本要求的前提下，应该学会适度地使书卷语体语言向口头语体语言过渡，学会在两种语体之间进行游刃有余的转换，满足教师口头表达的方便和学生听解的便利。因此，有人说教学口语是经过转化的书面语和经过优化的口头语的混合体，是教师精心创造的富有生命力的言语精品。师范生必须具备这样的转换意识和能力，因其是提高语文教学效果的重要因素和条件。

### （三）专业化与日常化口语表达转换意识及能力培养

专业化口语表达是说在以汉语言文学专业为背景的教学口语中，教师经常会使用一些专业术语或专业领域内的表达方式以及表达体式。比如，在语文课教学中，语文教师常常会使用"意象""主语""谓语""宾语""修辞格""通感""情节""音素""语素""短语""存现句""主旨""歧义""多义"等专业术语。这些专业术语有特定的内涵，有的容易理解并很快能被学生接受，有的则需要不断地进行深度解释才能让学生吃透其意思。为什么会如此？一方面，是语文学科本身的专业性使然。作为一门学科必然会带有一定的专业知识和理论，在表达时也必然会反映在语言使用上；另一方面，是教师在教学口语表达时所采取的让学生更容易理解这些专业化的知识和理论的方式不同。这种矛盾的解决和关系的协调是值得教师深入思考的。教师在教学口语表达中使用一些专业术语和专业化的表达方式是很正常的，但一定要让学生听得懂，并在此基础上快乐地接受这些知识和理论。基于这样的考虑，教师首先要做的就是把专业化的术语、知识、理论用一种质朴、浅显易懂的话语表达出来并解释清楚。这是语文教师的基本功和口语表达的基本要求。一般来说，教学中的专业化口语表达说起来严谨庄重，而听起来则相对艰涩难懂；教学中的日常化口语说起来简洁顺口，听起来也相对明白易懂。这就对教师教学口语提出了不同于日常交际领域口语表达的要求。教师讲课时，不能像拉家常那样，但也不能完全念教案或读教材，而应该在专业化口语表达与日常化口语表达之间适时转化。这些是作为一位语文教师应该牢固树立的意识和练就的能力。师范生作为准语文教师当然应该牢牢地掌握这样的本领，从而为将来从事语文教学打下这一方面的基础。教授教师口语课程的老师自然应该承担起培养师范生的这种转换意识和转换能力的重任。

## 三、强化表达方式的创新应用，重点练就教学口语核心技能

不少教师口语课程教材的编写者，比如张锐和万里①、姚锡远等②都认为，教学口语的表达方式主要有叙述语、描述语、解说语、评述语等，主要教学环节

---

① 张锐，万里. 教师口语［M］. 北京：北京师范大学出版社，1994：271－298.
② 姚锡远，赵国乾，李新. 教师口语教程［M］. 北京：科学普及出版社，1996：285－291.

的口语技能涵盖了导入语、讲授语、提问语、小结语（总结语）等。其实，这种表述在严格意义上来说并不严密或者说不够全面。比如"导入语"并不与教师授课时的导入技能画等号，只是指教师导入时所使用或者创造的话语。导入技能应该包括导入语本身即导入的语言表现形式，也包括如何导入即导入时采用的方法，以及怎么样得体地导入即有效导入等运作技巧和本领。教学口语技能有很多表现形式，是集教学口语表达目的、教学口语表达形式、教学口语表达形式创造、教学口语表达形式创新选择等多种因素于一体的综合性能力。从语言使用目的和言说行为上看，这种能力可以表现为叙述、描写、解说、评价、导入、讲授、提问、小结（总结）等能力；从语言使用形式创造上看，这种能力可以表现为出于不同教学目的而创新选用语言表达形式等的能力，这实际上是教学口语表达的运作过程；从语言使用形式上看，这种能力可以表现为对叙述语、描述语、解说语、评述语、导入语、讲授语、提问语、小结语（总结语）等语言形式的使用能力。所以说，教学口语技能是教师在教学过程中表现出来的一种综合性口语表达核心能力。基于这种认知，教师应该立足于师范生对教学口语表达方式的创新应用，由此来锻炼师范生教学口语表达核心技能。

教学口语表达核心技能突出地表现在教师教学过程中讲授知识、解答疑问、提出问题、导入课文、总结陈述、点评作业、描述感受、过渡照应等语言设计上。这种语言设计自然要由语音、词汇、语法和修辞来体现，从而形成教学口语表达的整体语言形象。要培养师范生教学口语表达核心技能，任课教师就要做到：第一，用多维意识引导师范生。任课教师要注意运用多维意识来引导师范生有效设计并得体应用教学口语表达技巧；要求师范生用课程意识、目标意识、内容意识、过程意识、效果意识等统领教学口语表达技能，学会根据不同的教学目标、教学内容、教学过程、教学效果等来创新应用不同的叙述语、描写语、评述语、导入语、讲授语、提问语、小结语、过渡语、照应语等。第二，优选不同案例进行学理阐释以启迪师范生，使之从中真正领悟教学口语表达艺术的真谛，进而选择性地借鉴、学习、模仿案例中好的做法，从而拓宽自己的教学语言应用视野，为未来语文教学存储更多、更有效的教学口语表达方式。第三，任课教师可以通过较多的现场模拟、实训操作等手段指导、训练师范生，使他们在具体的训练项目和实际操作中学会根据不同课文、不同教学内容、不同教学目的、不同教学环节等，合理利用教学情境条件锻炼自己的教学口语表达能力，以逐步掌握教学口语表达艺术。

以师范生导入技能的训练为例，我们知道每节课、每篇课文都可能需要导入的过程和适宜的导入语，以此吸引学生把注意力迅速转移到课堂上来，或者以此提示回忆上一次课程的教学内容以衔接本次课程讲授的内容，或者以此奠定课堂教学口语表达基调并营造良好的教学氛围，或者创造优异的教学情境等。这虽然是教学常规，但要使导入以及导入语发挥更有效的作用，就要在教学目标的意识统领之下，尽可能使导入形式多样化，使导入过程精彩化，使导入语表现形式多彩化。比如，根据不同教学内容和教学目的，采用讲故事、猜谜语、设置问题、描绘事物、抒发情感、设置悬念、讲述背景等不同方式导入新课，由此培养师范生的课程导入意识，训练师范生针对不同教学目的和教学内容以及不同的学生进行导入并恰当应用导入语的能力。

## 第四节 教育口语技能培养

教育口语技能是指教师在对学生进行人格培养等"育人"过程中所具备的口语技巧与口语能力，比如表扬、批评、家访、说服、劝导等口语表达的艺术，重在彰显教师作为"育人"者的职业角色所具有的口语能力。教育口语与教学口语、日常交际口语这三大口语模块共同构筑了教师口语的整体风貌。教学口语凸显了在教学过程中教师口语表达的不可替代性，日常交际口语突出了教师在日常交际领域中口语表达的重要性，而教育口语则彰显了在对学生实施教育的过程中教师口语表达的重大意义。师范生作为准教师要想在未来的教师职业生涯中，和受教育者融为一体，成为学生的良师益友，除了应具有深厚的专业学养、足够的情商等条件，还必须具备较强的教育能力。教育口语技能就是教师教育能力的重要组成部分。

### 一、要教育师范生尊重学生的主体意识

19世纪美国哲学家、诗人拉尔夫·沃尔多·爱默生曾经说过："教育成功的秘密在于尊重学生。"教师口语课程任课教师不仅要尊重师范生的主体意识，而且要教育师范生在未来的教师职业生涯中，必须以教师的身份尊重受教育者的主体意识。在家访、批评、表扬、激励、劝说、动员、谈话、启迪、安慰等日常教育行为中，要和学生处在平等的地位，把学生当作活生生的个体生命，当作自己生活中的好朋友，注重师生之间情感的交流；要经常和学生聊天沟通，拆除阻隔在师生之间的藩篱，架起彼此之间友谊的桥梁。教育师范生尊重学生的主体意识，就是要培养师范生的民主意识，学会尊重他人，平等待人，以培养教师职业角色的基本情感。要求师范生以生命发展作为教师与学生的共同基础，关注富有生命力的多姿多彩的生活和世界，使学生获得丰富的情感体验，并以此全面提升

生命质量，同时使教师专业的生命活力得以焕发，师生感情在交往互动中不断发展。① 因此，教育口语技能的重要内涵之一就是要全面系统地观照受教育者的个体情感、独特体验、自主意识和整体发展。

尊重学生主体意识的聚焦点在于强化学生人格的不可侵犯性。在教育学生的过程中，无论学生处于哪个年龄段，无论学生的性格如何，无论学生是否做对了事情，无论采用何种教育手段，教师都必须坚持互相尊重原则，努力培养学生健康的人格。这就意味着，任课教师要把情感沟通能力作为对师范生教育口语技能培养的应有之义。要努力培养师范生得体应用教育口语的能力，要确保教育口语充满礼貌性、富有情感性。要求师范生在未来的教育口语中，尽量减少有损学生的话语，而增加有益于学生的话语；尽量减少对学生的贬损，而增加对学生的赞誉；尽量少表现出对学生的反感，而增加对学生的理解。要求师范生不断提高教师职业素养，从教师职业的育人性质、工作内容、服务对象出发，在教师职业道德规范的约束下进行育人活动。要求师范生所使用的教育口语力避不礼貌、不尊重甚至是侮辱谩骂学生的禁忌话语。这些话语违背了教师的基本职业道德规范，也是对学生极大的不尊重，是必须摈弃的。因此，为了尊重学生的主体意识，提高教育效果，任课教师要通过不同手段，采用不同方法训练师范生的教育口语艺术化表达能力。该说什么，不该说什么；何时该说，何时不该说；对不同的学生该怎么说，不该怎么说，都必须做到了然于心。这些其实都是对教师口语表达艺术的具体运作，也都展现了师范生教育口语的基本技能。

## 二、要引导师范生牢固掌握教育口语基本要求

说话讲究技巧，这是对教学口语表达的基本要求，也是教育口语表达的基本表现样态。任课教师要督促师范生牢固掌握教育口语基本要求。

### （一）引导师范生学会使用真诚动情的教育口语

人们常说在教育学生的过程中要"动之以情，晓之以理"。一个称职的、有魅力、有风度、有能力的教师，所使用的教育口语往往坦诚直白，讲究礼貌，并能做到以情动人。这既是教师教育口语的基本要求，也是教师搞好育人工作的必备条件。师范生要用自己的灵魂和学生进行真诚的沟通与交流，要努力使自己的教育口语具有亲和力，尽可能使用饱含激情而又富有情感的教育性语言去感染学生，努力创造具有浓郁情味的教育氛围，使学生心中永远感受到来自教师的浓浓爱意。当学生犯错时，要充分尊重、理解学生，使自己的教育口语释放出更多的

---

① 虎技能. 生命化课堂教学的构建策略初探［J］. 甘肃科技，2007（2）：242－244.

善意，并用富有情感的话语向学生阐明道理，使学生做到知错就改，化负面影响为正面动力，真正从灵魂深处接受来自于教师的教育；当学生做了好事时，要用充满激情的话语来激励表扬学生，说话要情真意切，友爱有加，把鼓励与期待作为学生继续奋发向前的催化剂，从而使师生之间产生更多的共鸣。

### （二）引导师范生学会使用幽默风趣的教育口语

使用幽默风趣的教育口语表达艺术，能够引发作为受教育者的学生积极正面的反应，导引师生双方共同营造和谐宽松、活泼欢愉的教育氛围。充满幽默风趣品质的教育口语，有助于最大限度地消除师生之间的陌生感和生疏感，缩小彼此之间的心理距离，从而建构和谐宽松的师生关系；有助于化解育人过程中师生之间可能出现的误会和矛盾，提升彼此分化、解决问题的能力；有助于培养学生形成开朗的个性，使学生感受到快乐，并在快乐中接受教育。因此，任课教师要引导师范生学会根据具体的教育对象、教育内容、教育场合等条件，运用敏锐机智的思维，调动自己的语言智慧，利用语言要素的自身优势，通过语速节奏的适当调整、语气语调的合理把控，把道理、知识、情感等蕴含于笑话、妙语警句、逸闻趣事等之中，使教育口语妙趣横生，充满幽默的机理。要教育师范生不能不苟言笑地面对学生，或使用尖锐、凝重的话语来教育学生，因为这样不仅会增加学生的紧张感和恐惧心理，而且会引起学生的反感，那么教师的教育口语也就失去了艺术的魅力和育人的功能。

### （三）引导师范生学会使用生动形象的教育口语

不懂教育口语表达艺术的教师，往往说话枯燥生硬，缺乏生机，因而难以说服学生；相反，懂得教育口语表达艺术的教师，常常话语生动形象，充满生活的气息，容易让学生口服心服。我们经常说，为人师表，要言传身教。如果把这些说法演绎到教育口语表达层面，那么毋庸置疑，教师教育口语要具有示范作用。教师如果使用富有文采、生动形象的教育口语，必然会对学生产生积极影响，促使学生从活灵活现、充满生机的教育口语中获取有价值的教育信息。教师如能经常结合具体事情来创造比喻、对比、双关、比拟等新颖的话语形式用以开展教育工作，则更容易收到理想的教育效果。教师应常常把话语的规范表达与超常规表达等结合起来，使教育口语更加丰富多彩、形式多样，如此才能做到深入浅出、轻重有度、张弛有余，从而使教育口语具有无限的表现力和影响力。

### （四）引导师范生学会使用准确严谨的教育口语

教育口语虽然与教学口语有很大区别，但是也一样要追求准确严谨和逻辑性。尤其是对事物的认识、道理的阐释和学生思想问题根源的剖析等，都要讲得有理有据，要抓住问题的根本，而这一切都需要用准确严谨的话语来完成。准确严谨的教育口语能够切中事物要害。比如表扬学生时，要坚持客观性原则，要以事实为根据，做到适度，既不能夸大其词，也不可轻描淡写。该表扬的不表扬，或者表扬不到位，容易引起受表扬者的不满；如果不该表扬的学生却受到了表扬，或表扬失真，那不但不会起到鼓励的作用，还会引起其他同学的反感。例如，批评教育学生时，一定要力求话语的准确性、严密性，要讲究措辞得当、有理有据。要想使批评教育的话语准确严密，就必须掌握确切的事实，一切要以客观实际为依据，做到实事求是；要认真分析问题的症结所在，弄清问题的性质，做到心中有数，以找到解决问题的合适对策。

### 三、要努力训练师范生态势语调配技巧

态势语就是动作语言，是一种无声的语言，也叫体态语。这里所说的态势语就是教师教育口语表达时所使用的肢体动作、表情、眼神等体态语。这种无声的语言可起到"此时无声胜有声"的效果。据有关资料记载，美国心理学家艾伯特·梅拉别恩根据实验指出：人们获取的信息，7%来自文字，38%来自口头语言，55%来自面部表情。可见，体态语言在传递信息时起着重要作用。体态语在教师口语表达过程中，同样具有非常重要的积极作用，可以帮助增强教育内容的表现力和说服力，可以帮助教师表达对学生的心理期待，可以补充强化口语信息，可以沟通师生之间的情感，可以帮助教师调控教育过程。因此，熟练运用态势语是优秀教师教育口语表达的基本功，是教师口语表达艺术的重要内涵。态势语的运用要始终贯彻目的性原则和优化原则，做到自然、得体、适度、和谐。

### （一）要训练师范生做到态势语和话语内容相吻合

在汉文化背景下，每一种具体的态势语都有着基本相同的文化内涵，传递了大致一样的文化信息。比如摇头表示否定，点头表示认可，握手表示友好，摆手表示再见……正因为我们赋予了某种态势语基本相同的文化信息，那么在教育口语中传递某种语义内容时就必须做到态势语和话语内容相吻合。这样才能够使学生通过教师的态势语准确把握、理解、吃透教师所传递的语义信息，而不至于发生误解、曲解现象。也就是说，要表达什么样的语义信息，就要审慎选用什么样的态势语，不可随意而为，不能不加思考地配置与教育内容毫不相关的莫名其妙的态势语。所以，要督促师范生吃透教育内容，要把教育内容烂熟于心并充分了解受教育者，这样才能在教育学生时有效地调配好态势语。要通过训练让师范生学会通过自己的态势语来表达情感，进而沟通师生关系，传递语义内容。比如，

当表扬好人好事时，要配以微笑甚至是稍微夸张一点儿的大笑；当对学生进行批评教育时，要辅之以凝重严肃的眼神；当强化所讲内容时，要尽量发挥眼神、手势的作用……

### （二）要训练师范生做到态势语和教育语境相适应

态势语是教育语境的重要构成部分。教师运用口语教育学生时，要不要利用态势语，用多少态势语，用什么样的态势语，怎么运用态势语，都要考虑教育情境，要做到态势语和教育语境相适应。教师教育口语必须做到态势语与语境相一致，包括与语调、响度、节奏等的协调，与师生心态的吻合，与教育目的的统一，对教师身份的体现等。比如目光语，教师可以用目光来传递信息、交流情感，正所谓"眼睛是心灵的窗口"。苏联作家费定在《初欢》中这样描写目光："眼睛会放光，会发火花，会变得像雾一样暗淡，会变成模糊的乳状，会展开无底的深渊，会像火花和枪弹一样投射，会质问，会拒绝，会取，会予，会表示恋恋之意……眼睛的表情，远比人类琐琐不足道的语言来得丰富。"这虽是诗化的语言，但足以说明目光所具有的表达作用。任课教师要教育师范生牢牢记住，态势语的运用不在于多少，而在于是否和特定的教育情境相吻合。做到了这些，就做到了对语境的适应与协调。这有助于教师顺利实施教育行为，完成教育学生的任务，凸显教育口语艺术的整体美。

## 四、要训练师范生创新应用表达方法，重点练就教育口语核心技能

不少研究者认为，在对学生进行人生观、价值观、审美观、行为规范等的教育过程中，口头教育的言语行为很多。根据教育功能的不同，可以将其区分为沟通、启迪、暗示、激励、表扬、批评、说服、劝导等施言行为。与这些施言行为相对应的教育口语，归纳起来主要表现为沟通语、启迪语、暗示语、激励语、表扬语、批评语、说服语、劝导语等。[1][2][3] 这些教育口语是教师育人过程中在口语运用方面的核心用语。因此，对它们创新而得体的应用体现了教育口语的核心表达技能。任课教师在育人过程中，要引导并训练师范生结合具体的教育情境，艺术化地创新应用教育口语表达方法，并把教育口语表达核心能力的培养作为教学重点。

---

[1]　孙和平，尤翠云，王玉．教师口语实训教程［M］．武汉：武汉大学出版社，2012：231.

[2]　张锐，万里．教师口语［M］．北京：北京师范大学出版社，1994：271-298.

[3]　刘伯奎．教师口语——表述与训练［M］．上海：华东师范大学出版社，1994：419-457.

如何培养师范生教育口语核心技能？在我们看来，这要在教育过程中始终贯彻语境意识，要把教育口语技能的训练与培养放在具体的教育语境中进行。所谓的教育语境，简单地说就是由何故、何事、何人、何地、何时、如何"六何"①构成的教育情境。要训练师范生充分利用教育语境因素实施育人策略的能力，就是要使其学会因故施言、因事施言、因人施言、因地施言、因时施言、因果施言。因故施言是要弄清楚事情的来龙去脉，探究事情的原委，根据事情的原因采用相应的教育口语策略。因事施言是要弄明白是什么事情，了解事情的原貌和整个事件，由此来决定选用何种教育口语表达策略。因人施言是要看受教育者平时生活、学习中在性格、脾性、心理、学业、人际关系、遵守纪律、行为品质等方面的表现，由此来进行教育方法的选择，使教育口语表达做到与学生实际相吻合，便于学生接受。因地施言是要根据育人的场合采用相应的教育口语表达策略。因时施言是要根据育人的时间参照点采用相匹配的教育口语表达策略。因果施言是要根据事情发展的结果采用相应的教育口语表达策略。基于故、事、人、地、时、果而对教育口语表达策略做出适宜的创造与选择，这是对师范生教育口语表达技能高低的检视和考查。比如傅惠钧在谈到批评的方法时认为，"要使学生乐于接受批评，教师不但要实事求是，把握尺度，以理服人，还要讲究方法"。批评的方法多种多样，表现在教育口语上常见的有"直言警示、欲抑先扬、以扬代抑、谐语寓意、旁敲侧击、借助态势"等。② 这些核心批评方法如何能够为师范生掌握并熟练运用，是教师口语课程的任课教师不能回避的问题。在我们看来，要想把这些教育方法很好地应用到"育人"中，必须坚持以语境为参照，把它们与具体语境结合起来。而对师范生的训练也必须置于具体语境之中，根据上文说到的故、事、人、地、时、果等语境因素，展开批评教育口语表达策略的针对性训练。这样就能逐步提高师范生开展批评的口语表达能力。其他教育口语表达技能的培养同此理。

---

①  陈望道. 修辞学发凡 [M]. 上海：上海教育出版社，1997.
②  傅惠钧. 教师口语艺术 [M]. 杭州：浙江教育出版社，1999：245.

# 第八章　口语交际训练（一）
## ——训练目标、原则和策略

汉语言文学专业（师范方向）是国内大多数高等学校尤其是地方性普通本科高等院校颇具优势的传统专业。正因为具有优势，就有可能会故步自封而轻视课程设置、课堂训练、实践操作、评价考核等诸方面积存的缺陷，以及可能会忽略师范生能力培养体系存在的致命弱点；正因为是传统专业，就有可能会无视当下社会对人才需求观念的更新，以及可能不太重视人才培养与现实社会需求的全面对接。而这正是地方性普通本科高等院校汉语言文学专业师范生能力培养过程中的重要症结之一。口语交际能力不仅要作为重要的考核指标纳入师范生能力培养体系，而且要在交际能力训练方面逐步建构科学有效的训练机制。

为了有效开展口语交际教学，以顺利高效地实现应用型人才培养目标，无论是基础性课程教学还是重要课程教学，无论是核心课程教学还是职业化课程教学，都必须采用多样化的教学方法和手段积极开展适度的实践训练教学。师范生口语交际能力培养不是一门课程能解决的问题，也不是单靠简单的几次课堂或课后练习就能完成的任务，而是要在做好课堂教学并把理论付诸实践的同时，配套开展有序化的系统性训练，从而形成健全合理而又切实可行的训练原理。

本章将口语交际训练的目标、原则、策略等基本内容架构作较为系统的分析与论证。

## 第一节　训练目标

汉语言文学专业师范生必须做到会说能写，具备这两种能力是未来教师职业发展的重要基础和必备条件。"会说"强化的是师范生的综合口语交际能力，"能写"凸显的则是师范生的综合写作能力，二者并驾齐驱、协调发展才能夯实师范生的语文教育教学能力基础。口语交际能力的提高主要不是通过课堂教学让师范生认识、掌握口语交际知识和理论来实现的，关键在于要在口语交际理论的指导之下，通过课堂内外口语交际训练和实践来完成。所以，口语交际训练是全面提高口语交际能力的重要渠道和途径。而要对师范生进行有效的实战性的训练和试验，就必须分层次、多面向、多角度地确定口语交际的训练目标，建构合理的可供操作的口语交际训练目标体系，以逐步、有效、全面地提高师范生口语交际能力。

## 一、训练目标设定

"目标"是想要达到的标准和境界。循着这一定义来思考，口语交际训练的目标就是通过课堂内外演绎和实施口语交际活动，使师范生心理性、情感性、听说性、态势性等能力协调发展而形成的综合口语交际能力所达到的标准和境界。训练目标就等同于实施训练活动的航标，为师范生口语交际训练以及教师对训练的指导指明了方向。确定训练目标，这是口语交际训练的第一步。教师要围绕着训练目标想方设法引导学生朝着既定目标去努力；学生也要根据训练目标的具体要求一步一个脚印地做出有针对性的训练，以实现训练效果的最大化、最优化。那么，在确定训练目标时应该注意什么问题呢？

### （一）要充分考虑师范生的背景

训练目标的确定要考虑针对性问题，也就是要了解汉语言文学专业师范生的生源背景、专业背景等一系列现实情况。

#### 1. 要与生源方言文化的客观事实相一致

正如第七章所说，地方性普通本科高等院校的生源多来自本省，以高校所在省生源为主。比如，肇庆学院汉语言文学专业（师范方向）的学生大多来自岭南地区，岭南地区方言与文化的复杂性在一定程度上制约了师范生运用普通话进行口语交际的效果。来自于岭南不同方言区的师范生自幼分别在粤方言、客家方言和闽方言的语言环境中耳濡目染，对这些方言的语音规范、词汇系统和语法规则等都熟记于心，并在口语交际中驾轻就熟。虽然在中小学阶段也接受了普通话的教育，但是绝大部分同学对普通话运用的熟练程度还远远达不到自如交际的地步。囿于各自所属岭南地域文化的影响，思维方式和思维习惯又程度不等地促使师范生保留着既有的口语交际惯性和说话方式。比如，在普通话语音的发音方面还存在着较多的障碍，在口语交际过程中还很难做到普通话语音与方言语音的准确对接，还存在不少发音错误、声母脱落、翘舌音不准、前鼻音和后鼻音不分等问题；表达某个意思时，有不少时候还难以做到从大脑记忆库中迅速准确地搜索普通话词语，用以代替方言词语，因此会经常出现口语交际的断链现象；说出来的话语，含有不少具有非常明显的方言痕迹的语句；语病充斥其中，句意模糊不清等。这些现象虽然不是发生在每一位同学的身上，但在绝大部分同学的口语交际中是存在的，这确实是不争的事实。在对师范生进行口语交际训练时，要认真对待这种情况，并有充分的心理准备。那么，训练目标的确定就必须观照这种现实，为不同方言区师范生设定相应的类型化目标。比如，可以设定普方语音转化能力训练目标、普方词汇转化能力训练目标、普方语法转化能力训练目标、普方思维方式转化能力训练目标等。这就充分考虑到了师范生生源多方言文化背景这一事实，做到了因材施教。

2. 要与汉语言文学专业（师范方向）相吻合

地方性普通本科高等院校汉语言文学专业往往有不同的专业方向，比如秘书学方向、师范方向等。师范生自然属于汉语言文学专业师范方向的学生。既然是师范，就应该具有师范的专业特色和专业要求，对师范生口语交际能力的要求也就有别于对包括汉语国际教育、广播电视学、秘书学等在内的其他专业或者专业方向学生的要求，尤其是在教师口语交际能力方面更要富有专业性和职业化特色。这种专业培养目标为口语交际训练目标的确定起到了引领作用。所以，除了设立规范表达能力目标、变异表达能力目标、得体表达能力目标等所有专业方向都应该达到的训练目标，作为师范方向的师范生还要确定专业化训练目标。教师口语课程中所要求达到的教师口语能力训练目标就是具有师范特色的口语交际训练目标。比如，教师口语表达方面的提问技能、设问技能、应答技能、表扬技能、批评技能、劝导技能、沟通技能、评价技能、启迪技能、激励技能、讲授技能、小结（总结）技能、课堂导入技能、叙述技能、说明技能、议论技能、描写技能、阐释技能、朗诵技能、复述技能、转述技能、讲述技能、职业情感表现能力等，都应该属于与师范方向相吻合的专业化口语交际训练目标。

**（二）要处理好训练目标与课程目标之间的关系**

为了很好地确定口语交际训练目标和相关观测点，并建构较为合理的可供操作的训练目标体系，我们有必要对口语交际训练目标与口语交际课程目标之间的关系作简要梳理。

1. 目标范围大小

从目标范围大小来看，本书所设定的口语交际训练总体目标以及建构的口语交际训练目标体系，似乎与我们在《高校师范生口头语言表达能力训练体系的建构——以肇庆学院汉语言文学（师范）专业为例》[①]中设定的课程目标有某种程

---

① 孟建安. 高校师范生口头语言表达能力训练体系的建构——以肇庆学院汉语言文学（师范）专业为例 [J]. 肇庆学院学报，2010（6）：51–58.

度上的一致性。口语交际训练与口语交际课程教学本就密不可分，二者实为一体。因此，课程目标与训练目标不是对立的关系，但也不是并列的关系，应该是种属关系。课程目标涵盖了训练目标，训练目标是课程目标的一部分。只不过，课程目标是整个课程要达到的目的，包括了课程内容的各个方面，诸如知识的、能力的、理论的等，而口语交际训练目标则聚焦于"能力"，其他目标要求也是重要的，但并不作为主要观测点。

### 2. 目标结构分布

从目标结构分布来看，课程目标设置把训练目标作为其中的一部分，所以课程目标关注的焦点在于总体的"教学"效果，包括模拟训练效果和课堂教学效果；而训练目标作为课程目标的重要部分，关注的焦点不在于通常意义上的总体"教学"效果，更多地在于带有模拟实践性质的"训练"效果。

（1）就课程课堂教学来说，在目标理念方面既要设置课程的知识性目标，也要策划课程的训练目标，包括听说性能力目标、情感性能力目标、心理性能力目标和态势性能力目标。但在教学过程中，对这几个观测角度的重视程度有所不同。根据课程课堂教学的基本要求，课程课堂教学以传授口语交际的基础知识和基本理论为首要任务，把训练学生掌握口语交际基本技能作为重要目的，再加上课时分配数量的限制，所以教师在课程课堂教学时会把主要的精力放在知识性目标的实现上。知识性目标和基本技能目标的实现是课程课堂教学的首选。

（2）就能力训练来看，因为口语交际能力的训练都是在相关交际知识和交际理论的指导之下来分层次、多角度设定的，所以知识性目标就不是能力训练目标的主要内容，就必须置于训练目标体系附属的位置。由此在观测性目标层面，除了知识性目标，还要设定训练目标，包括心理性目标、听说性目标、情感性目标、态势性目标等。训练目标体系把心理调控能力目标确定为前在目标，把听说运作能力目标确定为核心目标，把情感沟通能力目标确定为伴随目标，把态势语协调能力目标确定为辅助目标。

### （三）要兼顾全面把握重点

口语交际能力表现在很多方面，既有横向延伸的能力，也有纵向深入的基础性、发展性、拓展性和职业化能力。在确定训练目标时，首先要准确地认定总体性目标，然后在总体性目标的通观之下再进行全方位思考并对轻重主次训练目标做出合理的设计。

### 1. 要兼顾全面

人们对口语交际能力的理解往往停留在会说话这个层面，其实这完全是一种误解。"口语"自然是说的问题，但"交际"就不仅仅是"说"的问题了，还有"听"的问题、随机应变的问题等。也就是说，交际活动是综合性的，涉及语言世界、物理世界、文化世界和心理世界等多方面因素，因此口语交际能力是在口语交际活动中交际主体各个方面的综合表现能力。这种综合能力在不同的阶段、课程、角度、侧面和观测点都会有不同的要求，因此在确定训练目标时就必须充分而又全面地加以考虑。除了要确定训练的总体性目标，还要分层确定阶段性目标、观测性目标、操作性目标（含具体课程的训练目标）、心理性目标、听说性目标、情感性目标、态势性目标、文化性目标、表达能力目标、理解能力目标、应变能力目标、思维能力目标、记忆能力目标、心理控制能力目标、语言组织能力目标、发音能力目标、发送能力目标、语境创造能力目标、语境利用能力目标、听音能力目标、辨音能力目标、普方转换能力目标等。从理论上说，在确定训练目标时要做到兼顾口语交际的全部训练目标，而不能顾此失彼，忽略或者遗漏一些细节性训练目标。但是，考虑到实际训练时的可行性问题，我们把训练目标设定由总体目标推演到可操作层面。

2. 要把握重点

训练目标的确定要做到兼顾全面，但兼顾全面不等于眉毛胡子一把抓，不分轻重缓急，不分主次；相反，应该是在兼顾的前提下做到重点突出，以给课堂内外的实际口语交际训练提供方向性引导。为了能够顺利实现师范生口语交际训练的最终目标，培养适合于从事教师职业的毕业生，就要结合汉语言文学专业师范生口语交际事实以及中小学语文教育教学的实际来确定训练目标的轻重主次。根据调查研究，这里举例性地对上述能力目标予以不同的定位。撇开总体目标和阶段性目标不说，把训练目标的重要程度作为重要参照，那么在观测性训练目标中听说性训练目标应该被确定为核心目标，心理性训练目标应该是潜在目标，情感性训练目标应该属于伴随目标，态势性训练目标则应该属于辅助目标。在操作性训练目标中，也要分别对训练目标做出重要与否的区分。比如，在听说性目标中表达能力训练目标是核心目标，倾听能力训练目标是首要目标等。这样，在训练时就可以根据目标的轻重主次程度合理安排时间与精力，做到重点突出、主次有序，以使训练效果最大化。

（四）要科学合理

1. 要严谨周密

要进行口语交际训练，必然有每个阶段、每门课程、每个角度和每个观测点要达到的目标和完成的任务。要想使训练的有效性得到最大化的实现，就必须对训练目标进行合理科学的确定，做到态度严谨、考虑周全、有理有据。我们在《高校师范生口头语言表达能力训练体系的建构——以肇庆学院汉语言文学（师范）专业为例》① 一文中曾对训练目标的确定从不同侧面进行了分析，尤其对确定时应该注意的问题作了较为详细的论述。这里，将再从科学性角度稍作说明。

所谓严谨周密，即确定训练目标时要在充分调研，掌握汉语言文学专业师范生口语交际能力现实状况、培养方案、教学计划、课程设置等的基础上，全面考虑师范生口语交际能力的各个支撑点，做到谨慎周到，对要达到的能力标准和要求进行深入细致的论证和推演；要经过多方思考、互相比较、反复推敲、精心策划，做到符合师范生基本的认知规律，符合高等教育的基本规律；做到与学校的办学理念和培养目标相吻合，与师范生的接受能力相一致。上文所说的总体性目标、阶段性目标、观测性目标、操作性目标、心理性目标、听说性目标、情感性目标、态势性目标、文化性目标、表达能力目标、理解能力目标、应变能力目标、思维能力目标、记忆能力目标、心理调控能力目标、语言组织能力目标、发音能力目标、发送能力目标、语境创造能力目标、语境利用能力目标、听音能力目标、辨音能力目标、普方转换能力目标等的确定无不如此，都要看这些目标的设定是否合理、是否适宜、是否具有可操作性，是否做到了实事求是，是否做到了从实际出发，是否尊重客观规律。

### 2. 要难易适中

无论是训练的总体性目标，还是阶段性目标；无论是操作性目标，还是观测性目标，在确定时都要考虑可行性问题，努力做到难易适中。

（1）训练目标不能过高。难度太大，目标过高，超出了师范生甚至是教师的承受能力，这样就不容易把握目标，也难以完成目标所规定的任务，甚至永远实现不了目标。这在训练中必然会导致师范生信心不足、兴趣减弱，从而影响学生参与训练的主动性和积极性，最终使训练陷入被动境地。而且，教师在引导训练时也不容易操作，更难以创造足够的训练条件。这样，训练目标的设定也就失去了意义，而纯粹是一种摆设，是一种束之高阁的理想甚至是幻想。比如，设定肇庆学院汉语言文学专业（师范方向）的学生经过阶段性训练，普通话口语能力都要达到国家一级播音员的水平，那么，这个目标是不现实的，完全脱离了该校该专业师范生普通话口语和主持活动水平的真实情况，因而是不适宜的训练目标。

---

① 孟建安. 高校师范生口头语言表达能力训练体系的建构——以肇庆学院汉语言文学（师范）专业为例 [J]. 肇庆学院学报，2010（6）：51－58.

（2）训练目标不能过低。难度太小，目标过低，很容易就能够实现，这也不是适中的训练目标。这在训练中就不能充分发掘师范生口语交际的潜能，相反更会使之缺乏足够的动力，达不到训练的真正目的，也反映不出师范生口语交际的真实水平，而且更为重要的是对实现师范生口语交际训练的最终目标也毫无裨益。大学生都经历了九年义务教育的学习，又有高中阶段的积累，还有 20 年左右现实语言生活的锻炼，已经初步具备了口语交际的素养和能力。尤其是师范生在中学阶段已经掌握了口语交际基本能力，比如日常打招呼的技能、点头示意能力、简单的问候能力和应答能力等，这些都是日常人际交往中最普遍、最基本的能力。这些最基本的能力自然不可忽略，但由于过于简单且已经为师范生所掌握，就不宜再确定为训练目标。

## 二、训练目标结构

口语交际训练目标在各个层面、各个角度都有反映，只不过逻辑秩序和重要程度有所不同罢了。正因为如此，训练目标不是单一化的，而是多样化、多层次的。多样化说的是训练目标范围的大小与数量的多少问题，是对训练目标的横向描写；多层次说的是训练目标在整个训练目标体系中所处的梯级位置和分布状况，是对训练目标的纵向描写。口语交际训练目标体系是由综合性目标、阶段性目标、观测性目标和操作性目标等不同目标及其多层次下位目标要素构成的。

### （一）综合性目标

综合性目标核定的是整个口语交际训练体系最终所要达到的口语交际能力标准。我们把最终训练目标确定为逐步全面提高师范生口语交际能力。具体描述为在口语交际理论指导下，通过不同阶段、不同角度、不同操作点的训练使师范生逐步全面提高心理调控能力、情感沟通能力、态势语协调能力和听说运作能力等，从而为师范生从事教师职业打下坚实的口语交际综合能力基础。

### （二）阶段性目标

综合能力目标不是一下子就可以实现的，而是要分阶段来完成。根据对口语交际课程目标的论述①，把课程目标确定为用四个学段来完成，即第一学段课程目标：从入学到大学一年级第二学期期末，这个学段的课程目标是基础性目标；第二学段课程目标：在大学二年级，这个学段的课程目标是发展性目标；第三学

---

① 孟建安. 课程目标·课程结构·课程内容——汉语言文学专业师范生口语交际课程体系建构的重要内涵 [J]. 肇庆学院学报，2012（6）：93－97.

段课程目标：在大学三年级，这个学段的课程目标是拓展性目标；第四学段课程目标：在大学四年级上学期，这个学段的课程目标是职业化目标。对应于课程体系中的学段性目标，训练目标的阶段性也同样表现为这四个阶段。因此，训练总体目标在纵向系列也就依次体现为基础性能力训练目标、发展性能力训练目标、拓展性能力训练目标、职业化能力训练目标。

1. 基础性能力训练目标

基础性能力训练目标属于第一阶段训练目标，时间是从入学到大学一年级第二学期期末。这个阶段的训练目标主要是夯实口语交际的能力基础。在中学阶段口语交际能力的基础上，要继续加强包括心理调控能力、情感沟通能力、态势语协调能力、听说运作能力等的训练。要达到的主要标准是：

其一，具备大学阶段较强的思维能力、记忆能力和应变能力。

其二，能够较为熟练地在方言与普通话之间进行转换。能够选用规范的语言材料进行规范的表达，基本做到发音准确，用词得当，说话通顺明白，条理清楚，思路清晰。

其三，培养基本的社交情感，懂得礼貌，尊重他人。

其四，培养与别人沟通交流的激情，锻炼说话的勇气与胆量。

2. 发展性能力训练目标

发展性能力训练目标属于第二阶段训练目标，时间在大学二年级。这个阶段的训练目标主要是在具备坚实的基础性能力的前提下进一步提升师范生的口语交际能力。在实现第一阶段训练目标的基础上，要进一步强化包括心理调控能力、情感沟通能力、态势语协调能力、听说运作能力等的训练。要达到的主要标准是：

其一，进一步提升思维能力、记忆能力和应变能力，使师范生完善心理调控能力结构。

其二，不仅能够做到规范表达，还能做到较好地进行变异表达，更重要的是要做到得体表达。学会在规范表达和变异表达之间做出判断与取舍，并最终做到得体表达。

其三，学会日常沟通与交流，遵循日常口语交际的基本原则，学会倾听。

其四，学会应变，能够积极创造和主动利用语境条件，以帮助表达和理解。

其五，掌握日常社交礼仪，注重个人情感的表达，学会尊重、理解和包容交际对象，在交流与沟通中做到礼貌有度。

其六，能够恰当地利用态势语表达或者解读个人情感、语义信息、交际意图。

### 3. 拓展性能力训练目标

拓展性能力训练目标属于第三阶段训练目标，也是个性化训练目标，时间在大学三年级。这是在实现第二阶段日常口语交际训练目标的基础上所设定的训练目标。通过不同口语交际类型的训练，以凸显中文专业背景下师范生的个性化口语交际能力，进一步拓宽包括心理调控能力、情感沟通能力、态势语协调能力、听说运作能力等在内的综合能力训练范围。要达到的主要标准是：

其一，善于根据不同口语交际类型训练定向性思维，拓展思维空间。

其二，善于得体地进行口语表达，并能准确理解交际对象话语的内涵和交际意图。

其三，熟练地掌握朗诵、辩论、演讲、公关等领域的交际技能，能够在个人兴趣和特长方面有进一步的发展和提升。

其四，善于应变，自如创造和利用语境条件，为不同情境中的口语交际提供便利，做到自由交流与沟通。

其五，对不同口语交际类型的礼仪要求驾轻就熟，彰显个人情感，善于尊重、理解和包容交际对象，做到有理有节、从容不迫。

其六，能够游刃有余地利用态势语表现或者解读个人情感、语义信息和交际意图。

### 4. 职业化能力训练目标

职业化能力训练目标也就是师范生能力训练目标，属于第四阶段训练目标，时间在大学四年级上学期。这是在实现拓展性能力训练目标的基础上所设定的职业化口语交际训练目标。要达到的主要标准是：

其一，善于站在教师角度进行专门性职业角色思考，以训练教师职业化思维能力和思维习惯。

其二，牢固掌握教师职业用语，能够充分有效地创造和利用教学环境，做到教育教学语言的规范化、艺术化和得体化，从容应对教师职业口语交际中的突发事件。

其三，培养教师职业情感，坚持以生为本，师生之间能够做到无障碍交流与沟通。

其四，能够优化利用态势语表现或者解读个人情感、语义信息和交际意图。

其五，努力塑造教师语言形象，打造教师职业语言魅力，具备较强的教师职业口语交际综合能力。

如果仅仅从口语表达角度考虑，第一阶段坚持以规范表达能力训练为主，以变异表达能力训练为辅；第二阶段是规范表达能力训练和变异表达能力训练并重，但更突出提升综合表达能力；第三阶段是规范表达能力训练和变异表达能力训练并重，但更彰显师范生口语交际的兴趣与特长；第四阶段也是规范表达能力训练和变异表达能力训练并重，但更强化师范生职业语言的职业化能力训练。

### （三）观测性目标

阶段训练目标是按目标实现的时间顺序来纵向设计的，有一定的规律性和现实可操作性。对阶段训练目标作横向思考时主要表现在心理性目标、听说性目标、情感性目标、态势性目标四个观察角度，可称之为观测性训练目标。观测性训练目标是立足于口语交际过程来设定的训练目标。在实施口语交际行为时，必然会涉及方方面面的技能，包括心理的、情感的、听说的、态势语的等各方面能力。因此，把这几个方面的能力确定为观测性训练目标，基本能够反映出师范生口语交际的综合能力。

#### 1. 心理调控能力目标

这是从心理角度来确定的训练目标。任何口语交际活动都必然有一定的心理冲动和欲望，必然会受到心理因素的制约和影响，因此师范生口语交际训练目标的确定必须考虑心理调控能力目标问题。心理调控能力目标是口语交际能力训练的潜在性目标，主要包括思维能力、记忆能力、联想能力、认知能力和应变能力等操作性训练目标。心理调控能力是其他口语交际能力得以发挥的前提条件。思维能力、记忆能力、联想能力、认知能力和应变能力等渗透在口语交际的各个环节，直接影响师范生的口语交际能力。就思考能力与理解能力之关系来说，"思考能力的功能强弱显现于人的思维运动过程之中，而理解能力的水平高低则显现于思维过程的终结。换个说法，思考能力是理解能力的依托，理解能力则是思考能力的主导"①。由此可见，训练心理调控能力对于提高师范生口语交际能力具有重要作用。

#### 2. 听说运作能力目标

这是从口语交际能力本体角度来确定的训练目标。口语交际是以听说为根本的，听说运作能力是口语交际能力的主体骨架和核心内涵。口语交际能力训练主要就是体现在听说运作能力训练上，口语交际能力训练目标是否实现、实现程度如何主要就是由听说运作能力目标实现的情况来决定的，而师范生口语交际能力

---

① 刘伯奎. 教师口语——表述与训练 [M]. 上海：华东师范大学出版社，1994：129.

的高低主要就是由听说运作能力的高低决定的。"听说"只是听说的问题，但"听说运作"就不仅仅是听说本身的问题，还涵盖了交际者主观策划等比较丰富的内涵。因此，听说运作能力目标就应该包括听辨能力、听记能力、解读能力、发送能力、评价能力、复述能力、转述能力、语境条件创造和利用能力、文化阐释能力等操作性目标。听说运作能力目标是核心训练目标。

3. 情感沟通能力目标

情感沟通能力是指师范生口语交际过程中的情感表现能力，包括对情感价值、社交礼仪、礼貌程度、交际态度等的掌控能力。那么，情感沟通能力目标就相对应地体现在情感价值、社交礼仪、礼貌态度、交际态度等操作性目标上。口语交际是运用口头语言进行单向或双向的沟通与交流，除了要输出语义信息和思想内容，实现交际意图外，还有一个非常重要的任务就是交际主体之间的情感交流。口语交际能否顺利进行，能否营造宽松的交际氛围，能否建立良好的人际关系，交际主体付出情感的多少起到了不可忽略的作用。比如，在课堂教学过程中，提问时是否尊重学生，是否出于善意，是否伤害学生，是否让学生难堪等，这些都体现了交际者的情感价值，也凸显了交际者情感表现能力的高低。因此，从这个意义上说，情感沟通能力目标的确定是口语交际训练目标的必有之义。情感沟通能力目标是伴随性能力训练目标。

4. 态势语协调能力目标

态势语协调能力是指师范生口语交际过程中所表现出的，包括站姿、眼神、表情、距离等态势语与交际内容之间的适度协作能力。交际主体的口语交际并不是纯粹的"说"和"听"，事实上刚好相反，在交际过程中往往会有与交际内容相吻合的态势语伴随着"说"和"听"，由此来强化说话的内容和传递的情感，突出交际的意图。这就要求在"说"和"听"的时候恰当设计并优化选择态势语，做到"言""行"一致。不同的体态动作，在具体语境中可以传递出不同的信息与情感。比如用头（首语）可以表示邀请、驱逐、承认、抵赖、撒谎、欢迎、尊敬、崇拜、藐视、要求、卖弄、欢呼、哀悼、爱抚、责备、顺从、冒险、劝告、威胁、担保、询问、唆使等。① 当对交际对象的意见表示肯定时，在用口头语言表达自己态度的同时，配以点头的动作，这就是态势语协调能力的重要表现。态势语虽然是重要的，但不是必然的，甚至是可以不出现的。因此，态势语协调能力目标就不是口语交际训练的重要目标或核心目标，而只能是辅助性训练

---

① 潘肖珏. 公关语言艺术 [M]. 3 版. 上海：同济大学出版社，2000.

目标，也可以叫作或然性训练目标。

### （四）操作性目标

上述四种观测性目标在操作层面究竟如何落实，这是教学中最关键的环节。所谓操作性目标其实就是对观测性能力目标的具体化。心理调控能力、态势语协调能力、情感沟通能力和听说运作能力都具体表现为各不相同的操作性能力，因此也就为设定各不相同的操作性能力训练目标提供了依据。就听说运作能力目标中的倾听能力来说，"倾听"就是听话，即作为受众的交际对象通过声音的形式来接受发话者所传递的语义信息和思想情感。口语交际过程中，有说必有听，听的能力也是师范生必备的交际能力。正所谓"听君一席话，胜读十年书"，在听的过程中可以获取众多的有效信息，能够和说话者培养感情并建立起融洽的人际关系，从而创造良好的口语交际条件。所以说，听是一种非常普遍且非常重要的口语交际行为。有研究者认为，倾听能力"就是人对有声语言的感知、理解和鉴别的能力，按思维活动的先后顺序，可依次划分为语音的识辨能力、语句的记忆能力、语义的理解能力和语言的鉴别能力"①。那么，在训练时就要研究并制定有关听音能力、辨音能力、理解能力等操作性目标的具体标准。

## 第二节　训练原则

从方法论高度来思考地方性普通本科高等院校师范生口语交际训练，必然要论及始终贯穿训练过程的基本训练原则。根据教育教学的一般规律，对师范生进行口语交际训练并不是盲目、毫无准备、随性而为的事情，而应该是经过精心策划的。该训练什么不该训练什么，该怎么训练不该怎么训练，都必须做足前期准备工作。训练原则的确立是非常重要的前期准备工作和不可或缺的前提条件。训练原则是在指导师范生口语交际训练过程中所秉持的指导思想和基本准则。在我们看来，这主要包括理论渗透原则、科学性原则、语境参与原则、针对性原则等。师范生坚持这些原则进行口语交际训练，可以获取更为理想的训练效果，使训练成为一种全面提高师范生口语交际能力的有效性策略。

### 一、理论渗透原则

按照我们的理解，"口语交际"有多种解读。其一，是指交际主体的听说、交流、沟通行为或活动；其二，是指一门学问，也就是研究口语交际的科学。作

---

① 陈文中. 语文口语的能力构成及培养 [J]. 邵阳学院学报（社会科学版），2003 (3)：118－121.

为一门学问，它是由众多的口语交际基础知识、理论观点有机组合而成的特有的口语交际理论体系。这不是一两门课就可以阐释清楚的问题，而应该是通过对现实口语交际实践的总结并经由一系列相关课程从不同角度加以论证和创造最终建构而成的。口语交际理论是立足于口语交际实践概括出来的关于口语交际的基础知识和系统性的思想观点，这些基础知识和系统性的思想观点关涉与口语交际相关的各门课程、各个层面、各种角度和各个观测点。

理论渗透原则实际上就是要把口语交际理论应用到口语交际训练的全过程，这是辩证唯物主义的基本法则和基本要求。根据辩证唯物主义的基本观点和看法，理论与实践是辩证统一的，理论来源于实践，又反过来指导实践。"训练"其实是对实践的模拟和演练，或者说是对现实口语交际实践的虚拟化设计，所以从这个意义上说"训练"也属于"实践"范畴，具有实践的属性。因此，用这种法则来解释渗透原则就具有非常强的说服力和解释力了。

**（一）口语交际理论用于指导口语交际训练**

口语交际理论源于口语交际实践，必然要反过来指导口语交际训练。一切口语交际理论都是在口语交际实践中逐步形成的，由开始的思想火花而逐步得以改进、强化并最终形成基本的理论。只有广泛深入师范生口语交际的实践中，同师范生大量接触，获取感性的材料，然后运用科学的思维方法对材料进行去粗取精、去伪存真、由表及里、由此及彼的分析，才能揭示师范生口语交际的规律，总结出相关的口语交际理论。诸如口语交际的基本概念、基本范畴、研究对象、研究任务、基本要素、交际环境、交际规则、交际模式、交际技巧、交际策略、交际礼仪、交际规范、辩论技巧、辩论原则、诵读基本要求、诵读策略、诵读技巧、演讲的基本要求、演讲技巧、演讲规则、教学语言的基本要求、公关语言的基本要求、规范表达的准则、得体表达的标准、变异表达的要求、合作原则、礼貌原则、道德原则、安全原则[①]、审美原则、相似性原则等相关理论无不是源于复杂多变的口语交际实践。比如，话轮转换规则就是通过对现实口语交际中会话实际的观察与思考而总结梳理出来的。现实口语交际中，会话双方往往要达成某种程度上的默契，在两个或多个交际者之间实现话语行为的转换，由 A 到 B 或者再由 B 到 C……"说"的权利的转移或者执行，存在三种情况：其一，由当前发话者指定下一个发话者；其二，由在场的听众抢话头而主动成为下一个发话者；其三，在当前发话者找不到合适的发话者时，继续行使说话的权利。这就是口语交际中客观存在的话轮转换的现实，研究者据此提炼出了话轮转换的三条规

---

① 赵毅，钱为钢. 言语交际学［M］. 上海：上海三联书店，2003：198－226.

则。这三条规则全部来自于口语交际实践。

学生通过学习初步掌握了相关的口语交际理论，就必须把这些理论知识应用到口语交际训练中以发挥其作用，这样才有助于收到理想的训练效果。不然的话，就会被束之高阁，成为毫无意义的东西。一种理论不能用于指导训练，也就不能应用于口语交际实践，那这种理论也就失去了自身的价值和活力。师范生通过系列性口语交际课程获取的口语交际理论，如果没有渗透到口语交际训练过程中，也就只能是一种僵死的毫无生机的条条框框，没有任何价值可言，其自身的功能也就丧失殆尽。口语交际训练若缺乏相关理论的指导，也就失去了理论支撑和理论依据，显得过于盲目，没有秩序和逻辑性。而更多的时候甚至会随心所欲，违背口语交际的基本规律，有悖于师范生尤其是具有浓厚方言文化背景的汉语言文学专业师范生口语交际的本真。因此，缺乏理论指导的口语交际训练既不符合辩证唯物主义中理论联系实际的基本法则，也不会达到口语交际课程所设定的教学目标，更不会获得口语交际训练所期待的训练效果，对师范生口语交际能力的提高帮助不会太大。

### （二）口语交际训练对口语交际理论加以检测、验证与升华

口语交际理论在还没有用于口语交际实践之前，也有必要用以指导口语交际训练，这样才能加以检测、验证并得以升华，借此教师也能检测学生掌握理论知识的准确程度和熟练程度。虽然口语交际理论来源于实践，但受制于研究者认识的局限性和口语交际现实的复杂多变性，所形成的理论是否正确、有没有偏颇、能否为大众接受、功用价值如何等都需要在实践训练中得以检测、验证，并在此基础上加以修正、完善和提升。口语交际理论形成的过程其实就是口语交际实践的过程，反过来说，口语交际训练对口语交际理论的形成也具有不可低估的作用。所以，一种科学且完善的口语交际理论，其形成往往需要一段较长的时间，经历由偏颇到正确、由不成熟到成熟、由无秩序到条理化、由浅显到深奥、由散态到系统化的过程，这不是一蹴而就的。基于此，只有把口语交际理论广泛运用于师范生的口语交际训练，才能在训练中对口语交际理论进行查错纠偏，才能检测出口语交际理论的合理程度，才能论证口语交际理论的功能价值，才能实现口语交际理论的功能转化，才能进一步强化口语交际理论的科学性。

### 二、科学性原则

科学性原则是指在充分认知并结合师范生口语交际实际的基础上，在训练思路的策划、训练目标的确立、训练材料的筛选、训练内容的设计、训练方式的选定、训练环境的营造、训练过程的组织、训练效果的评价等方面要牢固树立严谨

求实的思想，要做到符合口语交际的基本要求，要遵循口语交际训练的客观规律的准则。要坚持科学性原则，就要注意从以下几个方面做出努力：

**（一）要注意循序渐进**

口语交际训练要做到循序渐进，也就是要用发展的眼光来看问题，注重训练的过程性，强化师范生口语交际能力的发展性能力。具体地说，是要在训练的过程中注意由简单到复杂、由易到难、由浅入深，一步步累加训练目标的复杂度、困难度和深入度。原因有三：第一，从口语交际能力本身看，有复杂与简单、难与易、深与浅之分，这是客观存在的事实；第二，从能力培养过程来看，教师的引导、师范生的锻炼都是一个从简单到复杂、从容易到困难、从能力弱到能力强的过程，这是人类掌握某种技能的基本规律；第三，从口语交际课程体系来看，训练目标是课程目标的重要组成部分，课程目标的设定是由基础性到发展性再到拓展性而后职业化的，因而能力训练也必须与课程目标的逐步实现尽量保持同步。基于这些原因，在训练时就要由基础入手，先要从前在的心理能力、规范表达能力等的训练做起，让师范生能够得到思维能力、记忆能力、感知能力、联想能力、应变能力等心理控制能力的训练，并掌握规范表达和准确理解的基本能力，然后再依次进行发展性、拓展性和专业化能力训练。

**（二）要坚持训练内容的科学性**

如前所述，口语交际课程体系中，有现代汉语、普通话语音训练、语言学理论、诵读训练、演讲与辩论、公关语言学、教师口语、口语修辞学、公关礼仪、言语交际学等课程。这些课程规定了课堂教学的内容，也确定了课内外训练的内容。与课程相匹配的训练内容是多样化的，关涉多个领域、多个层次、多个角度、多个侧面。普通话的运用、诵读、演讲、辩论、日常交际、教师口语、社交礼仪、公关语言等内容都是师范生口语交际训练的重要内容。在训练内容的科学性方面，普通话语音规范要以北京语音系统为标准，普通话词汇规范要以北方话词汇系统为基础，社交礼仪要以社会大众能够接受的礼仪规范为标准。在训练内容的比例安排方面，哪些内容多一点儿，多多少？哪些内容少一点儿，少多少？是教师口语内容多一点儿，还是演讲内容多一点儿？是辩论内容多一点儿，还是诵读内容多一点儿？是现代汉语词汇内容多一点儿，还是语音内容多一点儿？怎么安排内容的结构比例，才是合适的、科学的，才是符合师范生真实情况的，才是能够让师范生接受？这些都是必须考虑的问题。所有担任口语交际课的教师在备课过程中都要做好协调工作，对训练内容作适当的调整，做到科学合理，以免造成训练内容的重复。这种调控要能够反映汉语言文学专业师范生口语交际训练的内在规律。

### （三）重难点把握要准确

根据上文所确定的训练目标，除了"逐步全面提高师范生口语交际能力"这个总体目标，还分层确定了阶段性目标、观测性目标、操作性目标、心理性目标、听说性目标、情感性目标、态势性目标、表达能力目标、理解能力目标、应变能力目标、思维能力目标、记忆能力目标、语言组织能力目标、发音能力目标、发送能力目标、语境创造能力目标、听音能力目标、辨音能力目标、语境利用能力目标、普方转换能力目标等。这些目标涉及口语交际的各个领域，包括日常交际领域、社会交际领域、艺术交际领域，注重的是多领域、多能力、分级能力、综合能力的训练。因此，对哪些能力目标是师范生口语交际能力高低的主要体现，哪些能力目标是师范生口语交际训练必有之义，哪些能力目标是训练的重点，哪些能力目标是训练时困难重重很难顺利实现的等，都必须有一个清醒的认识，并要做到分层次准确厘定，弄清楚哪些训练目标是哪个层面的重点和难点。"重点"确实能够反映师范生口语交际能力的本质，确实是师范生口语交际能力中最重要的能力，确实是师范生口语交际训练目标中不可或缺的能力目标；"难点"确实是师范生口语交际能力提升的关键，确实是师范生口语交际训练目标中有一定难度的目标，确实是需要花费较多时间和精力才能够有所突破的目标。只有认清这些，在训练的过程中才能做到重点突出，难点彰显，从而有松有弛、科学把握训练的重点与难点。在这些训练目标中，听说能力目标是重中之重的目标，是核心目标，是师范生必须实现的能力目标。而就汉语言文学专业师范生来说，从日常交际领域来看，在"说"的能力目标中，规范表达目标是基础性目标，也是训练目标中的重点和难点；变异表达目标是发展性目标，在日常交际领域中是兼顾性目标，但也是训练目标中的难点；得体表达目标则是终极目标，也是训练目标中的重点和难点。

### （四）训练策略选择要适宜

训练策略是指对师范生进行口语交际训练时所采用的训练模式、手段和方法的总体策划和基本运作思路。要做到训练策略的科学适宜，就要结合教学计划、课程目标、训练目标、师范生口语交际实际等做出合理的设计并优化选择训练的模式、手段和方法。基于训练目标的多样化，训练内容的多样性，训练的模式、手段和方法也就会有很多。比如有单向交际、双向交际、直接交际、间接交际、单独交际、集体交际、一次交际、分级交际等口语交际训练模式；有复述、转述、讲述、评述、解说、交谈、演讲、辩论、诵读等训练手段；有情境训练法、模拟训练法、反复训练法、命题训练法、小组训练法、分类训练法、自由训练法、实地操作训练法、示范训练法、角色转换训练法、案例训练法等训练方法以及具体的训练步骤和措施。就教师口语课程中课堂教学导入能力的训练来说，其训练策略也有很多。张锐、万里曾给出过初级训练和二级训练的几种导入法，在训练时可资借鉴。① 比如，可以设想自己是中学语文课程或者大学某门课程的任课教师，并以给出的课堂教学内容为前提设计一段导入语。第一步，先在小组内试讲，并由小组内同学提出建议加以修改；第二步，面向全班同学和老师试讲，同学之间进行讨论、评议，推选出好的导入语；第三步，由师生互评，教师点评小结；第四步，观赏优秀教师在讲授同样内容时的导入语设计，并与自己所设计的导入语作比较分析，学习提升自己课堂教学的导入能力。这既是模拟训练，也是情境训练，还是命题训练。可见，训练的模式、手段、方法从理论上说是无限量的，问题的关键不在于训练的模式、手段、方法的多寡，而在于是否做到了科学利用与选择。科学利用与选择的关键就是看与师范生的接受能力、训练目标的要求、训练的内容等是否吻合和匹配。训练策略得当，必然会收到理想的训练效果，继而高效率地提高师范生的口语交际能力。

## 三、语境参与原则

语境是指影响和制约口语交际的各种主观的和客观的、语言内的和语言外的条件。师范生口语交际训练必须坚持语境参与原则，也就是通过课堂教学促使师范生牢固树立语境参照的自觉意识②，要把语境渗透于口语交际训练的全过程，重视语境在口语交际中不可替代的作用。换句话说，口语交际训练自始至终都要在具体语境中进行，都必须充分利用和依赖语境条件。为什么要坚持语境参与原则呢？

### （一）语境是口语交际的重要参考框架

任何口语交际都是在一定的语境中进行的，语境是口语交际的重要参考框架。交际主体必须根据特定的语境因素来建构和解构口语交际行为。口语交际活动与语境相伴而生，语境与口语交际活动互依而存。师范生口语交际训练引入语境或者说放在语境中进行不仅是顺理成章的，也是必须这样做的，而且能够给师范生以亲历其境的真实感。

其一，从横向角度看，语境无处不在。从口语交际角度说，任何口语交际活

---

① 张锐，万里. 教师口语训练手册［M］. 北京：北京师范大学出版社，1994：251.
② 孟建安. 语文阅读教学语境策略选择［J］. 教育理论与实践，2012（20）：57–59.

动都是在一定的语境中进行的，任何语境都存在于一定的口语交际活动之中。没有无语境的口语交际活动，更不存在没有交际活动的语境。这种语境观无疑突出了语境在口语交际活动中的无所不在性和必然在场性。口语交际的任何一个横断面都有语境的存在。因此，对师范生口语交际能力的所有训练自然也离不开语境。既然语境是无所不在的，那么坚持语境参与原则就完全符合口语交际的本质和语境理论。

其二，从纵向角度看，语境无时不在。语境的生成和消失是与口语交际过程相始终的，二者共生同灭。口语交际活动一旦出现，语境便自然产生；语境一旦建构而成，就必然意味着口语交际活动的开始。口语交际活动结束，语境也就不复存在；语境一旦消失，当然也就意味着口语交际活动的终结。难以想象，一定的语言交际活动结束后，还存在着与口语交际活动毫无关联的语境；也难以想象，在离开了特定的语境后还依然存在着口语交际活动。也就是说，口语交际活动和语境密不可分，是相伴始终的。由此可见，口语交际自始至终都有语境的参与，语境是参与到整个口语交际活动之中的。坚持语境参与原则，就是要培养师范生的语境意识，促使师范生能够主动利用语境因素，学会创造和利用语境条件。

### （二）语境的多功能性为口语交际训练提供了更多便利条件

坚持语境参与原则就意味着要在口语交际训练过程中充分发挥语境的功能作用，利用语境功能转化的特征强化师范生口语交际训练效果。根据学界的研究结论，语境具有匹配功能、定位功能、定向功能、生成功能、预测功能[①]、解释功能、暗示功能、引导功能、创造功能、过滤功能、协调功能、转化功能、省略功能、补充功能等。因此，在训练过程中可以创设相应的语境，根据训练目标积极顺应语境，主动利用前言、后语、时间、地点、场合、境况、话题、事件、目的、动机、情绪、主体、对象、关系、语体、风格、时代环境、思维方式、民族习俗、文化传统、认知背景、风土人情、文化心理、审美观念、阶层意识、伦理道德、思维方式、文化水平等语境条件，把语境功能的价值发挥到极致。口语交际中，语境是随着交际活动的展开而流动的，此时此刻的语境与彼时彼刻的语境是有区别的。教师通过语境创造，在最真实的具体语境中模拟出口语交际的现场，为顺利实现训练目标提供了便利条件，让师范生通过命题式或者自选式口语交际活动的演绎得到各种交际能力的训练，尤其是应变能力、语境利用能力和创造能力的培养与提升。

---

① 王希杰. 修辞学通论［M］. 南京：南京大学出版社，1996：310.

### 四、针对性原则

汉语中有个成语叫作"对牛弹琴"。传统理解是比喻对不懂道理的人讲道理，对外行人讲内行话，意在讥讽听话者一方的无知和愚蠢。如果从口语交际角度来看，进行换位思考，说话的人明知道对方的具体情况而不做出调整，还要给交际对象说一些他听不懂的话，那就不是交际对象的问题，而是说话者的问题，讥讽的对象应该是说话者。把这个成语演绎过来，用来比照口语交际训练，就会发现，在训练过程中教师如果不能做到因材施教，训练就很难有效果。这样的话，责任不在学生，而在老师。如果不看对象、不考虑师范生的实际、不对相关背景作深入了解，就千篇一律地用同样的模式、方法、要求和标准等来训练不同的学生，那就像弹琴者一样。这实际上说明了一个道理，在对师范生进行口语交际训练时要坚持针对性原则，要学会根据不同的情况对不同类型的学生采用不同的训练方法等，以便做到有的放矢。坚持针对性原则，就要求教师在训练之前通过问卷调查、测试、口头询问等不同手段对包括师范生口语交际在内的有关情况作尽可能全面的调查，准确了解相关信息，并根据所掌握的情况对师范生口语交际能力作较为客观的评估，然后再根据评估结果对师范生进行类型化组配，从而开展针对性训练。针对性原则应该体现在多方面，这里仅从师范生角度作简要分析。

#### （一）要结合方言分布特征作分类指导

正像上文所说，地方性普通本科高等院校的生源多来自本地，尤其是广东省的地方高校。基于此，训练时就对教师提出了更高的要求，训练的难度和强度也就加大了。作为教师可以把师范生分为粤方言小组、客家方言小组、闽方言小组、北方方言小组等主要组类，以此对学生分别作类型化的训练。对不同方言区的师范生，应该以什么训练内容为主，就应该采用什么样的训练策略和方式。应该营造什么样的训练氛围，应该以什么训练目标为重点或难点等，都要通过比较分析等手段，提出切合实际的针对性举措。

#### （二）要结合专业背景作针对性训练

汉语言文学专业的师范生自然是以汉语言文学为专业背景；既然是师范生，自然是以师范为专业方向。与此相关的培养目标、课程体系、课程设置、课程目标、教学组织、教学方法、教学对象、教学环境等都有自身的要求和特征。训练时要充分考虑这一背景因素，紧紧围绕着汉语言文学专业、师范方向来把握训练目标、训练的重点和难点，以强化训练的师范性特征。师范生未来的职业走向就是从事中小学语文教育教学工作，因此除了基础性能力、发展性能力和拓展性能力的训练，还要针对"师范性"（职业化）特征把训练的重心放在教师口语交际的素养和能力的提高上，强化教师口语交际能力的重点训练与全面培养。对师范生诵读能力、演讲能力、辩论能力，尤其是普通话运用能力、规范表达能力、准确理解能力、得体表达能力、教学口语操控能力、教育口语协调能力、语境创造能力等的训练，要花更多功夫、时间和精力，要落到实处。

### （三）要结合口语交际能力实际作具体化训练

无论是来自方言区，还是来自非方言区；无论是低年级，还是高年级，师范生的口语交际能力必然存在着差异。有些学生普通话水平比较高，可以达到二甲以上；有些学生则相对低一点儿，甚至还达不到三甲水平；有些学生对口语交际有浓厚的兴趣，善于沟通与交流，积极参加不同形式的诵读、演讲、辩论、主持人大赛等活动，在这些方面表现出特有的天赋和素养，能力比较强；有些学生善于公关活动，具有较强的商务谈判、公关实务运作能力；有些学生存在着不同程度的社交恐惧感、社交自卑感、社交猜疑心、社交嫉妒感等不良的交际情感，在口语交际过程中必然会有轻重不等的人际困扰；有的学生颇具语言声望，具有较强的语言魅力，人际吸引力较大……可以说，各种各样的情况都可能存在。针对师范生口语交际的现实，教师在组织课程教学和能力训练的过程中，要在充分调查研究做足准备工作的前提下，根据一定的条件和标准对师范生进行归类，总结出有规律性的东西，进而对不同类别的师范生确定不同的训练内容，选择不同的训练材料，采取不同的训练策略，做到因材施教、因人定教。对个别学生的特殊情况则要特殊对待，酌情处理。比如，可以设定统一的标准和核定指标，从总体上尝试着把师范生口语交际能力分作五级，即强、较强、一般、较差、差。然后，以此为依据分别对之进行具体化训练。比如，普通话正音训练适合于哪一类师范生，演讲训练在哪类师范生中进行更合适，公关口语交际训练更适合于哪类学生群体，哪个能力阶段的师范生更适合进行教师口语训练，对何种类型的师范生才可以开展社交礼仪训练等。这些都是坚持针对性原则所要考虑的重要内容。

## 第三节　训练策略

师范生口语交际能力的逐步全面提高，不能仅仅靠教师纯粹的课堂讲授来实现，相当程度上还要靠训练来促进实现。训练既是逐步实现全面提高师范生口语交际能力这个目标的重要途径，同时也是有计划、有步骤地使师范生具有较强口语交际能力的实现过程。训练在逐步全面提高师范生口语交际能力过程中具有非常重要的作用和功能，这是不容置疑的。但要注意的是，训练并不是盲目的、随心所欲的，除了要坚持上述相应的训练原则，还要注重优选相应的训练策略。根据汉语言文学专业（师范方向）系列性口语交际课程的教学实践，以及较长时期以来的研究，我们认为训练策略不是唯一和单层面的，而应该是多样化的、多层面的、成系统的。

## 一、训练策略内涵

训练策略是什么？什么是训练策略？这是构建训练策略机制必须解决的问题。所谓训练策略，简单地说就是任课教师为了提高训练效果，通过对相关课程及其内容进行较为系统的研究，并根据师范生各个阶段的口语交际能力状况，结合不同能力训练目标而在具体训练措施方面所做出的总体设计和策划。显然，这是比较原则性的表述，是从方法论层面对口语交际训练做出的思考。这样来界定"训练策略"至少要表明以下几点信息：

其一，任课教师对师范生进行口语交际训练是精心策划的，是经过深思熟虑、有充分准备的先在教学行为。教师职业道德的重要内涵之一就是爱岗敬业，热爱自己的学生，具有高度的职业责任感和使命感，用心教育学生，做学生的良师益友；教师的主要责任和作用就是要传道授业解惑。这就决定了任课教师在对师范生进行口语交际训练的过程中，无论是在教学态度的持有上还是在教学内容的厘定上，无论是在教学过程的组织上还是在教学方法的选择上，无论是口语交际知识的讲授还是口语交际能力的训练，都要有非常清醒的意识，要具有前瞻性的规划。因此，教师要坚持以生为本，在尊重学生生命意识的前提下做好训练前的所有准备工作，仔细思考训练的策略，周密设计训练的手段与方法；抱着高度负责的态度，认真对待口语交际训练；做到不打无准备之仗，不临阵磨枪仓促上阵；充分为学生着想，做到不应付学生，不敷衍了事。

其二，训练策略具有方法论意义和现实指导作用。对师范生进行口语交际训练需要任课教师做出宏观调控和总体把握，既要从大处着想又要从小处切入。第一，从大处着想，就是要从方法论原则的高度来策划训练模式、手段、方法，要从整体上去思考运用训练模式、手段、方法的总体思路，确定训练活动在方法论层面的基本原则，并把这种训练规划作为统帅整个训练过程的指导思想。比如针对要实现的不同能力目标思考该如何调控训练过程，该如何选择训练模式、手段和方法，该选择什么样的训练模式、手段和方法等，这些都是训练策略的重要内容。第二，从小处切入，就是根据训练策略总体规划的要求对训练模式、手段和方法做出具体的、合理的设计，使之在对师范生口语交际训练过程中发挥现实指导作用。比如，思考怎么策划单向交际训练模式、双向交际训练模式、直接交际训练模式、间接交际训练模式等，怎么建构复述训练手段、朗诵训练手段、演讲训练手段、辩论训练手段、教学训练手段等，怎么筹划情境训练法、示范训练法、竞赛训练法、命题训练法、分类训练法、综合训练法等。任课教师只有做到"大"与"小"的有机统一，才能使确定的训练策略合情合理、科学有效，使其潜在功能得到最大限度的发掘，从而发挥更大的作用。

其三，在具体训练过程中，训练策略是由多样化的训练模式、训练手段和训练方法来体现的。把训练策略付诸训练过程，最终要落实到训练模式、训练手段和训练方法上。因此，把训练策略作为一种体系来看待，其应该是由基本的训练模式、针对性训练手段与具体训练方法等子系统分层布局构成的。这一点下文将较为详细地分析和说明，此不赘言。

其四，训练策略的构想必然是出于一定的训练需要，有特定的训练目的和训练动机作为支撑，注重的是训练效果，看重的是有效性训练。训练当然注重效率效果，注重师范生口语交际能力提高的程度，这是毫无疑问的。而构拟训练策略就是在训练方法论层面上的自觉选择。"策略"本身就意味着某种程度的先在假设性，其试图通过优化设计训练模式、训练手段与训练方法来提高训练的效率，顺利实现各阶段的能力训练目标。如果不以理想的训练效果为追求目标的话，只需走走程序，做随意性训练即可，大可不必千方百计地去谋划训练过程，用心良苦地去策划训练模式、训练手段和训练方法。

## 二、训练策略系统

说到系统，必然要考虑两个方面的问题：第一，系统由哪些要素构成；第二，构成要素之间是什么关系，它们依据什么分层布局各定其位，分别担当着什么样的角色，各自发挥着怎样的作用。训练策略既可以是单一的具体策略，也可以是由处在不同层次上的多样化训练策略所构成的策略系统。具体策略是策略系统的构成要素，具体策略要素之间按照一定条件聚合在一起形成策略子系统，各个子系统再有机组合构成训练策略大系统。师范生口语交际训练策略是任课教师在方法论层面的事先安排和设计，有一定程度的虚拟性与假设性，因此最终还是需要借助于具体的训练模式、手段和方法来呈现。由此推定，训练策略系统则是由宏观、中观和微观上的训练模式、训练手段和训练方法构成的，可图示为：

训练策略系统图

### （一）训练模式系统

训练模式是任课教师用以指导师范生进行口语交际训练的标准形式和标准样式。训练模式子系统是由从不同角度析出的各种训练模式建构而成的。训练模式是多样化的，因此可以肯定地说，每个任课教师都会根据自己的训练教学经历和经验总结出一些具有针对性的训练模式。在构拟训练模式子系统时要思考的一个重要问题是：什么样的训练模式才是最便捷、最有效的训练模式？这意思是说，不在于任课教师采用了何种训练模式，关键在于是否选择了适宜的训练模式。是否适宜不是任课教师说了算，也不是依据学生主观判断，而要看训练模式是否能够有效提高师范生口语交际能力，是否能够顺利实现能力训练目标。

根据多年的训练教学体会，参阅学界关于口语交际训练模式的研究与思考，我们试着把口语交际模式作为依据来演绎口语交际训练模式，并由此推导出如下四对八种训练模式。把训练模式依托于交际模式，可以使训练模式的推演有理有据，并在此基础上构拟出宏观的训练模式子系统。

1. 单向交际训练模式和双向交际训练模式

交际主体是言语交际的重要构成要素，包括了说话者（发话者）和听话者（接受者）双方。发话者即为信息的传递者、输出者，接受者即为信息的获得者、接纳者。也就是说，言语交际中信息的传递有方向，而且这个"向"又有单向和双向之分。据此，可以把口语交际模式分为单向交际模式和双向交际模式两种。由此，从信息传递"向度"意义上，可以把口语交际的训练模式分为单向交际训练模式和双向交际训练模式两种。

（1）单向交际训练模式。在口语交际中，交际双方的角色地位固定，交际内容总是由发话者一方控制，信息总是由表达者一方向接受者一方传递，信息传递的方向始终保持一种方向，这就是单向的定向口语传递。在师范生口语交际训练过程中，任课教师依据口语交际中信息传递单向性的这个事实，就可以采用单向的口语交际训练模式。这种训练模式就是在任课教师所设计的口语交际单元中把接受训练者永远定位为说话者，使之始终掌握着语义信息和话语内容的控制权，始终传递着语义信息，其他在场者包括教师和学生自始至终都是听话者、信息的接受者，从而保持了信息传递方向的单一性，即 A→B，以此来训练师范生的口语交际能力。把训练对象作为发言者，把在场的其他学生和老师作为听众，可以采用总结发言、做报告、演讲、朗诵、讲述、复述、转述、评述、解说、主持等口语交际形式进行训练。运用这种模式可以训练师范生的多种口语交际能力，但主要聚焦于师范生的表达能力，包括话语组织能力、发音能力、发送能力、表演能力、语境创造能力、语境利用能力等。

（2）双向交际训练模式。在口语交际中，交际的内容由交际双方共同控制，交际双方的角色地位处在变换之中，任何一方可能一会儿是发话者，一会儿又是听话者，信息一会儿由 A 方向 B 方传递，一会儿由 B 方向 A 方传递，信息传递保持变向运动状态。任课教师依据口语交际中信息传递双向性这个事实，就可以采用双向交际训练模式。这种训练模式就是在任课教师所设计的口语交际单元中要求接受训练的学生据情进行角色转换，既要做发话者又要做听话者，使接受训练的学生在话语权控制上处在动态变化之中，从而保持信息传递方向的双向性，即由 A↔B，由此来训练师范生的口语交际能力。比如可以采用辩论、交谈、谈判、劝说、讨论等口语交际形式。采用这种模式可以训练师范生的各种口语交际能力，但主要聚焦于师范生的表达能力（主要包括话语组织能力、发音能力、发送能力、表演能力、语境创造能力、语境利用能力等）、倾听能力（主要包括听音能力、辨音能力、语境利用能力、理解能力等）、应变能力、话轮转换能力、话题控制能力、沟通能力等。

2. 直接交际训练模式和间接交际训练模式

口语交际本是一种面对面的交际，但由于某些语境条件不具备或者表达者出于某种交际目的，可以与接受者面对面沟通与交流，也可以通过第三者向接受者转达语义信息。显然，直接交际模式和间接交际模式是指在一位发话者与一位接受者的口语交际中，根据其是否通过第三方来传递信息而归纳出来的口语交际模式。据此，可以把口语交际分为直接交际模式和间接交际模式两种。任课教师依据直接交际和间接交际的事实，从交际主体的一对一性这个角度策划出直接交际训练模式和间接交际训练模式。

（1）直接交际训练模式。所谓直接交际训练模式，就是要求接受训练的师范生每两人一组，把其中一位学生设定为发话者，另一位学生设定为接受者，作为发话者的学生通过口说直接面对作为接受者的学生，向对方传递语义信息、表达交际意图，即信息直接由 A 传递给 B，而不需要第三者 C 作为中介。比如，可以采用讲述、复述、解说、交谈、谈判、劝说、讨论、调解等口语交际形式。采用这种训练模式可以训练师范生的各种口语交际能力，但主要聚焦于师范生的表达能力、倾听能力、应变能力、沟通能力、语境创造能力、语境利用能力等。

（2）间接交际训练模式。所谓间接交际训练模式，就是要求接受训练的师范生每三人一组，把其中一位学生设定为发话者，另一位学生设定为接受者，第三位学生设定为传话者，作为发话者的学生直接面对作为传话者的学生，并通过传话者向话语接受者传递语义信息、表达交际意图，即信息先由 A 传递给 B，然后再由 B 传递给 C。这个过程中 B 并不是真正意义上的信息接受者，C 才是信息传递的终点。这种训练模式需要第三者 B 作为中介。比如，可以采用讲述、交谈、转述等口语交际形式。采用这种训练模式可以训练师范生的多种口语交际能力，但主要聚焦于师范生的转述能力、记忆能力、理解能力、表达能力等。

3. 一次传递训练模式和分级传递训练模式

一次传递口语交际模式和分级传递口语交际模式，是指在一对多的口语交际中，根据其是否通过第三方作为中介来传递信息而归纳出来的口语交际模式。据此，可以把口语交际分为一次传递模式和分级传递模式两种。任课教师依据口语交际中一次传递和分级传递两种口语交际模式的事实，从交际主体的一对多这个角度策划出一次传递训练模式和分级传递训练模式。

（1）一次传递训练模式。所谓一次传递训练模式，是要把接受训练的学生分为两部分，其中第一部分仅有一位同学作为发话者，另一部分至少有两位以上的同学作为受话者，信息由发话者直接传递给众多的接受对象，即由发话者 A 直接面向 B，C，D，…，N 把信息传递过去，而不需要通过第三方作为中介。一次传递的速度较快，效率较高，声势较大，可以采用讲述、复述、评述、解说、主持、朗诵、演讲、宣传、动员、总结发言、做报告、课堂教学等口语交际形式。采用这种训练模式可以训练师范生的多种口语交际能力，但主要聚焦于师范生对每一位学生的观照能力、表达能力、理解能力、语境控制能力和现场应变能力等。

（2）分级传递训练模式。所谓分级传递训练模式，是要把接受训练的学生至少分为三部分，其中第一部分仅有一位同学作为发话者，第二部分至少有一位同学作为受话者并作为话语的转述者，第三部分至少有一位同学作为话语的最终接受者。信息由第一部分的同学直接传递给第二部分的同学，然后由第二部分的同学再传递给第三部分的同学，即由发话者 A 直接把信息传递给多个受众，然后再由这些受众传递给更多的受众，需要通过第三方作为中介。分级传递的速度较慢，效率较低，对不同信息接受者有不同的要求时可以采用这种训练模式。这种训练模式可以训练师范生的多种口语交际能力，但主要聚焦于师范生面对众多不同的信息接受者时所需要的表达能力、理解能力、转述能力、应变能力、策略选择能力、语境控制能力等的训练。

4. 单独交际训练模式和集体交际训练模式

单独交际模式和集体交际模式是指在多个交际主体参与的口语交际中，根据其是否单独传递信息而归纳出来的口语交际模式。任课教师依据口语交际中单独交际模式和集体交际模式的事实，从交际主体的一对一性和多对多性这个角度设定了单独交际训练模式和集体交际训练模式。

（1）单独交际训练模式。当一个发话者要向多个接受者传递信息时，如果分别找这几个接受者逐个地单独交流，就是单独交际。采用这种单独口语交际训练模式，是要把参与训练的学生分为两部分，第一部分仅有一位同学作为发话者，第二部分至少有两位同学作为接受者，并由一位同学分别把信息传递给若干个同学。例如：训练学生 A 依据对语境条件的掌握情况把相同信息分别传递给学生 B，C，D，…，$N$，即 A→B，A→C，A→D，…，A→$N$。

这种训练模式可以训练师范生的多种口语交际能力，但主要聚焦于师范生面对众多不同的信息接受者时所需求的表达能力、理解能力、应变能力、判断能力、协调能力、策略选择能力、语境控制能力、单独交际能力等。

（2）集体交际训练模式。如果一个发话者同时向众多不同的接受者分别传递信息，或者不同的发话者同时向众多不同的接受者传递信息，这就是集体交际。采用集体交际训练模式，是要把学生分作两部分，第一部分为一人或多人作为发话者，第二部分为多人作为接受者，训练学生依据对语境条件的掌握情况把相同信息分别采用一对多或多对多的方式传递出去：

Ⅰ　A→B/C/D/，…，$N$

Ⅱ　A/B/C/，…，$N$→D/E/F/，…，$N$

这种训练模式可以训练师范生的多种口语交际能力，但主要聚焦于师范生面对众多不同的信息接受者时所需要的表达能力、理解能力、应变能力、判断能力、协调能力、策略选择能力、语境控制能力、群体交际能力等。

**（二）训练手段系统**

正如上文所说，口语交际训练模式作为一种宏观的训练策略，是要由众多不同的训练手段来体现的。训练手段是中观层面的训练策略，是为了实现师范生口语交际训练目标而在一定训练模式的规约之下所采用的具体的训练方式。训练手段既可以是一个个具体的方式，也可以是由多种训练方式所构成的训练手段子系统。那么，在确定训练手段时应该以什么为根据？我们认为，最简单最有效的就是结合口语交际行为本身来设定训练手段。训练手段应该是多角度多层面的，也是多样化的，可以说有多少种口语交际活动就可以确定多少种训练手段。因此，从理论上说，训练手段是无限量的。这里仅举例分析如下：

1. 复述

复述就是把读过的、听过的语义内容重新说一遍。复述是日常口语交际、社会交际和艺术交际各个层面都经常出现的一种口语交际行为，一般又可分为详细复述、概要复述、扩展复述、变式复述四种①。其要求受训练学生忠实于原文（原话），认真理解与把握重点内容，复述时条理清楚，并努力实现书面语向口语的转化。这种训练手段可以使学生的多种口语交际能力得到提高，包括记忆能力、联想能力、理解能力、概括能力、话语转化能力等。

2. 转述

转述就是交际者利用记忆能力和重新组织语言的能力把交际对象所说的话说给第三者。转述有两种：一种是直接转述，也就是把发话者的话语原原本本地转告给第三者；另一种是间接转述，就是把发话者话语的主要意思转达给第三者。转述是师范生必须会运用的交际手段。采用转述手段要求受训练学生学会认真倾听，准确理解和把握发话者的话语内容和交际意图，并原封不动地把说话者的话或者用自己的话把发话者的主要语义内容说给第三者。这种训练手段可以使学生的多种口语交际能力得到提高，包括记忆能力、倾听能力、理解能力、概括能力、语言组织能力、话语转化能力等。

3. 讲述

讲述就是把事情或者道理说出来。这种口语交际行为在任何交际层面都是普遍的现象，包括阐述、叙述、描述、说明、解说、讲话、做报告、发言与总结等。采用讲述手段就是要求参加训练的学生能根据训练目标要求或者对自己的所见所闻口头表达自己的看法，或叙述，或描写，或说明，或解说，或总结等。这种训练手段可以使学生的多种口语交际能力得到提高，包括语言组织能力、规范表达能力、变

---

① 张锐，万里. 教师口语 [M]. 北京：北京师范大学出版社，1994：188.

异表达能力、得体表达能力、概括能力、语境创造能力和语境利用能力等。

4. 评述

评述是指评论和叙述，也就是把事件或现象的前后经过说出来并对事件或现象作相应的评价。评述包括新闻评论、时事评论、评价等口语交际行为。采用评述手段就是要求参加训练的学生能根据训练目标要求对自己的所见所闻进行口头评价。这种训练手段可以使学生的多种口语交际能力得到提高，包括语言组织能力、表达能力、判断能力、分析能力、叙述能力、评价能力等。

5. 诵读

诵读是把书面语言材料大声地念出来，包括朗诵和朗读口语交际行为。采用诵读手段就是要求参加训练的学生能根据训练目标要求以多遍念读为基础，把书面文字材料转换成有声语言并准确地或者艺术化地传送给听众。这种训练手段可以使学生的多种口语交际能力得到提高，包括语音调节能力、规范发音能力、准确理解能力、表演能力、书面语向口头语的转换能力、情感表现能力等。

6. 演讲

演讲是就某个问题向听众说明事理、发表自己的看法的一种单向口语交际行为。演讲又分为即兴演讲和命题演讲两种。任课教师采用演讲手段来训练师范生，就是要引导并促使学生通过演讲来掌握演讲技能，做到观点明确、内容正确、思路清晰、表达顺畅、富有感情、仪表举止得体。这种训练手段可以使学生的多种口语交际能力得到提高，包括表达能力、节奏把握能力、表演能力、应变能力、现场控制能力、情感表现能力、态势语调配能力等。

7. 辩论

辩论是交际双方用一定的道理来说明自己对事物或问题的见解，彼此相互反驳，以最终得到正确的认识或共同意见的一种双向口语交际行为。从不同角度看，辩论应该包括雄辩、诡辩、讨论、谈判、实用性辩论、表演性辩论等口语交际行为。采用辩论手段是要求参加训练的学生能根据训练目标要求就某个话题分组进行正反双方的论证，努力做到观点明确、论据充分、论证有力、方法得当，由此来提升师范生的辩论能力。这种训练手段可以使学生的多种口语交际能力得到提高，包括逻辑思维能力、应变能力、表达能力、表演能力、现场控制能力、情感表现能力、态势语调配能力等。

8. 交谈

交谈是交际主体相互接触，彼此交流事情、传递信息、沟通情感的一种双向口语交际行为。它是人类最常见的日常口语交际行为，是社会生活的重要组成部分。从不同角度看，可以把交谈分为主动性交谈和被动性交谈、单个交谈和集体交谈、单一抉择式交谈和多种选择式交谈等。① 包括日常聊天、电话交谈、师生谈心、上下级沟通、座谈、调解、夫妻交流、求职交谈、推销交谈、教师家访、司法交谈、医患交谈等。采用交谈手段是要求参加训练的学生能根据训练目标要求就某个话题分组进行双向口头交流，以实现传递信息、交流情感、建立良好人际关系等交际目的，从而提升师范生的交谈能力。这种训练手段可以使学生的多种口语交际能力得到提高，包括话题导向能力、表达能力、表演能力、应变能力、现场控制能力、情感表现能力、态势语调配能力等。

9. 问答

问答涵盖了提问和回答两种口语交际行为，有问必有答，问和答互为存在的条件。提问是为了了解对方、获得信息、沟通情感、促进交流而实施的口语交际行为；回答则是就交际对象提出的问题做出相应的反应。问答虽是常见的口语交际活动，但有很高的技术含量。问什么，不问什么，怎么问；答什么，不答什么，怎么答，都需要做出认真思考和抉择。因此，把问答作为训练师范生口语交际能力的手段是有重要的现实指导意义的。在对师范生进行口语交际训练时，采用问答手段是要求参加训练的学生能根据训练目标要求就某个话题或者就某些方面分组进行双向口头交流，以了解对方、获得信息、沟通情感、促进交流，从而提升师范生的问答能力。这些能力包括提问能力、回答能力、倾听能力、分析判断能力、理解能力、应变能力、现场控制能力、情感表现能力、捕捉信息焦点能力等。

10. 教学

教学是教师把知识、技能传授给学生的过程。从言语交际角度来理解，教学是教师运用口头语言把知识、技能传授给学生的言语交际行为。教师教学讲究教学的语言艺术，教学过程中的阐释语、课堂问答、导入语、教学总结、说服语、劝说语、表扬语、批评语、沟通语、启迪语、激励语、评价语、调解语、谈话语等都要经过认真思索，精心设计，否则无益于教学质量的提高。采用教学手段就

---

① 刘伯奎. 教师口语——表述与训练［M］. 上海：华东师范大学出版社，1994：318–320.

是要求参加训练的学生能根据训练目标要求实施教学行为，演绎教学活动，以训练师范生驾驭教学语言的能力。这种训练手段可以使学生的多种口语交际能力得到提高，包括提问能力、回答能力、倾听能力、分析判断能力、应变能力、现场控制能力、情感表现能力、态势语调配能力、语言组织能力、规范表达能力、变异表达能力、得体表达能力、理解能力、叙述能力、描写能力、讲解能力、评价能力、导入能力、过渡能力、总结能力等。

### 11. 批评

通常意义上的批评是针对交际对象的缺点和错误提出意见。批评也要讲究技巧和策略，更要付出较多的感情。如果把握不准，批评就会恶化双方的人际关系，影响情感的交流，导致事倍功半。采用批评手段是要求参加训练的学生能根据训练目标对其他同学进行批评，做到情理并重，心理相容，尊重对方，力求准确，并具有针对性，由此来训练师范生的口头批评能力。这种训练手段可以使学生的多种口语交际能力得到提高，包括分析判断能力、批评技巧的选择能力、情感表现能力、语境创造和利用能力等。

### 12. 表扬

表扬是对好人好事进行赞美的口语交际行为。表扬本是件好事，但实施表扬行为的人是否尊重事实，是否讲究表扬的策略，是否做到及时等，都会从不同程度上影响表扬的效果。因此，表扬能力的训练与提高是师范生未来教师职业技能的重要基础。采用表扬手段是要求参加训练的学生能根据训练目标对其他同学进行赞美，做到客观公正，具有针对性，由此来训练师范生的口头表扬能力。这种训练手段可以使学生的多种口语交际能力得到提高，包括分析判断能力、表扬技巧的选择能力、情感表现能力、语境创造和利用能力等。

### （三）训练方法系统

训练方法是微观层面的训练策略，是为了实现师范生口语交际训练目标所采用的具体训练措施和程序。训练方法既可以是一个个具体的措施、步骤和程序，也可以是由多种训练方法所构成的训练方法子系统。训练方法有很多，可以说训无定法，从理论上说训练方法是无限量的。但有一点是肯定的，那就是要做到因材施教、因人而异，并最终以训练效果的好坏作为核定训练方法优劣的标准。这里仅以常见的训练方法为例，分析如下：

### 1. 情境训练法

所谓情境训练法，是指任课教师在遵循一定训练原则的前提下，充分利用语境条件，创设或模拟口语交际的现实场景，来指导师范生进行口语交际训练的方法。这种训练方法注重口语交际情境的现实可感性、逼真性，能够体现师范生口语交际的实际需求，能够让师范生在活生生的口语交际实验场中根据不同交际场合，针对不同交际对象，围绕不同交际意图而采用不同的交际态度和交际策略，从而提高自己的口语交际能力。张淑娟认为，情境的创设还应体现一定的梯度，以适应不同层次交际的需要。如在学习的初级阶段，教师应尽可能地提供真实情境，使学生产生身临其境的真实感。当学习达到一定阶段，可设置模拟情境，启发学生进入角色，开展口语交际活动。[①] 这从另一个角度进一步阐释了情境训练法的合理利用问题。交谈能力、演讲能力、辩论能力、评述能力、诵读能力等多种口语交际能力的训练都可以采用情境训练法。情境训练法的基本程序如下：

第一步：确定训练目标，设置训练题目或布置训练任务，讲明训练要求。

第二步：合理调配参训学生，指导学生进行自我角色定位，做足训练前的准备工作。

第三步：围绕训练目标，针对训练学生口语交际状况，引导学生把握训练的重点和难点，指导学生主动利用并创设情境条件。

第四步：根据要求开始训练，在训练过程中参训学生是主角，教师做忠实的观众和听众。

第五步：学生点评，总结经验，指出存在的问题。

第六步：教师点评并总结，给予中肯评价，提出合理化建议。

第七步：及时或择时进行训练效果检测。

2. 示范训练法

所谓示范训练法，就是根据师范生口语交际训练目标的要求，由任课教师亲自言传身教，或者利用现代教育技术，通过播放视频、录像等手段，让师范生从中模仿示范者口语交际技能的一种训练方法。这种训练方法要求示范者所实施的口语交际行为必须具有规范性、得体性与可操作性，突出了示范者的楷模作用，由此来激活师范生潜在的口语交际模仿能力。示范训练法的基本程序如下：

第一步：确定训练目标，提出明确的训练要求，告诉学生应该掌握的技巧、把握的重点和难点。

第二步：围绕训练目标选好视频材料，教师提前做好亲自示范的准备工作。

第三步：教师示范或者播放视频，在这个过程中教师可适时作简要解释。

第四步：根据要求开始训练，在训练过程中参训学生是主角，教师是忠实的

---

① 张淑娟. 口语交际教学的基本原则和途径［J］. 语文学刊, 2005（2）: 42-45.

观众和听众。

第五步：学生点评，总结经验，指出存在的问题。

第六步：教师点评并总结，给予中肯评价，提出合理化建议。

第七步：及时或择时进行训练效果检测。

3. 竞赛训练法

所谓竞赛训练法，就是鼓励学生利用一切机会与可能积极参加学校内部和社会上组织的包括演讲、辩论、诵读、活动（节目）主持人大赛、相声、小品演出、教育实习、课堂教学大赛、读书报告会等在内的说话类竞赛活动，以此来训练口语交际能力。这种训练方法带有命题训练的性质，是根据竞赛活动的要求来设计训练内容和确定训练目标的。它不仅使师范生完全进入口语交际的实战状态，而且引入了竞争机制和评价机制，强化了对师范生现场意识、应变能力、控制能力、语境利用能力等综合性口语交际能力的训练。竞赛训练法的基本程序如下：

第一步：根据大赛要求确定训练目标和训练内容，提出明确的训练要求，告诉学生应该掌握的技巧、把握的重点和难点。

第二步：选择参训学生，督促学生结合训练目标做好大赛前的所有准备工作。

第三步：参训学生反复进行赛前演练，其他学生从不同角度提意见和建议，任课教师给予具体而又有针对性的指导。

第四步：准时参加竞赛，全面展示自己，塑造人际魅力，做到从容镇定，不怯场，以最佳的精神状态面对评委和听众。

第五步：由现场评委点评以及时检测训练效果。

第六步：赛后结合现场评委的点评、听众的反应，在任课教师的指导和建议下进行深层反思，并与其他参赛学生进行比较，总结经验教训，从而为今后相类似的口语交际能力训练提供具体策略和参考。

4. 自由训练法

这种训练法要求师范生利用一切机会与可能，随时随地、有意识地进行口语交际训练。这种训练方法带有更多的自由性和自主性，强调的是学生训练的自觉性和主动性，由学生自己对某个或某些能力目标进行训练，话题具有不确定性，训练时间和训练场地都有很大的随意性；任课教师不特意设定训练目标和训练任务，不预设具体的话题，更不对训练时间和训练场地等作强制性要求。比如，学生可以利用回家坐车的机会，在汽车站、汽车上和售票员、乘务员、乘客等进行随意的交流与沟通，饭后与同学、舍友、同乡等聊天，课前课后就课堂教学内容进行议论，商场购物时讨价还价……在这些口语交际过程中强化自己在某些方面的口语交际能力。自由训练法的基本程序如下：

第一步：师范生要有较为强烈而又鲜明的自由训练意识，有自觉性和主动性，这是前提。

第二步：要学会利用和创造口语交际的环境条件，具有较强的应变能力。

第三步：要根据语境选择适当的话题和交际方式，适度把握沟通的时间，并注意能力目标的合理调控。

### 5. 命题训练法①

与自由训练法相对的是命题训练法。命题训练法是任课教师根据训练目标的要求，事先给参训学生提出训练题目，并要求学生围绕着题目来训练口语交际能力的一种方法。这种训练方法带有一定的强制性，要求学生必须按照教师所规定的训练题目来达到训练的目的，完成相应的训练任务。比如要实现师范生诵读能力训练目标，任课教师可以规定统一的朗读文体和一致的诵读篇目，而不允许参训学生自主选择文体和篇目。这样做，一方面是为了参训学生之间有更多的可比性，以便于相互比较与借鉴；另一方面也是为了强化学生完成命题训练任务的执行能力。命题训练法的基本程序如下：

第一步：确定训练目标，提出明确的训练要求，告诉学生应该掌握的技巧、把握的重点和难点。

第二步：由任课教师指定训练题目，指导学生紧紧围绕着训练题目进行策划和设计，督促学生做好训练前的所有准备工作。

第三步：根据要求开始训练，在训练过程中参训学生是主角，教师是忠实的观众和听众。

第四步：参训学生完成命题训练任务后，先由学生点评，指出优缺点，尤其是要找出存在的问题。

第五步：教师点评并总结，给予中肯评价，提出合理化建议。

第六步：及时或择时进行训练效果检测。

### 6. 分类训练法

分类训练法是根据师范生口语交际能力状况对参训学生分别归类，再依据不同类别学生的不同类型化特征采取针对性训练措施和程序的一种训练方法。这种

---

① 周仲强. 口语表达能力培养的理论与实训构建 [J]. 职业时空, 2009 (11)：12 - 14.

训练方法具有一定的针对性，充分考虑到了师范生口语交际能力的现状，包括可能存在的问题、优势等。因此，要求任课教师在训练之前必须通过各种手段，比如问卷调查、采访、座谈会、测试、交谈等手段，较为深入而又全面地了解师范生的口语交际能力状况，做出恰切的认知与判断，并能够对参训学生做出比较切合实际的分类。就肇庆学院汉语言文学专业师范生来说，通过了解可以根据方言背景将师范生归类为粤方言小组、客家方言小组、闽方言小组等类型；可以根据口语交际能力的强弱将师范生归类为强、较强、一般、较差、差等类型。在此基础上，找出每类学生在口语交际方面的类型化特征，针对不同的类型化特征，分别设计相应的训练程序，采取相应的训练措施，以便捷、有效的方式提高师范生的口语交际能力。比如针对客家方言区的参训学生，就要找出该类学生在口语交际中存在的共性问题，如发音方面的系统性错误、词语运用方面的常见错误、语法方面的规律性错误等，然后再对症下药。分类训练法的基本程序如下：

第一步：了解师范生口语交际状况，根据不同条件对参训学生进行归类。

第二步：根据不同类型确定训练目标，提出明确的训练要求，告诉学生应该掌握的技巧、把握的重点和难点。

第三步：各类学生自由选择训练题目或者由任课教师指定训练题目，分别指导各类学生紧紧围绕着训练题目进行策划和设计，督促学生做好训练前的所有准备工作。

第四步：参训学生完成训练任务后，先由属于同类型的学生点评，指出优缺点，尤其是要找出存在的问题。

第五步：教师点评并总结，给予中肯评价，提出合理化建议。

第六步：及时或择时进行训练效果检测。

7. 专题训练法

专题和命题有某种程度上的交叉性，但又不完全一样。专题是指专门性训练题目，比如演讲训练、朗诵训练等，侧重于训练内容或目标的专门性；命题则是指任课教师指定训练题目，侧重于训练内容或训练目标选定的自主与不自主性。因此，所谓专题训练法，是任课教师根据训练目标的要求设计出专门性训练题目，以此来对师范生做出专门性口语交际训练的一种方法。比如，可以设计演讲能力训练专题、诵读能力训练专题、辩论能力训练专题、规范表达能力训练专题、理解能力训练专题、态势语协调能力训练专题、情感表现能力训练专题、课堂教学导入语设计能力训练专题、电话交谈能力训练专题等。这种训练方法是要通过系列性专门训练来强化参训学生在某个方面的口语交际能力。专题训练法的基本程序如下：

第一步：根据教学计划和教学内容，由任课教师设定训练专题。

第二步：根据所确定的专题，提出明确的训练要求，告诉学生应该掌握的技巧、把握的重点和难点。

第三步：由任课教师命题或者由参训学生自主选定训练题目，任课教师指导参训学生紧紧围绕着训练题目进行策划和设计，督促学生做好训练前的所有准备工作。

第四步：参训学生完成训练任务后，先由其他学生点评，指出优缺点，尤其是要找出存在的问题。

第五步：教师点评并总结，给予中肯评价，提出合理化建议。

第六步：及时或择时进行训练效果检测。

8. 个别训练法

简单地说，个别训练法就是由任课教师针对个别师范生，进行一对一的指导训练。师范生口语交际能力有强有弱，在训练过程中要做到面向整体，兼顾个体。也就是说，对一般的师范生可以提出基本的训练要求和训练目标，采取常规的训练方法；但对口语交际能力特别强或者特别差的师范生，不能放弃对其的训练，任其自由发展。个别训练法弥补了其他训练方法的不足，把更多的注意力投射到了两个极端——一个是口语交际能力特别强的师范生，另一个是口语交际能力特别差的师范生。一般来说，口语交际能力特别强或者特别差的学生人数不会太多，往往是个别同学。任课教师采用个别训练法对他们进行个别训练，才有针对性，才能取得事半功倍的训练效果。个别训练法的基本程序如下：

第一步：深入学生中去，认真观察倾听，并通过测试等手段全面了解、判断每一位师范生的口语交际状况。

第二步：确认口语交际能力特别强和特别差的师范生，并对他们作进一步的深入观察和测评，以判断各自口语交际的优势和劣势，以便采取针对性训练措施。

第三步：在做好第二步工作的基础上，由任课教师根据教学计划和教学内容分别指定训练题目，并分别提出不同的训练要求，告诉参训学生分别应该掌握的技巧、把握的重点和难点。

第四步：任课教师指导参训学生紧紧围绕着训练题目进行策划和设计，督促学生做好训练前的所有准备工作。

第五步：参训学生完成训练任务后，先由参训学生本人畅谈自己在训练过程中存在的优缺点，尤其是要找出存在的问题、需要反思和改进的地方。

第六步：任课教师进行点评并总结，给予中肯评价，对口语交际能力特别强的学生要提出更高的能力目标，对特别差的学生需要循序渐进，逐步提升其口语交际能力。

第七步：及时或择时进行训练效果检测。

### 9. 小组训练法

为了训练上的方便，根据一定的条件把师范生组成各个不同的训练小组，并以训练小组为单元对师范生进行口语交际训练的方法即小组训练法。全班性、规模化的训练有一定的优势，但也存在着很多弊端。比如因为是全班同学都参加训练，任课教师可能会因为时间紧、精力有限等因素而忽略个别同学参与训练的积极性和主动性，可能会照顾不到一些细节性问题；学生也会因为老师顾及不到，或者自己积极性不高，而放任自己不充分参与训练甚至还会影响他人训练等。因此，为了使训练能够顺利进行并便于操作，任课教师就要讲究一定的策略，分小组训练就是一种很好的策略选择。比如可以根据特长、兴趣、宿舍、班级、自然小组、前后排、邻座等把参训学生分为不同的训练单元，每个小组指定一位学生作为小组长具体负责训练的组织工作。这样每个小组人数相对较少，参训学生之间可以相互监督、相互促进，教师也能够合理安排时间给予具体指导。小组训练法的基本程序如下：

第一步：遵循便捷原则对学生进行分组，并指定小组长。

第二步：确定训练目标，明确训练任务和要求，告诉参训学生应该掌握的技巧、把握的重点和难点。

第三步：召集训练小组组长落实组织训练的基本要求和方法，指导小组长开展训练，要求小组长做好训练记录和总结，并代表本组参加全班汇报会。

第四步：召开全班训练活动汇报会，先由训练小组组长介绍本组训练情况，总结优点，分析存在的问题，然后由各组推荐的同学再适时作训练汇报。

第五步：任课教师根据各组训练总结和训练实际进行点评并总结，给予中肯评价，提出合理化建议和后续的训练方法。

第六步：及时或择时进行训练效果检测。

## 三、训练策略运用

### （一）训练策略选择

训练策略是在师范生口语交际训练过程中形成的带有假设性质的施言计划和措施，具有更多的先在性和主观臆想色彩。其中涵盖了较多不同的训练模式、训练手段与训练方法，并且各自成为一个子系统。训练方法量大不可怕，关键是如何使自己的选择更实用、恰当，更具有针对性，并且带有更多的动态性和可调整性。正如上文所说，在广东省范围内，尤其是类似肇庆学院这一层次的普通本科院校，其生源主要来自岭南地区。针对这个实际，就要直面多方言区师范生说话过程中所存在的心理、语言、文化等方面的障碍，以摸索出适合于岭南方言区师范生的更具针对性的训练模式、训练手段和训练方法。教师往往要结合训练目标、参训学生、训练内容、训练目的等，对有关训练模式、手段和方法做出相应的选择。可以采取一种训练模式、训练手段或训练方法，也可以选择多种训练模式、训练手段或训练方法，唯以适宜有效为原则。

**（二）训练策略综合运用**

训练策略的设计与选择常常是综合性的，是多种训练策略的巧妙配置与合理选择。以上所述的各种类型的训练策略包括训练模式、训练手段和训练方法，都可以根据需要进行合理调配。训练策略的综合性运用体现了师范生口语交际训练的综合性。主要表现在：

1. 多种训练策略平行运用

任课教师根据特定的交际目的，可以同时采用两种或两种以上的训练策略。按照我们的主张，情境训练策略是与师范生口语交际训练行为相伴而存的训练策略。在把情境训练策略作为条件性训练策略的同时，还可以平行运用其他训练策略。这些训练策略都是重要的，没有主次之分，没有轻重之别，互为依存，互为观照，分别从不同角度共同为口语交际训练服务，共同为训练提供具有积极意义的帮助。比如对师范生规范表达能力的训练，在采用复述手段的同时，也可以采用讲述、评述、转述等手段。从理论上说，各个训练策略类型之间都可以排列组合而形成不同策略组合模式。当然，在实际训练过程中究竟应该平行运用哪几种训练策略，不完全是由任课教师的主观愿望决定的，还要根据训练需要做出优化配置和适宜选择。

2. 多种训练策略主次分明

训练策略的综合运用常常表现为几种训练策略之间的主次之分、轻重之别。也就是说，训练策略的构拟和选择在任课教师心目中的位置，以及在训练中所起的作用是有区别的。有的训练策略起主要作用，具有不可替代性；有的训练策略则只起辅助作用，帮助主要训练策略共同完成师范生口语交际训练。情境训练策略是最高层次的具有方法论意义的训练策略，因此从这个意义上说情境训练策略是最重要的条件性训练策略，是任何师范生都不能弃之不用的训练策略，其他训练策略都必然要以情境训练策略为同在或前在性条件。在坚持情境训练策略第一重要的同时，其他训练策略也还有主次之分。一方面，某些训练策略与情境训练策略同等重要，而其他的训练策略则处于次要地位；另一方面，情境训练策略之外的训练策略之间也有主有次。

3. 多种训练策略动态调整

训练策略带有更多的前在性和假设性，是实施师范生口语交际训练行为之前的一种施言计划。计划终归是计划，当在训练实践中得以执行的时候，计划不一定都适合训练实践的要求。这种时候，就迫切需要任课教师根据师范生口语交际训练的实际，对原先设定的训练策略做出必要的调整。这种调整更多的时候是不同训练策略的更换，也就是由甲策略变换为乙策略，或者是多种训练策略的重新洗牌。而且，随着师范生口语交际训练的不间断进行，这种训练策略的动态性调整存在着较多的潜在可能性。只要事先设定的训练策略不能很好地发挥应有的作用，任课教师都可以而且必须在情境训练策略的通观之下对之作必要的调控。

# 第九章 口语交际训练（二）——模拟训练构拟

## 第一节 模拟训练概说

### 一、分段开展模拟训练

口语交际模拟训练是一个系统性工程，不是哪个学段、哪一门课程、哪一节内容就能够解决的问题；同时也是一个需要长期坚持不懈实施的教学环节，不是一蹴而就的事情。虽然在训练的方法、模式、话题、具体要求等方面存在着一定程度的共同性，但是不同学段、不同课程、不同具体教学目标在能力训练上自然会有不同的要求。比如可以根据综合性目标、阶段性目标、观测性目标、操作性目标等的不同来开展模拟训练，也可以根据课程本身具体教学内容的要求采用不同的训练模式、方法等强化模拟训练。

我们主张根据师范生大学四年的阶段性课程以及阶段性能力目标的要求来开展训练教学。根据上文观点，我们把口语交际训练目标体系认定为由综合性目标、阶段性目标、观测性目标和操作性目标等不同目标及其多层次下位目标要素构成；又根据对口语交际课程目标的论述，把课程目标确定为四个学段来完成。对应于课程体系中的学段性目标，我们认为能力训练目标也同样表现为四个阶段，依次为基础性能力训练目标、发展性能力训练目标、拓展性能力训练目标、职业化能力训练目标。因此，依据分段能力对师范生开展模拟训练是一种合理合规且有据可依的选择。

### 二、模拟训练基本思路

模拟训练的目的就是让师范生能够通过设定的模拟训练活动而逐步掌握相应的口语交际能力。因此，训练时需要寻找一个相对来说更为合适的切入点或者角度才能形成训练的网络，这样更容易把综合性能力训练、阶段性能力训练、观测性能力训练、操作性能力训练统一纳入这个训练网络之中。在分段能力模拟训练时，坚持以综合性能力训练目标的实现为终极目的，以阶段性能力训练目标的达成为主线，把观测性能力训练目标的完成贯彻其中，并把操作性能力训练目标的落实作为基本落脚点。换句话说，就是把师范生综合性口语交际能力的逐步提高作为训练教学的根本目的，借助于不同方法、手段、模式、条件等把基础性能力训练作为起跑点，在此基础上再进行发展性能力训练，进而强化拓展性能力训练，最后专注于职业化能力训练。在这个过程中，对每个阶段性能力训练而言，要把观测性能力以及操作性能力的训练化整为零，落实到每一个具体的能力指标上，从而形成一种重点突出、兼顾全面而又主次分明的综合性训练机制。

在构拟训练题目、提出训练要求时，不求面面俱到，唯求举例性地模拟出不同训练话题的基本要求。尽量结合不同课程教学内容和能力目标要求，把本书所构拟的有关训练模式、手段、方法等揉进其中，由此来强化各种能力培养的训练教学环节。所以，以下各节模拟训练构想主要以话题形式出现，然后从口语交际的相关方面以及能力目标实现的具体运作等方面提出模拟训练的一些基本要求。

### 三、模拟训练思路形成的基本依据

#### （一）口语交际课程教学是模拟训练的依托

以上所陈述的基本训练思路突出了口语交际课程的中心地位。在我们看来，师范生口语交际能力训练是把口语交际课程教学作为依托，把各门课程能力目标的达成作为基本要求，把口语交际课程体系终极能力目标的实现作为核心任务。

口语交际系列性课程是实操性非常强的课程。这种实操性就突出地体现为，口语交际能力培养必须在精心设计的模拟训练与现实口语交际活动中进行，而不能仅仅是凭着任课教师讲解、传授一些相关知识和理论就算完成。作为学生也不能仅仅依赖于掌握甚至是仅仅记住口语交际的一些条条框框就认定自己已经练就了口语交际的技巧和能力。相反，学生必须在任课教师精心设置的科学化、系统性训练以及在现实口语交际实践平台的实际操作中，才能真正逐步锻炼与培养能力。比如，普通话语音训练课程本身就是一门实践性很强的课程。学习这门课程的最终目的是要求师范生学会使用普通话，把普通话作为首选、优选的交际工具、思维工具，并且做到清楚明白、规范流畅。这是师范生应该具备的基本功和基本能力，更是这门课程教学目标的基本要求之一。那怎么才能让师范生学会使用一口流利的普通话呢？光是靠死记硬背该课程中诸如声母、韵母、声调、音位、音素、变调等概念和知识点，根本不能锻炼其应用普通话的能力。任课教师必须根据具体教学内容和教学目标，采用适宜的教学方法和手段，设计相应的训练题目或提供实践机会，促使师范生能够走进模拟训练和实训操作的现场，根据具体情境去说话、交流和运作，这样才能发现在使用普通话过程中存在的问题，比如发音不准、音强不够、声韵搭配错误、前鼻音与后鼻音不分、平舌音与翘舌音不分、舌面音与舌尖音不分、不会儿化等。然后，才可以依据存在的问题分类给予有针对性的指导，由此来纠正错误，强化音准，提升使用普通话进行口语交际的能力。所以，模拟训练不能脱离口语交际课程教学而单独进行，口语交际课程教学也必须有模拟训练环节。这样的模拟训练才有依靠，这样的口语交际课程教学才更有实际意义，才更踏实更有效果。

### （二）与综合性能力目标的逐步实现同步

关于师范生口语交际能力的培养，我们一直主张要注重平时的强化训练并坚持逐步提高而最终达到目的。在我们建构的课程体系中，现代汉语、普通话语音训练、语言学理论等基础性课程，主要培养的是师范生口语交际的基础性能力，在教学中要解决的主要问题是夯实基础性能力的问题，所以这个课程系列要实现的能力目标总体上看是基础性能力训练目标。言语交际学、社交礼仪、口语修辞学等课程，主要培养的是师范生口语交际的发展性能力，解决的主要问题是如何才能使师范生的一般口语交际能力得以不断提升，所以这个课程系列要实现的能力目标总体上看是发展性能力训练目标。演讲与辩论、诵读训练、公关语言学、主持语言艺术等课程是拓展性课程，主要培养的是师范生口语交际的拓展性能力，在教学中要解决的主要问题是如何根据师范生口语交际的特长和兴奋点，从宽口径切入针对不同兴趣的师范生训练其个性化能力问题，所以这个课程系列要实现的能力目标总体上看是拓展性能力训练目标。教师口语课程属于师范生未来职业取向的职业化课程，主要培养的是师范生口语交际的职业化能力，在教学中要解决的主要问题是如何根据师范生未来教师职业之需培养其教育教学口语能力的问题，所以这个课程系列要实现的能力目标总体上看是职业化能力训练目标。由基础性能力训练目标的落实到发展性能力训练目标的完成，再到拓展性能力训练目标的达成，最后到职业化能力训练目标的实现，这是一个渐进的过程。我们的训练教学思路与不同学段不同系列课程所要实现的能力目标是完全一致且是同步的。

### （三）与能力提升的基本规律一致

人类认知并接受事物的能力是逐步提升的，由低级到高级，由低水平到高水平，这也是人类进步的基本规律。口语交际能力模拟训练从最基础的能力训练开始，直至职业化能力的训练，这个过程具有一定的内在逻辑性。由基础性能力至职业化能力，一环扣一环，逐步发展，从而形成了基础性—发展性—拓展性—职业化这一能力达成的有机训练链，这与人类认知规律以及教育教学的基本要求相吻合。

## 第二节 基础性能力模拟训练

### 一、基础性能力模拟训练述要

基础性能力是由与口语交际能力相关的综合性因素形成的一种相对稳定的最基本的能力。这种能力主要体现师范生平时对物理、语言、文化和心理四个世界条件的把握和利用的基本状态。比如，语言表达的规范度、语意理解的准确度、思维机制的健全度、认知记忆的可靠度、情感沟通的顺畅度、态势语表现的适宜度、文化世界的可解释度等。基础性能力模拟训练就是要从各个方面为师范生接下来的分阶段训练做好准备。本节结合基础性能力训练目标，举例性设计出相应的模拟训练话题并提出训练的一些基本要求。

### 二、基础性能力模拟训练构拟

模拟训练一

**（一）训练话题**

向自己的同学介绍自己最喜欢的一本好书。

**（二）训练目的**

主要目的：训练师范生规范表达能力。

具体落实能力：介绍的方法与技巧、记忆能力、逻辑关联能力、情感沟通能力、简单态势语正确使用能力。

**（三）训练策略**

训练模式：单向口语交际模式、一次传递口语交际模式、集体口语交际模式。

训练手段：讲述手段。

训练方法：命题训练法、个别训练法、小组训练法。

**（四）基本要求**

第一，要抓住几个关键信息：交际对象是自己的同学；介绍的是一本好书；这本书是自己最喜欢的书。提醒注意：要介绍的是一本什么书？谁的书？书好在哪里？你为什么最喜欢？你为什么要向同学们介绍这本书？

第二，介绍时要抓住语意重点，不要执着于面面俱到；要把问题说清楚，讲究上下语意的关联性。

第三，要求使用普通话介绍，做到发音准确，清晰流畅，表达规范。

第四，注意手势、表情、眼神等体态语以及语气、重音、停顿等语势的合理正确应用。

第五，时间控制在 5 分钟左右。

〉模拟训练二〈

### （一）训练话题

请课前熟读杨绛的《老王》，课堂训练时面向同学复述主要内容。

## 老　王
### 杨　绛

我常坐老王的三轮。他蹬，我坐，一路上我们说着闲话。

据老王自己讲：北京解放后，蹬三轮的都组织起来，那时候他"脑袋慢""没绕过来""晚了一步"，就"进不去了"，他感叹自己"人老了，没用了"。老王常有失群落伍的惶恐，因为他是单干户。他靠着活命的只是一辆破旧的三轮车。有个哥哥，死了，有两个侄儿，"没出息"，此外就没什么亲人。

老王只有一只眼，另一只是"田螺眼"，瞎的。乘客不愿坐他的车，怕他看不清，撞了什么。有人说，这老光棍大约年轻时不老实，害了什么恶病，瞎掉了一只眼。他那只好眼也有病，天黑了就看不见。有一次，他撞在电杆上，撞得半面肿胀，又青又紫。那时候我们在干校，我女儿说他是夜盲症，给他吃了大瓶的鱼肝油，晚上就看得见了。他也许是从小营养不良而瞎了一眼，也许是得了恶病，反正同是不幸，而后者该是更深的不幸。

有一天傍晚，我们夫妇散步，经过一个荒僻的小胡同，看见一个破破落落的大院，里面有几间塌败的小屋；老王正蹬着他那辆三轮进大院去。后来我在坐着老王的车和他闲聊的时候，问起那里是不是他的家。他说，住那儿多年了。

有一年夏天，老王给我们楼下人家送冰；愿意给我们家带送，车费减半。我们当然不要他减半收费。每天清晨，老王抱着冰上三楼，代我们放入冰箱。他送的冰比他前任送的大一倍，冰价相等。胡同口蹬三轮的我们大多熟识，老王是其中最老实的。他从没看透我们是好欺负的主顾，他大概压根儿没想到这点。

"文化大革命"开始，默存不知怎么的一条腿走不得路了。我代他请了假，烦老王送他上医院。我自己不敢乘三轮，挤公共汽车到医院门口等待。老王帮我把默存扶下车，却坚决不肯拿钱。他说："我送钱先生看病，不要钱。"我一定要给他钱，他哑着嗓子悄悄问我："你还有钱吗？"我笑着说有钱，他拿了钱却还不大放心。

我们从干校回来，载客三轮都取缔了。老王只好把他那辆三轮改成运货的平板三轮。他并没有力气运送什么货物。幸亏有一位老先生愿把自己降格为"货"，让老王运送。老王欣然在三轮平板的周围装上半寸高的边缘，好像有了这半寸边缘，乘客就围住了不会掉落。我问老王凭这位主顾，是否能维持生活，他说可以凑合。可是过些时老王病了，不知什么病，花钱吃了不知什么药，总不见好。开始几个月他还能扶病到我家来，以后只好托他同院的老李来代他传话了。

有一天，我在家听到打门，开门看见老王直僵僵地镶嵌在门框里。往常他坐在蹬三轮的座上，或抱着冰僵着身子进我家来，不显得那么高。也许他平时不那么瘦，也不那么直僵僵的。他面如死灰，两只眼上都结着一层，分不清哪一只瞎，哪一只不瞎。说得可笑些，他简直像棺材里倒出来的，就像我想象里的僵尸，骷髅上绷着一层枯黄的干皮，打上一棍就会散成一堆白骨。我吃惊地说："啊呀，老王，你好些了吗？"

他"嗯"了一声，直着脚往里走，对我伸出两手。他一手提着个瓶子，一手提着一包东西。

我忙去接。瓶子里是香油，包裹里是鸡蛋。我记不清是十个还是二十个，因为在我记忆里多得数不完。我也记不起他是怎么说的，反正意思很明白，那是他送我们的。

我强笑说："老王，这么新鲜的大鸡蛋，都给我们吃？"

他只说："我不吃。"

我谢了他的好香油，谢了他的大鸡蛋，然后转身进屋去。他赶忙止住我说："我不是要钱。"

我也赶忙解释："我知道，我知道——不过你既然来了，就免得托人捎了。"

他也许觉得我这话有理，站着等我。

我把他包鸡蛋的一方灰不灰、蓝不蓝的方格子破布叠好还他。他一手拿着布，一手攥着钱，滞笨地转过身子。我忙去给他开了门，站在楼梯口，看他直着脚一级一级下楼去，直担心他半楼梯摔倒。等到听不见脚步声，我回屋才感到抱歉，没请他坐坐喝口茶水。可是我害怕得糊涂了。那直僵僵的身体好像不能坐，稍一弯曲就会散成一堆骨头。我不能想象他是怎么回家的。

过了十多天，我碰见老王同院的老李。我问："老王怎么了？好些没有？"

"早埋了。"

"呀，他什么时候……"

"什么时候死的？就是到您那儿的第二天。"

他还讲老王身上缠了多少尺全新的白布——因为老王是回民，埋在什么沟里。我也不懂，没多问。

我回家看着还没动用的那瓶香油和没吃完的鸡蛋，一再追忆老王和我对答的话，捉摸他是否知道我领受他的谢意。我想他是知道的。但不知为什么，每想起老王，总觉得心上不安。因为吃了他的香油和鸡蛋？因为他来表示感谢，我却拿钱去侮辱他？都不是。几年过去了，我渐渐明白：那是一个幸运的人对一个不幸者的愧怍。

## （二）训练目的

主要目的：训练师范生概括复述的能力。

具体落实能力：概括复述的方法与技巧、记忆能力、语言重组能力、书面语言表达与口头语言表达转化能力。

## （三）训练策略

训练模式：单向口语交际模式、分级传递口语交际模式。

训练手段：复述手段。

训练方法：命题训练法、个别训练法、分类训练法、小组训练法。

## （四）基本要求

第一，复述前要认真阅读和理解课文，要真正理解原文的主旨，把握好课文的结构，列出复述提纲。

第二，复述时要抓住原文的中心和脉络，要忠实于原文，要重点记忆一些关键段落和词语，忽略细枝末节。可以对原文进行合理的适度压缩，但要保持故事情节的完整性。

第三，可根据需要对原文材料进行适当的调整与改变，但思路要清晰，注重上下文意的连贯性，做到表达流畅。

第四，时间控制在8分钟以内。

模拟训练三

**(一)训练话题**

以"树的用途"为主题进行发散思维训练。

**(二)训练目的**

主要目的：训练师范生的发散思维能力。

具体落实能力：顺向思维、逆向思维、纵向思维、横向思维等多角度方法的应用能力；思考问题时思路的方向性、举一反三的能力。

**(三)训练策略**

训练模式：单向口语交际模式。

训练手段：讲述手段。

训练方法：命题训练法、竞赛训练法、小组训练法、个别训练法。

**(四)基本要求**

第一，课前审读题意，利用顺向思维、逆向思维、纵向思维、横向思维等多角度思维方法，开阔视野，展开丰富的想象力进行多向度思考。思考过程中，要充分利用感觉、知觉、记忆、情感、意志、性格等心理条件，尽量创造出更多新颖、独特的信息和内容。

第二，把从每个角度思考的结果记下来，并列出讲述提纲，然后进行综合性表述。

第三，表述时注意话语的规范性、条理性，做到语言表达与思维同步。

第四，讲述"树的用途"时要有理有据，使话语具有说服力和理据性。

第五，时间控制在5分钟左右。

# 第三节  发展性能力模拟训练

## 一、发展性能力模拟训练述要

发展性能力是对规范表达、正确理解、心理调控、基本情感表达、日常态势语协调等基础性能力的进一步发展，是师范生语言生活中所表现出的一般口语交际能力。与基础性能力相比，其具有进阶性特征，是师范生口语交际能力发展到一个崭新阶段的表现。对发展性能力的训练主要聚焦于师范生对口语交际合作原则、礼貌原则、安全原则、伦理原则、文化原则、语境条件等的掌握与应用，以及对话语策略规划、话语手段创造、话语技巧选择、情感沟通、态势语协调等交际能力的使用上。所以，发展性能力训练是对师范生语言生活中普遍应用到的一般口语交际能力的训练。本节结合发展性能力训练目标，举例设计出相应模拟训练话题并提出训练的一些基本要求。

## 二、发展性能力模拟训练构拟

模拟训练一

### （一）训练话题

以买汽车票为话题进行面对面交际。条件如下：
人物：乘客、售票员。
事件：买汽车票。
地点：汽车站（始发站：××汽车总站；目的地：广州市汽车站）。

### （二）训练目的

主要目的：训练师范生话轮衔接能力。
具体落实能力：话轮转换的方法与技巧、准确表达能力、应变能力、情感沟通能力、语境条件创造和利用能力、态势语正确使用能力。

### （三）训练策略

训练模式：双向口语交际模式、直接口语交际模式、一次传递口语交际模式。
训练手段：交谈手段。
训练方法：命题训练法、情境训练法、小组训练法、角色扮演法。

### （四）基本要求

第一，强化手势、表情、眼神等体态语以及合理正确运用语气、重音、停顿语势。
第二，话语表达简洁明了，以达意为根本，抓住意义的支点，不过于追求语意表达的逻辑严密性。
第三，注意一些关键信息的准确性。比如终点站名称、车票数量等信息必须做到万无一失，准确无误。

第四，要充分利用语境条件，并据情随时应付可能出现的变化。

第五，正确使用话轮转换的手段和方法，要求有发话、接话、插入环节，并要有至少 5 次以上的毗邻应对、至少 2 次以上的插入序列。

第六，两人一组，时间控制在 5 分钟左右。

### 模拟训练二

#### （一）训练话题

以患者向医生了解病情为话题，设计相关对话表现医生和患者的情绪障碍。

#### （二）训练目的

主要目的：训练师范生制造并消除角色情绪障碍的语言表达技巧。

具体落实能力：角色定位能力、对特定人际关系的利用能力、态势语匹配能力、心理控制能力。

#### （三）训练策略

训练模式：双向口语交际模式。

训练手段：交谈手段。

训练方法：角色扮演法、情境训练法、分类训练法、小组训练法。

#### （四）基本要求

第一，两人一组，其中一人为患者身份，另一人为医生身份。

第二，训练前认真思考研究患者、医生角色并做好角色定位工作，领会角色关系及不同角色的不同心理状况。明确在交谈过程中自己应该说什么，能说什么，应该怎么说；明确交际对象会说什么，不会说什么，需要说什么，不需要说什么。

第三，设计好情绪障碍，并根据不同角色选用不同的话语表达技巧。比如医生采用委婉含蓄的表达方法，病人采用直截了当的表达方式等。

第四，演绎医患交谈的话语情境，充分利用情绪障碍进行沟通交流，突出交谈主题。比如要训练作为医生角色用以化解情绪障碍的语言能力。

第五，适度运用坐、站、手势、表情、眼神等体态语，以及语气、停顿等语势。

第六，时间控制在 5 分钟以内。

### 模拟训练三

**（一）训练话题**

A 无论从哪个方面看都不太适合做电视娱乐节目主持人，但 S 碍于面子依然口头向自己的 C 朋友推荐了 A 同学。

**（二）训练目的**

主要目的：训练师范生合作原则和礼貌原则的利用能力。

具体落实能力：会话含义推导能力、委婉表达能力、眼神和目光等体态语的巧妙应用能力、情感交流能力。

**（三）训练策略**

训练模式：双向口语交际模式。

训练手段：交谈手段。

训练方法：角色扮演法、情境训练法、分类训练法、小组训练法。

**（四）基本要求**

第一，三人一组，分别扮演 S、A、C 角色。

第二，S 口头赞美 A。

第三，S 要故意违背合作原则中质的准则，但要让 C 能够推导出自己推荐的 A 实际上并不能胜任该工作，由此促使 C 委婉拒绝 A。

第四，精心设计委婉语、拒绝技巧，使话语既能维护 A 的尊严，又能给 S 留有面子。

第五，适度运用眼神、目光等体态语，注意情感的投入。

第六，时间控制在 5 分钟以内。

### 模拟训练四

**（一）训练话题**

请设定多个陌生人在场的情境，寻找适宜的话题，使自己融入这个陌生的多人环境之中。

**（二）训练目的**

主要目的：训练师范生与陌生人交往的能力，包括打招呼、攀谈、话题选择、话语策略与技巧设计能力。

具体落实能力：人际关系协调能力、"想说"和"敢说"的能力、说话技巧与方法。

**（三）训练策略**

训练模式：双向口语交际模式、直接口语交际模式、集体口语交际模式。

训练手段：交谈手段、讲述手段、问答手段、评述手段。

训练方法：情境训练法、角色扮演法、小组训练法。

**（四）基本要求**

第一，3~5人一组，分别扮演不同角色。

第二，课前设定好交际情境，做好角色定位工作，协调好角色关系。

第三，确定适宜的话题，并采用相应的话语策略和某一位陌生人打招呼；然后把自己推荐给其他陌生人。

第四，交际中要遵守求同存异原则，要坦诚相待，讲究话语的礼貌性。

第五，时间控制在5分钟以内。

# 第四节　拓展性能力模拟训练

## 一、拓展性能力模拟训练述要

拓展性能力训练强化的是师范生在口语交际方面所表现出的兴趣和特长，注重的是师范生拓展性口语交际能力的训练，包括对师范生朗诵能力、辩论能力、演讲能力、公关能力、主持能力等的训练。本节结合拓展性能力训练目标，举例性地设计出相应的模拟训练话题并提出训练的一些基本要求。

## 二、拓展性能力模拟训练构拟

**模拟训练一**

### （一）训练话题

以"我愿意做一支燃烧的蜡烛"① 为话题进行演讲训练。

### （二）训练目的

主要目的：训练师范生的演讲能力。

具体落实能力：现场调控能力、记忆能力、演讲技巧与方法、情感沟通能力、态势语运用能力。

### （三）训练策略

训练模式：单向口语交际模式、直接口语交际模式、集体口语交际模式。

训练手段：演讲手段、讲述手段。

训练方法：小组训练法、个别训练法、专题训练法。

### （四）基本要求

第一，课前做好准备，拟写好演讲提纲或演讲稿。

第二，立意要准确，主题要突出，内容要充实。内容焦点提醒：选择做教师的原因、对目前教师待遇的反思、教育战线需要好老师、优秀教师的感人事迹、生命在学生身上得以延续、做一支燃烧的蜡烛。②

第三，思路要明确，构思要精心，结构要安排好，自然点题。做到上下文气贯通，讲究语意的内在逻辑关联性和条理性。

第四，注意选择典型性材料，做到运用恰当，足以论证自己的观点。

第五，结合演讲语文体式的语言应用特征，强化演讲的语气、语调、节奏、词语、句式、辞格等的创新运用。

第六，要备选多个预案，以防忘词、被打断等现象。

第七，结合内容处理好眼神、手势、语调、轻重音等态势语，并凸显情感的投入。

---

① 张锐，万里. 教师口语训练手册［M］. 北京：北京师范大学出版社，1994：177.
② 张锐，万里. 教师口语训练手册［M］. 北京：北京师范大学出版社，1994：177.

第八，时间控制在 8 分钟以内。

┌─────────────┐
　模拟训练二
└─────────────┘

**（一）训练话题**

结合当下社会热点问题选择辩题。

**（二）训练目的**

主要目的：训练师范生的辩论能力。

具体落实能力：辩论技巧与方法、话语策略规划能力、应变能力、思维能力、想说敢说的能力。

**（三）训练策略**

训练模式：双向口语交际模式、直接口语交际模式。

训练手段：辩论手段。

训练方法：专题训练法、自由训练法、情境训练法、小组训练法。

**（四）基本要求**

第一，二人或多人一组，设计好辩题，并合理分工。

第二，结合辩题做好素材收集、整理、分析工作，选出典型性材料。

第三，确定立论、反驳论辩思路，优选选言、假言、归纳、演绎、类比、反证、归谬等论辩方法，注重逻辑推导。

第四，做好论、驳、护、接、问等战术技巧准备，要备选多个攻防策略。

第五，辩论语言要与辩论语文体式的语言应用特征相吻合。做到"险而不凶、快而有当、尖而不散、准而无隙、美而不浮"①。

第六，结合辩题，强化辩论的语调、节奏、词语、句式、辞格等的创新运用。

第七，结合内容处理好眼神、手势、语调、停顿等态势语，并凸显情感的投入。

第八，时间控制在 8 分钟以内。

---

① 孙和平，尤翠云，王玉. 教师口语实训教程 ［M］. 武汉：武汉大学出版社，2012：170 – 172.

**模拟训练三**

## （一）训练话题

有感情地朗读朱自清的《春》。

# 春
### 朱自清

盼望着，盼望着，东风来了，春天的脚步近了。

一切都像刚睡醒的样子，欣欣然张开了眼。山朗润起来了，水涨起来了，太阳的脸红起来了。

小草偷偷地从土里钻出来，嫩嫩的，绿绿的。园子里，田野里，瞧去，一大片一大片满是的。坐着，躺着，打两个滚，踢几脚球，赛几趟跑，捉几回迷藏。风轻悄悄的，草软绵绵的。

桃树、杏树、梨树，你不让我，我不让你，都开满了花赶趟儿。红的像火，粉的像霞，白的像雪。花里带着甜味儿，闭了眼，树上仿佛已经满是桃儿、杏儿、梨儿。花下成千成百的蜜蜂嗡嗡地闹着，大小的蝴蝶飞来飞去。野花遍地是：杂样儿，有名字的，没名字的，散在草丛里，像眼睛，像星星，还眨呀眨的。

"吹面不寒杨柳风"，不错的，像母亲的手抚摸着你。风里带来些新翻的泥土的气息，混着青草味儿，还有各种花的香，都在微微润湿的空气里酝酿。鸟儿将巢安在繁花嫩叶当中，高兴起来了，呼朋引伴地卖弄清脆的喉咙，唱出宛转的曲子，跟轻风流水应和着。牛背上牧童的短笛，这时候也成天嘹亮地响着。

雨是最寻常的，一下就是三两天。可别恼。看，像牛毛，像花针，像细丝，密密地斜织着，人家屋顶上全笼着一层薄烟。树叶儿却绿得发亮，小草儿也青得逼你的眼。傍晚时候，上灯了，一点点黄晕的光，烘托出一片安静而和平的夜。在乡下，小路上，石桥边，有撑起伞慢慢走着的人，地里还有工作的农民，披着蓑戴着笠。他们的房屋，稀稀疏疏的，在雨里静默着。

天上风筝渐渐多了，地上孩子也多了。城里乡下，家家户户，老老小小，也赶趟儿似的，一个个都出来了。舒活舒活筋骨，抖擞抖擞精神，各做各的一份事去。"一年之计在于春"，刚起头儿，有的是工夫，有的是希望。

春天像刚落地的娃娃，从头到脚都是新的，它生长着。

春天像小姑娘，花枝招展的，笑着，走着。

春天像健壮的青年，有铁一般的胳膊和腰脚，他领着我们上前去。

### （二）训练目的

主要目的：训练师范生的朗读能力。

具体落实能力：朗读方法与技巧、语体认知能力、理解能力、记忆能力、书面语言与口头语言转化能力、语调等语势控制能力。

### （三）训练策略

训练模式：单独口语交际模式、单向口语交际模式、一次传递口语交际模式。

训练手段：朗读手段。

训练方法：专题训练法、示范训练法、竞赛训练法、个别训练法。

### （四）基本要求

第一，要求学生课前做好准备进行课堂模拟训练，也可以由任课教师指定两位同学采用竞赛的方法进行对比性训练；还可以由任课教师进行示范性朗读，然后由学生模仿教师展开训练。

第二，课前熟读该文，认真理解并明确该文的意思。

第三，认知该文的语体归属，并好好把握该文的语言特征。

第四，认真设计语气、轻重音；做到语调变化有致，节奏和谐；注意逻辑停顿、语法停顿，语速快慢合体。

第五，根据该文的意思，调控好朗读时的情感，做到从容自如，鲜明适度。

模拟训练四

### （一）训练话题

自由拟定话题并模仿胡一虎的主持风格主持一场谈话节目。

### （二）训练目的

主要目的：训练师范生主持语言设计能力。

具体落实能力：主持方法与技巧、现场操控能力、应变能力、声音调控能力、互动能力、交际走向预测能力。

### （三）训练策略

训练模式：单独口语交际模式、单向口语交际模式、一次传递口语交际模式、集体口语交际模式。

训练手段：主持手段、叙述手段。

训练方法：情境训练法、自由训练法、小组训练法。

### （四）基本要求

第一，任课教师组织播放或者学生课前自行收看凤凰卫视某一期"一虎一席谈"视频，就主持人胡一虎当期主持语言艺术进行研判、评价，然后学生相互合作，自由拟定话题并做好主持的准备工作。

第二，要求师范生模仿胡一虎的主持风格主持一场谈话节目。

第三，要求师范生主持目的要明确，思维要敏捷；主持过程中应做到不偏不倚，要有自己的观点。

第四，要认真设计开场白、串词、小结语、结束语、叙述语言、态势语等。

第五，要强化语音形象塑造，注意主持话语的抑扬顿挫、审美性。

第六，要注重感情的投入，尊重现场嘉宾和观众，做到左右逢源。

第七，要预测可能出现的偏离主题等现象，事先要有纠偏预案。所有问题的提出都围绕着实现谈话目的来进行，把握好主要议题的方向。

第八，时间控制在 10 分钟以内。

## 第五节　职业化能力模拟训练

### 一、职业化能力模拟训练述要

职业化能力就是教师职业能力，因此对师范生职业化能力训练就是对教师教育口语和教学口语表达能力的训练。本节结合职业化能力训练目标，举例设计出相应的模拟训练话题并提出训练的一些基本要求。

## 二、职业化能力模拟训练构拟

模拟训练一

### （一）训练话题

请以下列短文的教学为例，设计导入语。

## 灯　光

### 王愿坚

我爱到天安门广场走走，尤其是晚上。广场上千万盏灯静静地照耀着天安门广场周围的宏伟建筑，使人心头感到光明，感到温暖。

清明节前的一个晚上，我又漫步在广场上，忽然背后传来一声赞叹："多好啊！"我心头微微一震：是什么时候听到过这句话来着？噢，对了，那是很久以前了。于是，我沉入了深深的回忆。

1947 年的初秋，当时我是战地记者。挺进豫皖苏平原的我军部队，把国民党军 57 师紧紧地包围在一个叫沙土集的村子里。激烈的围歼战就要开始了。天黑的时候，我摸进一片茂密的沙柳林，在匆匆挖成的交通沟里找到了突击连，来到了郝副营长的身边。

郝副营长是一位著名的战斗英雄，虽然只有 22 岁，已经打过不少仗了。今晚就由他带领突击连去攻破守敌的围墙，为全军打开歼灭敌军的道路。大约一切准备工作都完成了，这会儿，他正倚着交通沟的胸墙坐着，一手夹着自制的烟卷，拿着火柴盒，一手轻轻地划着火柴。他并没有点烟，却借着微弱的亮光看摆在双膝上的一本破书。书上有一幅插图，画的是一盏吊着的电灯，一个孩子正在灯下聚精会神地读书。他注视着那幅图，默默地沉思着。

"多好啊！"他在自言自语。突然，他凑到我的耳边轻轻地问："记者，你见过电灯吗？"

我不由得一愣，摇了摇头，说："没见过。"我说的是真话。我从小生活在农村，真的没见过电灯。

"听说一按电钮，那玩意儿就亮了，很亮很亮……"他又划着一根火柴，点燃了烟，又望了一眼图画，深情地说，"赶明儿胜利了，咱们也能用上电灯，让孩子们都在那样亮的灯光底下学习，该多好啊！"他把头靠在胸墙上，望着漆黑的夜空，完全陷入了对未来的憧憬里。

半个小时以后，我刚回到团指挥所，战斗就打响了。三发绿色的信号弹升上天空，接着就是震天动地的炸药包爆炸声。守敌的围墙被炸开一个缺口，突击连马上冲了进去。没想到后续部队遭到敌人炮火猛烈的阻击，在黑暗里找不到突破口，和突击连失去了联系。

整个团指挥所的人都焦急地钻出了地堡，望着黑魆魆的围墙。突然，黑暗里出现一星火光，一闪，又一闪。这火光虽然微弱，对于寻找突破口的部队来说已经够亮了。战士们靠着这微弱的火光冲进了围墙，顿时响起了一片喊杀声。

后来才知道，在这千钧一发的时刻，是郝副营长划着了火柴，点燃了那本书，举得高高的，为后续部队照亮了前进的路。可是，火光暴露了他自己，他被敌人的机枪打中了。

这一仗，我们消灭了敌人的一个整编师。战斗结束后，我们把郝副营长埋在茂密的沙柳丛里。这位年轻的战友不惜自己的性命，为了让孩子们能够在电灯底下学习，他自己却没有来得及见一见电灯。

事情已经过去很长时间了。在天安门前璀璨的华灯下面，我又想起这位亲爱的战友来。

### （二）训练目的

主要目的：训练师范生课文导入语设计能力。
具体落实能力：理解能力、叙述能力、导入技巧。

### （三）训练策略

训练模式：双向口语交际模式、直接口语交际模式、一次传递口语交际模式。
训练手段：导入手段。
训练方法：情境训练法、示范训练法、小组训练法、角色扮演法。

### （四）基本要求

第一，课前认真阅读并理解课文，明白课文的主旨，明确导入的目的。
第二，任课教师指导师范生结合课文内容、教学情境，并针对教学实际设计导入语；也可以由任课教师先行设计导入语，然后由师范生模仿进行训练。
第三，导入语要做到切题，并具有心灵沟通、激发兴趣、引起关注等作用，为开展课文教学提供有效帮助。
第四，可以采用游戏、巧妙设疑、情境渲染、讲故事、解题、讲解知识点、承上启下等适宜方法设计导入语。

第五，导入时要尊重孩子的个性，尊重孩子的情感体验。

第六，导入时要做到规范表达与变异表达相结合，并以得体表达为根本。

第七，时间控制在 3 分钟以内。

模拟训练二

## （一）训练话题

以朱自清的《荷塘月色》为例，设计叙述语。

### 荷塘月色
#### 朱自清

这几天心里颇不宁静。今晚在院子里坐着乘凉，忽然想起日日走过的荷塘，在这满月的光里，总该另有一番样子吧。月亮渐渐地升高了，墙外马路上孩子们的欢笑，已经听不见了；妻在屋里拍着闰儿，迷迷糊糊地哼着眠歌。我悄悄地披了大衫，带上门出去。

沿着荷塘，是一条曲折的小煤屑路。这是一条幽僻的路；白天也少人走，夜晚更加寂寞。荷塘四面，长着许多树，蓊蓊郁郁的。路的一旁，是些杨柳，和一些不知道名字的树。没有月光的晚上，这路上阴森森的，有些怕人。今晚却很好，虽然月光也还是淡淡的。

路上只我一个人，背着手踱着。这一片天地好像是我的；我也像超出了平常的自己，到了另一世界里。我爱热闹，也爱冷静；爱群居，也爱独处。像今晚上，一个人在这苍茫的月下，什么都可以想，什么都可以不想，便觉是个自由的人。白天里一定要做的事，一定要说的话，现在都可不理。这是独处的妙处，我且受用这无边的荷香月色好了。

曲曲折折的荷塘上面，弥望的是田田的叶子。叶子出水很高，像亭亭的舞女的裙。层层的叶子中间，零星地点缀着些白花，有袅娜地开着的，有羞涩地打着朵儿的；正如一粒粒的明珠，又如碧天里的星星，又如刚出浴的美人。微风过处，送来缕缕清香，仿佛远处高楼上渺茫的歌声似的。这时候叶子与花也有一丝的颤动，像闪电般，霎时传过荷塘的那边去了。叶子本是肩并肩密密地挨着，这便宛然有了一道凝碧的波痕。叶子底下是脉脉的流水，遮住了，不能见一些颜色；而叶子却更见风致了。

月光如流水一般，静静地泻在这一片叶子和花上。薄薄的青雾浮起在荷塘里。叶子和花仿佛在牛乳中洗过一样；又像笼着轻纱的梦。虽然是满月，天上却有一层淡淡的云，所以不能朗照；但我以为这恰是到了好处——酣眠固不可少，小睡也别有风味的。月光是隔了树照过来的，高处丛生的灌木，落下参差的斑驳的黑影，峭楞楞如鬼一般；弯弯的杨柳的稀疏的倩影，却又像是画在荷叶上。塘中的月色并不均匀；但光与影有着和谐的旋律，如梵婀玲上奏着的名曲。

荷塘的四面，远远近近，高高低低都是树，而杨柳最多。这些树将一片荷塘重重围住；只在小路一旁，漏着几段空隙，像是特为月光留下的。树色一例是阴阴的，乍看像一团烟雾；但杨柳的丰姿，便在烟雾里也辨得出。树梢上隐隐约约的是一带远山，只有些大意罢了。树缝里也漏着一两点路灯光，没精打采的，是渴睡人的眼。这时候最热闹的，要数树上的蝉声与水里的蛙声；但热闹是它们的，我什么也没有。

忽然想起采莲的事情来了。采莲是江南的旧俗，似乎很早就有，而六朝时为盛；从诗歌里可以约略知道。采莲的是少年的女子，她们是荡着小船，唱着艳歌去的。采莲人不用说很多，还有看采莲的人。那是一个热闹的季节，也是一个风流的季节。梁元帝《采莲赋》里说得好：

于是妖童媛女，荡舟心许；鹢首徐回，兼传羽杯；櫂将移而藻挂，船欲动而萍开。尔其纤腰束素，迁延顾步；夏始春余，叶嫩花初，恐沾裳而浅笑，畏倾船而敛裾。

可见当时嬉游的光景了。这真是有趣的事，可惜我们现在早已无福消受了。

于是又记起《西洲曲》里的句子：

采莲南塘秋，莲花过人头；低头弄莲子，莲子清如水。

今晚若有采莲人，这儿的莲花也算得"过人头"了；只不见一些流水的影子，是不行的。这令我到底惦着江南了。——这样想着，猛一抬头，不觉已是自己的门前；轻轻地推门进去，什么声息也没有，妻已睡熟好久了。

### （二）训练目的

主要目的：训练师范生讲授语设计能力。

具体落实能力：规范表达能力、变异表达能力、讲授技巧、理解能力。

### （三）训练策略

训练模式：单向口语交际模式、直接口语交际模式、一次传递口语交际模式。

训练手段：讲述手段、问答手段。

训练方法：情境训练法、示范训练法、小组训练法、个别训练法。

**（四）基本要求**

第一，课前认真阅读并理解课文，弄明白课文的主旨，明确讲授的目的。

第二，任课教师指导师范生结合课文内容、教学情境，并针对教学实际设计讲授语；也可以由任课教师先行设计讲授语，然后由师范生模仿进行训练。

第三，讲授语要做到准确流畅、由浅入深、主次分明、详略有度、庄谐有致，并为开展课文教学提供有效帮助。

第四，要结合学生的年龄有选择性地采用描述、叙述、说明、讲解、归纳、分析、评点等方法设计讲授语。

第五，讲授语要尊重学生，富有感情。

第六，要适度引入态势语，做到与讲授语相匹配。

第七，根据讲课内容的变化控制时间。

### 模拟训练三

**（一）训练话题**

以下列课文教学为例，设计提问语。

## 散　步
莫怀戚

我们在田野散步：我，我的母亲，我的妻子和儿子。

母亲本不愿出来的。她老了，身体不好，走远一点就觉得很累。我说，正因为如此，才应该多走走。母亲信服地点点头，便去拿外套。她现在很听我的话，就像小时候我很听她的话一样。

天气很好。今年的春天来得太迟，太迟了，有一些老人挺不住。但是春天总算来了。我的母亲又熬过了一个严冬。

这南方初春的田野，大块小块的新绿随意地铺着，有的浓，有的淡；树上的绿芽也密了；田里的冬水也咕咕地起着水泡。这一切使人想起一样东西——生命。

我和母亲走在前面，我的妻子和儿子走在后面。小家伙突然叫起来："前面也是妈妈和儿子，后面也是妈妈和儿子。"我们都笑了。

后来发生了分歧：母亲要走大路，大路平顺；我的儿子要走小路，小路有意思。不过，一切都取决于我。我的母亲老了，她早已习惯听从她强壮的儿子；我的儿子还小，他还习惯听从他高大的父亲；妻子呢，在外面，她总是听我的。一霎时，我感到了责任的重大。我想一个两全的办法，找不出；我想拆散一家人，分成两路，各得其所，终不愿意。我决定委屈儿子，因为我伴同他的时日还长。我说："走大路。"

但是母亲摸摸孙儿的小脑瓜，变了主意："还是走小路吧。"她的眼随小路望去：那里有金色的菜花，两行整齐的桑树，尽头一口水波粼粼的鱼塘。"我走不过去的地方，你就背着我。"母亲对我说。

这样，我们在阳光下，向着那菜花、桑树和鱼塘走去。到了一处，我蹲下来，背起了母亲，妻子也蹲下来，背起了儿子。我的母亲虽然高大，然而很瘦，自然不算重；儿子虽然很胖，毕竟幼小，自然也轻。但我和妻子都是慢慢地，稳稳地，走得很仔细，好像我背上的同她背上的加起来，就是整个世界。

### （二）训练目的

主要目的：训练师范生提问语设计能力。

具体落实能力：理解能力、思维能力、提问技巧、个性化语言控制能力。

### （三）训练策略

训练模式：直接口语交际模式、一次传递口语交际模式。

训练手段：提问手段。

训练方法：情境训练法、小组训练法、角色扮演法。

### （四）基本要求

第一，认真理解课文，结合课文重点内容和关键问题提出 5 个疑问。

第二，问题要明确，做到具体、实在并有针对性，不能过于宽泛、抽象。

第三，提问要难易适度，大小适中，要有一定的启迪性，对学生学习思考相关问题具有促进作用。

第四，要注意提问语的技巧性。学会因材施教，根据上述课文教学内容和七年级学生学习实际，优选启发式、迂回式、指导式、引导式、拓展式等提问方式。

第五，提问是为了解决问题，而不是为难学生，所以提问时要平等对待学生，不能居高临下，要注意语气的把握。

## 模拟训练四

### （一）训练话题

以下列课文教学为例，设计过渡语。

## 济南的冬天
### 老　舍

对于一个在北平住惯的人，像我，冬天要是不刮风，便觉得是奇迹；济南的冬天是没有风声的。对于一个刚由伦敦回来的人，像我，冬天要能看得见日光，便觉得是怪事；济南的冬天是响晴的。自然，在热带的地方，日光是永远那么毒，响亮的天气，反有点叫人害怕。可是，在北中国的冬天，而能有温晴的天气，济南真得算个宝地。

设若单单是有阳光，那也算不了出奇。请闭上眼睛想：一个老城，有山有水，全在天底下晒着阳光，暖和安适地睡着，只等春风来把它们唤醒，这是不是个理想的境界？小山整把济南围了个圈儿，只有北边缺着点口儿。这一圈小山在冬天特别可爱，好像是把济南放在一个小摇篮里，它们安静不动地低声地说："你们放心吧，这儿准保暖和。"真的，济南的人们在冬天是面上含笑的。他们一看那些小山，心中便觉得有了着落，有了依靠。他们由天上看到山上，便不知不觉地想起："明天也许就是春天了吧？这样的温暖，今天夜里山草也许就绿起来了吧？"就是这点幻想不能一时实现，他们也并不着急，因为有这样慈善的冬天，干啥还希望别的呢！

最妙的是下点小雪呀。看吧，山上的矮松越发的青黑，树尖上顶着一髻儿白花，好像日本看护妇。山尖全白了，给蓝天镶上一道银边。山坡上，有的地方雪厚点，有的地方草色还露着；这样，一道儿白，一道儿暗黄，给山们穿上一件带水纹的花衣；看着看着，这件花衣好像被风儿吹动，叫你希望看见一点更美的山的肌肤。等到快日落的时候，微黄的阳光斜射在山腰上，那点薄雪好像忽然害了羞，微微露出点粉色。就是下小雪吧，济南是受不住大雪的，那些小山太秀气！

古老的济南，城里那么狭窄，城外又那么宽敞，山坡上卧着些小村庄，小村庄的房顶上卧着点雪，对，这是张小水墨画，或者是唐代的名手画的吧。

那水呢，不但不结冰，倒反在绿萍上冒着点热气，水藻真绿，把终年贮蓄的绿色全拿出来了。天儿越晴，水藻越绿，就凭这些绿的精神，水也不忍得冻上，况且那些长枝的垂柳还要在水里照个影儿呢！看吧，由澄清的河水慢慢往上看吧，空中，半空中，天上，自上而下全是那么清亮，那么蓝汪汪的，整个的是块空灵的蓝水晶。这块水晶里，包着红屋顶、黄草山，像地毯上的小团花的小灰色树影。

这就是冬天的济南。

### （二）训练目的

主要目的：训练师范生过渡语设计能力。

具体落实能力：课文理解能力、逻辑深化能力、衔接手段创造能力、上下贯通能力。

### （三）训练策略

训练模式：直接口语交际模式。

训练手段：内在的语意贯通手段和外在的话语衔接手段。

训练方法：情境训练法、小组训练法。

### （四）基本要求

第一，认真理解课文，结合上下文内容和关键问题设计5个过渡语句。

第二，过渡语的主要功能是引路、导航，是要把上下教学环节、教学内容衔接为一个整体，所以过渡语要简洁明了，做到衔接手段娴熟，上下文意自然勾连。

第三，过渡语长短要适中，要有一定的启发性和引导性，对学生把握上下文意具有提醒和引路作用。

第四，要注意过渡语的技巧性。要学会根据课文教学内容和七年级学生学习实际，优选顺流式、悬念式、提示式等过渡方式。

### 模拟训练五

### （一）训练话题

以下列课文的教学为例，设计教学总结语。

## 威尼斯的小艇
### 马克·吐温

　　威尼斯是世界闻名的水上城市，河道纵横交错，小艇成了主要的交通工具，等于大街上的汽车。

　　威尼斯的小艇有二三十英尺长，又窄又深，有点像独木舟。船头和船艄向上翘起，像挂在天边的新月，行动轻快灵活，仿佛田沟里的水蛇。

　　我们坐在船舱里，皮垫子软软的像沙发一般。小艇穿过一座座形式不同的石桥。我们打开窗帘，望望耸立在两岸的古建筑，跟来往的船只打招呼，有说不完的情趣。

　　船夫的驾驶技术特别好。行船的速度极快，来往船只很多，他操纵自如，毫不手忙脚乱。不管怎么拥挤，他总能左拐右拐地挤过去。遇到极窄的地方，他总能平稳地穿过，而且速度非常快，还能作急转弯。两边的建筑飞一般地往后倒退，我们的眼睛忙极了，不知看哪一处好。

　　商人夹了大包的货物，匆匆地走下小艇，沿河做生意。青年妇女在小艇里高声谈笑。许多孩子由保姆伴着，坐着小艇到郊外去呼吸新鲜的空气。庄严的老人带了全家，夹了圣经，坐着小艇上教堂去做祷告。

　　半夜，戏院散场了，一大群人拥出来，走上了各自雇定的小艇。簇拥在一起的小艇一会儿就散开了，消失在弯曲的河道中，传来一片哗笑和告别的声音。水面上渐渐沉寂，只见月亮的影子在水中摇晃。高大的石头建筑耸立在河边，古老的桥梁横在水上，大大小小的船都停泊在码头上。静寂笼罩着这座水上城市，古老的威尼斯又沉沉地入睡了。

### （二）训练目的

　　主要目的：训练师范生总结语设计能力。

　　具体落实能力：简单概括能力、话语组织能力、理解能力、逆向思维能力、结束语技巧。

### （三）训练策略

　　训练模式：单向口语交际模式、直接口语交际模式、一次传递口语交际模式、集体口语交际模式。

　　训练手段：总结（陈述）手段。

　　训练方法：示范训练法、专题训练法、个别训练法、小组训练法。

#### （四）基本要求

第一，结合该文教学实际，针对教学内容、教学过程等进行总结。

第二，要明确总结的目的，强化总结的重要性。要让师范生认识到总结不是可有可无的教学环节，相反是教学过程的重要一环。目的是巩固已学知识，强化重点教学内容，启发学生思维，也是为了衔接后续教学内容，因此具有画龙点睛之功效。

第三，要求设计的总结语有概括性，做到重点突出，简洁有力，有条有理①，切中教学目标。

第四，要优选点睛式、巩固式、提问式、发散式、启下式②、总结式、悬念式等方式精心设计总结语。

第五，总结时间控制在 2 分钟以内。

{ 模拟训练六 }

#### （一）训练话题

某人 A 见义勇为智斗歹徒，请你以 A 的领导的身份在单位全体会议上以不同的方式表扬 A。

#### （二）训练目的

主要目的：训练师范生表扬语设计能力。

具体落实能力：对好人好事的认知能力和判断能力、保持健康教育心态的能力、表扬技巧与方法。

#### （三）训练策略

训练模式：单向口语交际模式、直接口语交际模式、一次传递口语交际模式、集体口语交际模式。

训练手段：表扬（赞美）手段。

训练方法：专题训练法、个别训练法、小组训练法、示范训练法。

---

① 金克中，胡立新，王若萱. 教师口语［M］. 武汉：华中科技大学出版社，2013：275－277.
② 金克中，胡立新，王若萱. 教师口语［M］. 武汉：华中科技大学出版社，2013：275－277.

**（四）基本要求**

第一，任课教师要正确引导师范生重视表扬语的巧妙设计与表扬能力的重要性。

第二，表扬前要做好调查研究工作，认真研判将要表扬的人或事的真实性、准确性，做到心中有数。

第三，要教育师范生在设计表扬语以及表扬好人好事时，坚持实事求是、公正、适度、及时、公开表扬与私下表扬相结合等原则。

第四，表扬要把握好时机，要富有诚意，表扬语要富有情感性、灵活性，具有激励作用。

第五，可以优选直言式、夸张式、目标式、暗示式等方法精心设计表扬语。

第六，表情、眼神、语气等态势语要和表扬语相匹配，做到协调一致。

第七，时间控制在 3 分钟左右。

〳模拟训练七〵

**（一）训练话题**

学生 A 经常迟到，而且屡教不改。请你以 A 的班主任的身份，采用不同的方式批评 A。

**（二）训练目的**

主要目的：训练师范生批评语设计能力。

具体落实能力：对不良现象的认知能力和判断能力、拥有正能量教育心态的能力、批评技巧与方法。

**（三）训练策略**

训练模式：单向口语交际模式、直接口语交际模式、一次传递口语交际模式、集体口语交际模式。

训练手段：批评手段。

训练方法：专题训练法、个别训练法、自由训练法、示范训练法。

**（四）基本要求**

第一，任课教师要正确引导师范生重视批评语的巧妙设计与批评能力的重要性。

第二，批评前要做好调查研究工作，认真研判将要批评的人或事的真实性、准确性，做到心中有数。

第三，批评语要做到客观准确，及时适度，情理并重，心理相容，因人而异，以使受教育者心服口服。

第四，要训练师范生平等互尊意识，尊重受教育者的个体意识，保护好对方的自尊心。多说引导性、劝诫性、指正性的话，引导被批评者认识到自己错在哪里，怎么做才是正确的，以收到事半功倍之效。坚决不说伤害性、侮辱性、排斥性、拒绝性、告状性、孤立性、揭短性、驱逐性、挖苦性、挑战性等批评语。

第五，可以优选提醒式、商讨式、开导式、表扬式、引导式、直言式、委婉式等方式精心设计批评语。

第六，表情、眼神、语气等态势语要和批评语相匹配，做到协调一致。

第七，时间控制在3分钟左右。

# 第十章 口语交际训练（三）——训练效果评价

## 第一节 评价原则

一所高校办学质量的关键是教学质量，而教学质量首先就反映在课程教学质量上。口语交际训练效果评价体系的建构是评估口语交际课程教学质量的重要策略，也是进一步提高口语交际训练质量的重要步骤和手段，是对口语交际训练过程的进一步规范和完善。科学完善的评价体系具有导向功能、调节功能、反思功能、增值功能和诊断功能[①]，因此为了建构较为科学有效的口语交际训练效果评价体系，应当坚持目的预设的明确性、指标确定的合理性、策略选择的多样性、结果认定的可信性等基本原则。

### 一、目标预设明确

按照系统论的观点，系统的输出转变为系统的输入就是评价。评价在本质上是确定课程和教学大纲在实际上实现教育目标的程度的过程，是为了更有效地控制自己的行为和活动，从这个意义上说口语交际训练效果评价就是对口语交际课程教学质量的评价。这种内涵延伸到口语交际训练系统，评价就成为对口语交际训练系统实现动态的目标控制、任课教师自我调整和对整个口语交际训练过程进行有效调控的最主要的依据。这就要求口语交际训练活动的组织者和实施者在建构评价体系的过程中，对评价的目的具有清醒的认知和把握。也就是说，在建构评价体系的初始就应该明确口语交际训练效果评价的目的是什么，要实现什么愿望，达到什么要求，最终会是一个什么样的结果。这是口语交际训练效果评价的主要构成要素，也是建构口语交际效果评价体系的起始点和出发点。

那么，口语交际训练效果评价体系建构的目的是什么呢？要回答这个问题，就必须弄清楚相关口语交际课程及其教学大纲的要求和目标。关于口语交际训练所要达到的要求和目标，可以笼统地概括为逐步全面地提高师范生口语交际能力。这一总体目标实际上体现在各个学段并具体落实到心理能力、听说能力、情感能力、动作能力等能力目标上。

---

① 刘永康. 语文教育学 [M]. 北京：高等教育出版社，2005.

根据教学大纲的要求，笔者认为口语交际训练效果评价体系建构的目的可以从两个侧面来理解，一个是立足于受教育者即学生角度，另一个是立足于教育者即教师角度。

前者主要是指教学大纲所规定要达到的总目标、各个章节所要达到的要求。比如，作为提高口语交际能力的基础性课程现代汉语课程，在语法部分要求学生学习现代汉语组词造句的规律和有关的基础理论、基本知识。如熟练掌握各类词的用法、短语和句子的结构与类型；掌握语法分析的方法及分析句子语法错误的规律；掌握辨识词性、分析句子和辨析句子正误的能力，正确规范地使用现代汉语。在修辞部分，要求学生学习词语和句式的选用、常见的修辞手法，培养学生在口语交际中注意选词炼句，恰当地运用修辞手法，提高表达能力，使语言的运用准确、鲜明、精炼、生动；要求学生熟练掌握常用修辞方式，了解语体风格。这些注重的是对课程内容的理解、掌握和运用，这是对学生学习现代汉语课程的基本要求。在这方面，口语交际训练效果评价体系建构的目的主要是坚持以生为本，突出学生的主体地位，全面地了解和把握学生对现代汉语相关知识、理论和技能的掌握情况，以便从学生方面总结出经验与教训，促使学生改进学习活动，督促教师拓宽教学思路，从而为口语交际训练提供有益的帮助。

后者是指教学活动的组织、教学结构的调整、教学方法的运用、教学手段的选择等要求，注重的是怎么有效地去"教"，以实现教学效果的最大化。在这方面，口语交际训练效果评价体系建构的目的主要是坚持以教师为主导，凸显教师的导航地位和不可替代的作用，客观地反映教师在教学各个环节中的表现，并由此对教学做出冷静的分析和接近于事实的评价，从而引导教师在今后的口语交际训练中调控自己的教学活动，改进自己的教学方法。

正是基于以上两方面的考虑，我们认为口语交际效果评价体系建构的终极目的是：通过教学评价全面了解在口语交际训练过程中，教师"教"和学生"学"的基本状况，以总结教学经验并找出教学中的不足，进而努力调控教学过程，改进教学方法，优选学习途径，并最终达到提高教学效果的目的。所以，在建构教学评价体系时就要牢记这一终极目的，把这个目的作为教学评价的动因和支撑点。只有确定了教学评价的大方向，具备了明确的目的，组织者和实施者才能够合理地确定评价的指标，多样化地选择评价的手段，动态地调控评价的时间，从而使口语交际训练效果评价体系内部构成要素自身、要素与要素之间形成有机和谐的关系，以最大限度地发挥教学评价体系的整体作用。

## 二、指标确定合理

评价指标是口语交际训练效果评价体系中又一个非常重要的构成要素。指标

　　确定是否具备有理性，是否做到了合理科学，是口语交际训练效果评价体系能否正常运转、能否有效地评估教学过程和教学效果的重要前提条件。所以，要建构科学的口语交际训练效果评价体系，就必须确定合理的评价指标。评价指标的合理确定主要表现在两个方面：

　　其一，评价对象范围确定的合理性。这解决的是评价对象的范围问题，也就是要思考口语交际训练系统中的哪些教学元素才可以作为评价体系中评价的一、二级指标，哪些教学元素不能作为评价的一、二级指标。口语交际训练系统是由众多不同的具有密切关系的教学元素构成的有机整体，那么这些众多的教学元素是否都应作为评价对象来对待，这是值得探讨的问题。笔者以为，评价指标的合理确定应该以实事求是的态度，坚持简明性原则，结合教学实际和具体教学评价目的来考量。从理论上说，口语交际训练体系中的所有构成元素都可以作为评价的指标，比如作为准教师的师范生，其教学基本功、仪表教态、语言表达、教学目的、教学态度、教学组织、课堂结构、教学方法、教学手段、教学模式、教学效果、技能培养、技能训练、作业布置、作业批改与讲评、辅导答疑、教材选用、教材处理、教学内容、重点难点、学习活动、学习方法、创新学习、学习态度、师生关系、情感培养、课堂气氛等，都具有作为评价指标的可能性。但在实际操作中，并不是说把所有教学元素都作为一、二级评价指标就是最科学最合理的。事实上正好相反，一、二级评价指标越多越杂，范围越广，便越不好控制，因此也就越不利于教学评价目的的实现。所以一定要合理科学地确定评价对象，以及一、二级评价指标的范围与数量，不可"过"，也不能"不及"，"过"和"不及"都会阻碍教学评价体系效能实现的最大化。比如对演讲课程中应变能力的训练教学，主要考虑该课教学重点的处理是否合理、教学方法是否得当、教学效果是否最佳等指标，其他的如教材选用、辅导答疑、师生关系等指标可不作为重点评价目标。总之，要结合具体的章节要求确定不同的指标范围和指标量。

　　其二，评价对象标准确定的合理性。这实际上解决的是评价标准问题，也就是针对一、二级评价指标而提出的所要达到的要求。教学评价时，主要是据此认定任课教师在满足、基本满足、不能满足评价对象"质"的要求的前提下所达到的层次或等级，以及学生所处的层级。有研究者在其所制定的"教学评价调查表"[①] 中，确定了教学内容、课堂结构等十个一级评价指标。与此同时，还分别在每个一级评价指标下提出了定性要求，并给出了该"调查表"的使用方法。比如，在"课堂结构"这个一级指标下面，该研究者提出了四个标准：①层次分明，密度合理，安排严谨；②主导适当，主体突出；③总体训练贯穿始终；

---

① 黄启新. 教学反馈之我见 [J]. 教育艺术, 2003 (6)：57–58.

④讨论、辩论的场景达到不同的标准，就分属于不同的等级。该研究者对评价指标、评价对象质的确定是否合理，这不是我们讨论的议题。但这种指标、标准的给出，无疑为口语交际训练效果评价体系建构过程中确定评价指标、评价对象提供了有益的思路。在建构口语交际训练效果评价体系时，一、二级评价指标的确定问题不大，关键是对每个一、二级评价指标下教师和学生所要达到标准的确定有一定难度。因为这个标准带有更多的主观性，没有量化的条件作为参照，所以在具体执行过程中就会出现智者见智、仁者见仁的情况，这样带来的必然是评价或评价结果的不一致性、矛盾性。所以，对评价标准的确定要经过反复严密论证和现实操作的检验，测算依照这种标准得出的评价信息和评价结果究竟有多少可信度，究竟与教学实际有多大出入。应该说，可信度与标准的合理性是成正比例的，可信度越高，标准就越可靠，就越具有可操作性；反之，则越不可靠，就越不具有可操作性。

### 三、策略①选择多样

明确了评价的目的和要达到的目标，确定了评价的指标和对象范围，这就为口语交际训练效果评价体系的建构提供了两个基础性条件。在具备了这些条件的同时，还要考虑如何进行口语交际训练评价活动。这既是口语交际训练效果评价体系的重要组成要素，也是建构评价体系所要坚持的方法论问题。笔者认为，口语交际训练效果评价体系是在以实现终极教学目标为主导，以优化选用多种不同的评价策略为基础的理论上建构起来的。也就是说，这个体系的机理中蕴含着目的意识、目标意识。这是一条主线，统帅了具体的评价策略，因此体现了口语交际训练效果评价体系的深层次内涵。而所有的评价策略都是为测定教学目标和教学目的的实现程度而存在的，体现了口语交际训练效果评价体系的浅层次内涵。因此，不同评价策略的综合运用是取得最优化评价效果的必然选择。

策略选择的综合性主要表现在两个方面：

其一，评价策略的多样化。这是评价策略使用的量度问题，处在静态层面。也就是说，口语交际训练效果评价的策略是多样化的，主要表现为不同的组织主体、时间纬度和评价方法的选择等。

从评价活动的组织主体来看，教学评价有教育教学管理部门组织的评价、教师自发的评价、学生自发的评价之分。①教育教学管理部门组织的评价是教务处、所在学院（系）为了检查教师的教学情况而组织的评价。这种评价不是自

---

① 为了叙述的方便，我们把评价方式、评价手段和评价方法统称为"评价策略"。在行文过程中我们根据语意表达的需要做出了不同的选择，从而忽略了它们之间的差异。

发的，是有组织、有计划的，是有一定规则和纪律约束的，是一个教学单位执行教学计划的应有之义。比如，众多高校在学期中或学期末采用的教学评价方式，由学生、同行、领导对任课教师定标定量定性的评价，按照量化标准的分值分布来检测教师的教学状态，以此来督促教师在今后的教学中适时调整自己的教学活动和学生的学习活动。②教师自发的评价是任课教师为了达到某种教学目的而组织设计的评价。任课教师组织的课堂训练、随机提问、随堂测试、作业讲评等，以及让学生对教师的教学提出建议和意见等，都是教师为了检验学生对某个章节内容、知识点、相关技能的掌握情况，以及反省自己的教学活动而自发组织的教学评价。这种评价完全是教师的个人行为，是任课教师为检验教学效果而主动采取的有效手段和方法。比如，任课教师为了了解粤方言区学生发卷舌音的情况，而随机抽取部分学生进行发音纠正，从而寻找出带有普遍性的问题，以便有针对性地调控自己的教学方法，以最快的速度纠正学生发音的错误，校正发音不到位的现象。这种教学评价活动就是由任课教师自发组织的。③学生自发的评价是学生对自己的学习状况和对教师的教学状况而做出的反应。比如，直接指出任课教师教学中存在的问题、向授课教师反映自己在学习训练时存在的困惑等。这种评价是学生自发组织的，没有规约性，具有不可预测性。

从时间纬度上看，评价应该是一个过程而不仅仅是一两个测验，所以口语交际训练效果评价的时间控制是持续中带有阶段性。①持续性评价，是说口语交际训练效果评价系统要求评价活动应该贯穿于口语交际训练的始终，不是一次性的，而是连续的、持久的、永恒的。②阶段性评价，是说就某一次教学评价活动来说要有时间的限制，要讲究时效性、及时性，或在课前、课上、课后，或在期中、期末，或在章节后、课程结束后。总之，是要注重时间效应，选择最佳时间进行教学评价，而"及时性"则是口语交际训练效果评价活动的最佳时间调控倾向。比如，在一节课结束之后马上进行教学评价，这样就能够较快地了解学生对知识的掌握程度，以及学生对教学的认识和看法，以便教师能及时地调整教学思路和教学步骤，从而达到提高教学效果的目的。

从评价方法的选择上来看，要结合课程教学的实际采用众多不同的评价方法，这些方法可以是直接的，也可以是间接的。所谓直接评价，主要是说教育教学管理机构等在做出评价指标的量化规定和标准设定，并制定了相应评价规则的基础上，要求学生、同行、领导等通过打分的形式来反映任课教师在基本功、课堂组织等各个教学环节上的表现，并以此作为任课教师调控后续教学活动的主要依据。与此相关的，还有一种辅助的直接评价方法，那就是不通过打分的形式而由任课教师和学生通过书面或口头交流等手段分别直接向学生或教师询问教学活动的实施情况，评价主体根据感受做出反应，任课教师和学生则根据评价意见分别适时调控自己的教学活动或学习活动。所谓间接评价，是说任课教师和学生结合所学内容分别向教师或学生提出问题，要求对方做出回答，由此来掌握教学信息，并在后续的教学活动中做出反应。课堂提问、课堂训练、问题讨论、作业批改与讲评、测验与考试等都是教师常用的评价方法。这些方法是通过实际操作来检验学生学习和教师讲授的效果和质量的，虽不像直接评价那样有等级的界定和区别，但同样能够甚至从某种意义上说更能够反映教学的实际，也更有助于任课教师和学生改进教学方法，提高教学质量。

其二，多样化评价策略的同时运用，其实质是上述多种不同的评价方式、评价手段和评价方法在组织教学评价的过程中被同时选用。意思是说，不能仅运用一种评价策略，而应该综合考虑各种评价策略的优越性和不自足性，从而做出优化选择，使不同的评价策略互为补充，以实现口语交际训练效果评价的最终目的。

## 四、结果认定可信

所谓结果认定的可信性，是说运用一套口语交际训练效果评价系统所得到的关于某个教学主体的课程教学信息，包括学生的评价、同行的意见、教学督导的评估和教务部门的考评等，都应该是有事实依据的、趋于客观和公正的、尽量不带有情绪和感情因素的、具有较高可信度的真实结果。结果认定的可信性原则是其他所有原则的最高原则，是统帅其他原则的纲领性原则，也是建构口语交际训练效果评价体系的根本性原则。

我们之所以把可信性原则确定为建构口语交际训练效果评价体系的最高原则，主要有两个原因：

其一，上述三个原则在更大意义上注重的是教学评价体系建构的操作过程，而结果认定的可信性原则则更强调完成这个操作过程所带来的结果。操作过程层面更注重建构的具体规则和标准，而可信性原则更强化建构体系在方法论层面上的意识性。坚持其他各个原则，一个直接的目的是使教学评价过程更加规范，教学评价的结果具有更大的可信度，具有更强的说服力。坚持其他原则所做出的选择，其结果还需要可信性原则来检视和验证。比如，运用某种评价方法进行教学评价得到的结果究竟是否具有说服力，是否反映了任课教师教学的实际情况，那就需要同时运用可信性原则来作进一步的延伸论证。否则的话，其评价结果恐难以令人信服，且不能很好地帮助任课教师改进自己的教学，提高教学的质量，这样也就达不到教学评价的最终目的。所以说，坚持上文所述的三个原则是建构口语交际训练效果评价体系的必由之路，但仅仅如此是不够的，最终必须统一于结果认定的可信性这个原则上。只有这样，其他原则的拟定才具有可靠性和可操作性。

其二，诸多不确定因素影响了教学评价结果的可信度。口语交际训练效果评价过程中，虽然很好地坚持了上述三个原则，但由于评价过程不是简单的程序问题，还受到了诸多不确定因素的制约，这必然会影响评价结果的真实性与可靠性。所谓的不确定因素，包括评价主体的情感（好恶、心情、羡慕、嫉妒等）、知识、能力、人数的多寡，任课教师的综合素养、授课方法、教学过程、教学组织、亲和力、对评价主体要求松严的程度、社会身份和地位，课程本身的性质、是否为专业课、是否为必修课，授课时间的长短，教学资源的利用程度等。这些因素在每一个评价主体身上的表现程度是不同的，但都会或多或少地综合制约着评价主体对任课教师教学质量的综合评价。

综上所述，口语交际训练效果评价体系是以口语交际课程教学为评价对象的教学评价体系，具有相当丰富的学术内涵。要建构较为科学合理的口语交际训练效果评价体系就应该遵循一定的原则，本书给出的四个原则是评价活动应该遵循的基本原则。

## 第二节　评价指标与细则

对师范生口语交际训练效果的评价是从教学的角度来进行的，但说到底还是要落实到师范生自身口语交际的实际水平上，由师范生的实际口语交际能力来体现训练教学所获得的效果。我们主张对师范生口语交际训练效果实施综合评价，但不管采用何种评价策略、方式、手段和方法，训练效果的评价都需要有具体的评价细则和评价指标。在《高校师范生口头语言表达能力训练体系的建构——以肇庆学院汉语言文学（师范）专业为例》① 一文以及本专著中，我们把师范生口语交际训练目标确定为总体目标、学段目标、观测性目标和操作性目标。据此来评价训练效果，实际上就是要通过训练教学使师范生的口语交际能力达到训练目标所要求的程度。因此，评价指标的确定及其细则的认知与研判也就有了可靠的依据。那就是以不同层次的训练目标为参照，由此依次确定口语交际训练效果评价的综合能力评价指标及其细则、一级评价指标及其细则、二级评价指标及其细则、三级评价指标及其细则等②，并根据效果实现的程度继续把每一级指标分为A、B、C、D四个等级。

---

① 这一点笔者在《高校师范生口头语言表达能力训练体系的建构——以肇庆学院汉语言文学（师范）专业为例》（见《肇庆学院学报》2010 年第 6 期）一文中作了较为详细的分析与讨论。

② 这里遵循简明性原则与可操作性原则，除了综合能力评价指标外，把口语交际能力训练效果评价指标仅仅确定为一级、二级、三级三个级次，理论上说还可以继续分为四级、五级等下位级次评价指标。

## 一、综合能力评价指标及其细则

口语交际不是简单的说话问题，而应该是交际者各方面素质的综合表现，体现了交际者的综合交际能力。我们把全面提高师范生口语交际能力作为训练效果评价指标系统的综合能力评价指标，这既是师范生口语交际训练教学所要达到的最终目标，也是师范生口语交际训练效果评价指标系统的总体要求、最高标准，所有的一级、二级、三级评价指标等都是围绕着这一综合能力指标设定的。综合能力指标是从总体上来全面衡量师范生口语交际训练效果的，是从基础性、发展性、拓展性和职业化等能力提升的基本逻辑关系以及能力的多个维度进行的综合性评价。因此，具体的评价标准都体现在一级评价指标、二级评价指标、三级评价指标及其细则上。

作为训练课来说，综合能力评价注重的是师范生口语交际能力的形成和提升过程，强调的是对师范生大学期间口语交际能力总体水平的终结性评价，主要目的不在于对师范生口语交际能力进行评比，而在于对之进行把脉与评估，对师范生大学期间的口语交际能力做出终结性评估，所以在评价过程中不带有特定的功利目的。评价者要努力尊重师范生的主体地位，并要鼓励师范生的创新精神和踊跃交际的态度。由于师范生是经过九年制义务教育和高中阶段的学习并通过高考进入大学的，而且又是学习中文的，所以都有一定的口语交际能力基础。基于此，我们根据效果实现程度把综合能力评价指标划分出 A、B、C、D 四个等级，可以观察师范生口语交际训练所达到的总体水平。以下按照四个等级分别给出对应的评价指标及标准。

### （一）A 级评价指标及标准

A 级是最高一级，类似于优秀等级。评价主体根据给出的评价指标进行评价与评估，认定师范生通过训练达到了给出的标准，便可以推定训练教学的效果实现了最大化，也表明师范生口语交际的综合能力达到了最高水平。A 级的评价指标及标准可以描述为：

其一，具有健全完善的心理能力结构。

其二，说一口标准的普通话，表达通顺流畅，表意明确。

其三，语境能力强①，游刃有余地进行日常口语交际，并能够在相关的交际领域尤其是教学领域自如地开展社会交际和艺术交际，并做到得体。

其四，耐心、专注地倾听，准确理解交际对象话语的内涵，具备语用推导能力。

---

① 曹建召. 口语交际能力训练体系的建构［J］. 语文建设，2009（6）：4-10.

其五，交际态度端正，礼貌合作，情感交流顺畅。

其六，恰当地运用和调配态势语①，适度自然。

### （二）B 级评价指标及标准

B'级是仅次于 A 级的一个等级，类似于良好等级，要求也比较高。这一级别的评价指标及标准可以描述为：

其一，具有较为健全完善的心理能力结构。

其二，说一口较为标准的普通话，表达较为通顺流畅，表意较为明确。

其三，较为有效地利用语境条件，能够在相关交际领域尤其是教学领域较为自如地开展社会交际和艺术交际，做到表达比较得体。

其四，较为耐心、专注地倾听，比较准确地理解交际对象话语的内涵，语用推导能力较强。

其五，交际态度比较端正，能够做到礼貌合作，情感交流比较顺畅。

其六，较为恰当地运用和调配态势语，较为适度自然。

### （三）C 级评价指标及标准

C 级是仅次于 B 级的一个等级，类似于合格等级，要求一般。这一级别的评价指标及标准可以描述为：

其一，心理能力结构基本合理。

其二，用普通话交流，表达基本通顺，表意基本明确。

其三，能够利用语境条件进行日常口语交际，在相关交际领域尤其是教学领域基本上能够开展社会交际和艺术交际，做到表达基本得体。

其四，倾听时注意力基本集中，理解基本到位，基本能够准确理解交际对象话语的内涵，基本能具备语用推导能力。

其五，态度基本端正，基本上做到礼貌合作，情感交流基本顺畅。

其六，能够运用和调配态势语，基本适度自然。

### （四）D 级评价指标及标准

D 级是仅次于 C 级的一个等级，类似于不合格等级，要求最低。这一级别的评价指标及标准可以描述为：

其一，心理能力结构有明显缺陷。

其二，能主动用普通话交流，但方言口音较重，表意不明确。

---

① 张锐，万里. 教师口语 [M]. 北京：北京师范大学出版社，1994：265 – 268.

其三，不太能够把握和利用语境条件，在相关交际领域尤其是教学领域进行社会交际和艺术交际时，语病较多，表达不够得体，普通话、方言转换问题较多。

其四，不太能够耐心倾听，注意力不很集中，理解不是特别到位，不能较好地理解交际对象话语的内涵，语用推导能力较差。

其五，交际态度不很端正，参与交际的主动性不够，礼貌程度不够，不太容易合作，情感交流不够。

其六，不能恰当地运用和调配态势语，态势语较为生硬、不自然。

## 二、一级评价指标及其细则

一级评价指标即评价各个学段所达到能力的指标，与师范生口语交际训练的学段能力目标相匹配，是为了评价师范生口语交际能力在各个阶段所达到的程度而设定的。学段能力训练目标分为四个阶段，由此也就对等设定了基础性能力、发展性能力、拓展性能力和职业化能力四个一级评价指标及其细则。据此，根据效果实现的程度，把一级评价指标中每种评价指标依次分为 A、B、C、D 四个等级。

### （一）基础性能力评价指标及其细则

基础性能力评价指标是整个学段指标中的第一阶段指标，评价时间是从入学到大学一年级第二学期期末。这一评价指标评估的是师范生对基础性目标完成的情况。从 A、B、C、D 四个等级对评价指标及标准描写如下：

1. A 级评价指标及标准

A 级是最高一级，类似于优秀等级。评价主体根据给出的评价指标进行评价与评估，认定师范生通过训练达到了给出的标准，便可以推定训练教学的效果实现了最大化，也表明师范生口语交际的基础性能力达到了最高水平。A 级的评价指标及标准可以描述为：

其一，思维能力、认知能力、记忆能力和应变能力等心理能力强。

其二，能够熟练地在方言与普通话之间做出转换。能够选用规范的语言材料进行规范的表达，做到发音准确，用词得当，说话通顺明白，条理清楚，思路清晰。能够得体地交际。

其三，具有良好的社交情感，懂得礼貌，尊重他人。

其四，敢于交流与沟通，积极锻炼说话的勇气与胆量。

其五，态势语协调能力强。

2. B 级评价指标及标准

B 级是仅次于 A 级的一个等级，类似于良好等级，要求也比较高。这一级别的评价指标及标准可以描述为：

其一，思维能力、认知能力、记忆能力和应变能力等心理能力较强。

其二，能够比较熟练地在方言与普通话之间做出转换。能够较好地选用规范的语言材料进行规范的表达，并做到发音比较准确，用词比较得当，说话比较通顺明白，条理比较清楚，思路比较清晰。说话比较得体。

其三，比较懂得礼貌，比较尊重他人。

其四，比较敢于交流与沟通，努力锻炼说话的勇气与胆量。

其五，态势语协调能力较强。

3. C 级评价指标及标准

C 级是仅次于 B 级的一个等级，类似于合格等级，要求一般。这一级别的评价指标及标准可以描述为：

其一，基本具备大学阶段的心理能力，包括思维能力、认知能力、记忆能力和应变能力等。

其二，基本能够在方言与普通话之间做出转换。基本做到选用规范的语言材料进行规范的表达，做到发音基本准确，用词基本得当，说话基本通顺明白，条理基本清楚，思路基本清晰。

其三，基本懂得礼貌，基本尊重他人。

其四，基本能够做到与别人交流与沟通，锻炼说话的勇气与胆量。

其五，基本能够协调态势语。

4. D 级评价指标及标准

D 级是仅次于 C 级的一个等级，类似于不合格等级，要求最低。这一级别的评价指标及标准可以描述为：

其一，心理能力较差。

其二，在方言与普通话之间较难做出转换。较难做到选用规范的语言材料进行规范的表达。

其三，不太懂得礼貌，也不太注意尊重他人。

其四，不太敢于交流与沟通，不主动锻炼说话的勇气与胆量。

其五，态势语协调能力比较差。

### （二）发展性能力评价指标及其细则

发展性能力评价指标是整个学段指标中的第二阶段指标，评价时间是在大学二年级。这一评价指标评估的是师范生对发展性训练目标完成的情况。从 A、B、C、D 四个等级对评价指标及标准描写如下：

#### 1. A 级评价指标及标准

A 级是最高一级，类似于优秀等级。评价主体根据给出的评价指标进行评价与评估，认定师范生通过训练达到了给出的标准，便可以推定训练教学的效果实现了最大化，也表明师范生口语交际的发展性能力达到了最高水平。A 级的评价指标及标准可以描述为：

其一，具有健全完善的心理能力结构。

其二，不仅能够做到规范化表达，还能做到艺术化表达，更重要的是能够做到得体表达。

其三，学会日常沟通与交流，遵循日常言语交际的基本原则，倾听专注。

其四，学会应变，能够主动积极创造和利用语境条件，帮助表达和理解。

其五，熟练掌握社交礼仪，注重个人情感的表达，学会尊重、理解和包容交际对象，在交流与沟通中做到礼貌有度。

其六，恰当地利用态势语表达或者解读个人情感、语义信息、交际意图。

#### 2. B 级评价指标及标准

B 级是仅次于 A 级的一个等级，类似于良好等级，要求也比较高。这一级别的评价指标及标准可以描述为：

其一，具有比较健全的心理能力结构。

其二，表达比较规范化和艺术化，比较得体。

其三，日常沟通与交流比较顺畅，能够遵循日常言语交际的基本原则，比较注重倾听。

其四，应变能力比较强，能够比较积极地创造和利用语境条件，帮助表达和理解。

其五，能较熟练地掌握社交礼仪，比较注重个人情感的表达，比较尊重、理解和包容交际对象，在交流与沟通中比较礼貌有度。

其六，能比较恰当地利用态势语表达或者解读个人情感、语义信息、交际意图。

3. C级评价指标及标准

C级是仅次于B级的一个等级，类似于合格等级，要求一般。这一级别的评价指标及标准可以描述为：

其一，心理能力结构基本健全。

其二，基本能够做到规范化表达和艺术化表达，表达基本得体。

其三，日常沟通与交流基本顺畅，能够遵循日常言语交际的基本原则，能够倾听交际对象的话语。

其四，应变能力一般，基本能够做到创造和利用语境条件，帮助表达和理解。

其五，掌握基本的社交礼仪，个人情感表达一般，基本做到尊重、理解和包容交际对象，在交流与沟通中基本做到礼貌有度。

其六，基本能够做到利用态势语表达或者解读个人情感、语义信息、交际意图。

4. D级评价指标及标准

D级是仅次于C级的一个等级，类似于不合格等级，要求最低。这一级别的评价指标及标准可以描述为：

其一，心理能力结构不太健全。

其二，表达不很规范，也不太能够做到艺术化表达，不很得体。

其三，日常沟通与交流不太顺畅，不太遵循日常言语交际的基本原则，很难做到专注倾听。

其四，应变能力比较差，不太能够做到创造和利用语境条件。

其五，还没有掌握基本的社交礼仪，不太会表达个人情感，交际中不太能够做到尊重、理解和包容交际对象，在交流与沟通中很难做到礼貌有度。

其六，不太会利用态势语表达或者解读个人情感、语义信息、交际意图。

### （三）拓展性能力评价指标及其细则

拓展性能力评价指标是整个学段指标中的第三阶段指标，评价时间是在大学三年级。这一评价指标评估的是师范生对个性训练目标完成的情况。从A、B、C、D四个等级对评价指标及标准描写如下：

1. A级评价指标及标准

A级是最高一级，类似于优秀等级。评价主体根据给出的评价指标进行评价与评估，认定师范生通过训练达到了给出的标准，便可以推定训练教学的效果实现了最大化，也表明师范生口语交际的拓展性能力达到了最高水平。A 级的评价指标及标准可以描述为：

其一，善于根据不同口语交际类型分别进行定向性思维，拓展思维空间。

其二，得体地进行口语表达，并能准确理解交际对象话语的真实内涵和交际意图。

其三，根据个人兴趣和特长有选择性地熟练掌握朗诵、辩论、演讲、公关等基本技能。

其四，善于应变，自如利用和创造语境条件，为不同情境中的口语交际提供便利，做到自由交流与沟通。

其五，对不同口语交际类型的礼仪要求驾轻就熟，彰显个人情感表现，善于尊重、理解和包容交际对象，做到有理有节、从容不迫。

其六，游刃有余地利用态势语表现或者解读个人情感、语义信息和交际意图。

2. B 级评价指标及标准

B 级是仅次于 A 级的一个等级，类似于良好等级，要求也比较高。这一级别的评价指标及标准可以描述为：

其一，比较善于根据不同口语交际类型分别进行定向性思维。

其二，能够比较得体地进行口语表达，并能比较恰当地理解交际对象话语的真实内涵和交际意图。

其三，根据个人兴趣和特长比较熟练地有选择地掌握朗诵、辩论、演讲、公关等基本技能。

其四，应变能力比较强，比较自如地利用和创造语境条件，为不同情境中的口语交际提供便利，能够做到自由交流与沟通。

其五，对不同口语交际类型的礼仪要求比较熟悉，比较尊重、理解和包容交际对象，基本做到有理有节。

其六，能够做到利用态势语表现或者解读个人情感、语义信息和交际意图。

3. C 级评价指标及标准

C 级是仅次于 B 级的一个等级，类似于合格等级，要求一般。这一级别的评价指标及标准可以描述为：

其一，基本能够根据不同口语交际类型分别进行定向性思维。

其二，口语表达得体度一般，基本理解交际对象话语的内涵和交际意图。

其三，根据个人兴趣和特长，能够有选择性地掌握朗诵、辩论、演讲、公关等基本技能。

其四，应变能力一般，基本能够做到利用和创造语境条件，基本做到交流与沟通无障碍。

其五，基本掌握不同口语交际类型的礼仪要求，基本做到尊重、理解和包容交际对象，基本做到有理有节。

其六，基本做到利用态势语表现或者解读个人情感、语义信息和交际意图。

### 4. D级评价指标及标准

D级是仅次于C级的一个等级，类似于不合格等级，要求最低。这一级别的评价指标及标准可以描述为：

其一，不能够根据不同口语交际类型分别进行定向性思维。

其二，口语表达不是很得体，对交际对象话语的真实内涵和交际意图的把握不是特别到位。

其三，还不能根据个人兴趣和特长有选择性地掌握朗诵、辩论、演讲、公关等基本技能。

其四，应变能力比较差，还不能够利用和创造语境条件，交流与沟通有一定障碍。

其五，未掌握不同口语交际类型的礼仪要求，很难做到尊重、理解和包容交际对象。

其六，态势语表现力较差，对态势语、副语言的解读还不够准确。

### （四）职业化能力评价指标及其细则

职业化能力其实就是师范能力。所以，职业化能力评价指标及其细则就是师范能力评价指标及其细则。职业化能力评价指标是整个学段指标中的第四阶段指标，评价时间是在大学四年级上学期。这一评价指标评估的是师范生对专业训练目标完成的情况。从A、B、C、D四个等级对评价指标及标准描写如下：

### 1. A级评价指标及标准

A级是最高一级，类似于优秀等级。评价主体根据给出的评价指标进行评价与评估，认定师范生通过训练达到了给出的标准，便可以推定训练教学的效果实现了最大化，也表明师范生口语交际的职业化能力达到了最高水平。A级的评价指标及标准可以描述为：

其一，善于站在教师角度进行专门性职业角色思考，以训练教师职业思维能力和思维习惯。

其二，牢固掌握教师职业用语，能够充分有效地利用和创造语文教学环境，做到语文教育教学语言的规范化、艺术化和得体性，从容应对教师职业口语交际中的突发事件。

其三，培养教师职业情感，完全能够做到师生之间无障碍交流与沟通，师生相互尊重，人际关系融洽。

其四，优化利用态势语表现或者解读个人情感、语义信息和交际意图。

其五，积极塑造教师语言形象，打造教师职业语言魅力，教师职业口语交际综合能力强。

2. B级评价指标及标准

B级是仅次于A级的一个等级，类似于良好等级，要求也比较高。这一级别的评价指标及标准可以描述为：

其一，能比较好地站在教师角度进行专门性职业角色思考，以训练教师职业思维能力和思维习惯。

其二，较好地掌握了教师职业用语，较为有效地利用和创造语文教学环境，做到语文教育教学语言的规范化、艺术化和得体性，能够较为从容地应对教师职业口语交际中的突发事件。

其三，较为积极地培养教师职业情感，师生之间交流与沟通较好，师生相互尊重，人际关系比较融洽。

其四，能够比较好地利用态势语表现或者解读个人情感、语义信息和交际意图。

其五，能较为主动地塑造教师语言形象，打造教师职业语言魅力，具备较强的教师职业口语交际综合能力。

3. C级评价指标及标准

C级是仅次于B级的一个等级，类似于合格等级，要求一般。这一级别的评价指标及标准可以描述为：

其一，能够站在教师角度进行专门性职业角色思考，以训练教师职业思维能力和思维习惯。

其二，基本掌握教师职业用语，基本能够有效地利用和创造语文教学环境，做到语文教育教学语言的规范化、艺术化和得体性，基本能够应对教师职业交际中的突发事件。

其三，培养教师职业情感，师生之间基本能够做到交流与沟通，师生相互尊重，人际关系基本融洽。

其四，基本能够利用态势语表现或者解读个人情感、语义信息和交际意图。

其五，努力塑造教师语言形象，打造教师职业语言魅力，基本具备教师职业口语交际综合能力。

4. D 级评价指标及标准

D 级是仅次于 C 级的一个等级，类似于不合格等级，要求最低。这一级别的评价指标及标准可以描述为：

其一，较难站在教师角度进行专门性职业角色思考。

其二，掌握教师职业用语不牢固，不太能够利用和创造语文教学环境，很难应对教师职业口语交际中的突发事件。

其三，教师职业情感不够，师生之间交流与沟通较难，师生不能做到相互尊重，人际关系不太融洽。

其四，不太能利用态势语表现或者解读个人情感、语义信息和交际意图。

其五，不太注重教师语言形象，教师职业口语交际综合能力比较差。

### 三、二级评价指标及其细则

二级评价指标也就是观测性指标，是与师范生口语交际训练的观测性目标相匹配的。为了完整地表述口语交际训练效果评价指标系统，上文立足于总体训练目标、学段训练目标来讨论相应的评价指标问题。但其实无论是师范生综合口语交际能力，还是各个学段的交际能力，最终主要表现为师范生的心理调控能力、情感沟通能力、听说运作能力和态势语协调能力四个方面。因此，评价指标也就相应地主要体现在心理调控能力评价指标、情感沟通能力评价指标、听说运作能力评价指标和态势语协调能力评价指标上。也就是说，要想了解综合能力评价指标以及一级评价指标，即基础性能力评价指标、发展性能力评价指标、拓展性能力评价指标和职业化能力评价指标的实现情况如何，最终都分别要由心理调控能力评价指标、情感沟通能力评价指标、听说运作能力评价指标和态势语协调能力评价指标来衡量。所以，二级评价指标是为了评价师范生口语交际在心理调控能力、情感沟通能力、听说运作能力和态势语协调能力方面所达到的程度而设定的。据此，根据效果实现的程度，把每个二级评价指标依次分为 A、B、C、D 四个等级。

### （一）心理调控能力评价指标及其细则

基于评价的简明性、可操作性和有效性，我们把与心理调控能力目标相对应的心理调控能力评价指标，确定为记忆能力、思维能力、应变能力等指标。要解决的问题是评估师范生对心理调控能力训练目标完成的情况。从 A、B、C、D 四个等级对评价指标及标准描写如下：

1. A 级评价指标及标准

A 级是最高一级，类似于优秀等级。评价主体根据给出的评价指标进行评价与评估，认定师范生通过训练达到了给出的标准，便可以推定训练教学的效果实现了最大化，也表明师范生口语交际的心理调控能力达到了最高水平。A 级的评价指标及标准可以描述为：

其一，记忆能力强。

其二，思维能力强。

其三，应变能力强。

2. B 级评价指标及标准

B 级是仅次于 A 级的一个等级，类似于良好等级，要求也比较高。这一级别的评价指标及标准可以描述为：

其一，记忆能力较强。

其二，思维能力较强。

其三，应变能力较强。

3. C 级评价指标及标准

C 级是仅次于 B 级的一个等级，类似于合格等级，要求一般。这一级别的评价指标及标准可以描述为：

其一，记忆能力一般。

其二，思维能力一般。

其三，应变能力一般。

4. D 级评价指标及标准

D 级是仅次于 C 级的一个等级，类似于不合格等级，要求最低。这一级别的评价指标及标准可以描述为：

其一，记忆能力较差。

其二，思维能力较差。

其三，应变能力较差。

### （二）情感沟通能力评价指标及其细则

与情感沟通能力目标相对应的情感沟通能力评价指标，主要按交际态度、合作能力、礼貌程度三个指标加以评价。要解决的问题是评估师范生对情感沟通能力训练目标完成的情况。从 A、B、C、D 四个等级对评价指标及标准描写如下：

1. A 级评价指标及标准

A 级是最高一级，类似于优秀等级。评价主体根据给出的评价指标进行评价与评估，认定师范生通过训练达到了给出的标准，便可以推定训练教学的效果实现了最大化，也表明师范生口语交际的情感沟通能力达到了最高水平。A 级的评价指标及标准可以描述为：

其一，交际态度积极端正。

其二，合作能力强。

其三，礼貌程度高。

2. B 级评价指标及标准

B 级是仅次于 A 级的一个等级，类似于良好等级，要求也比较高。这一级别的评价指标及标准可以描述为：

其一，交际态度比较积极端正。

其二，合作能力比较强。

其三，礼貌程度比较高。

3. C 级评价指标及标准

C 级是仅次于 B 级的一个等级，类似于合格等级，要求一般。这一级别的评价指标及标准可以描述为：

其一，交际态度基本端正。

其二，合作能力一般。

其三，礼貌程度一般。

4. D 级评价指标及标准

D 级是仅次于 C 级的一个等级，类似于不合格等级，要求最低。这一级别的评价指标及标准可以描述为：

其一，不太主动与人交际，交际态度不太端正。

其二，合作能力比较差。

其三，礼貌程度不够。

### （三）听说运作能力评价指标及其细则

与听说运作能力目标相对应的听说运作能力评价指标，主要从倾听能力、表达能力、态势语调控能力、语境创造和利用能力等方面加以评价。要解决的问题是评估师范生对听说运作能力训练目标完成的情况。从 A、B、C、D 四个等级对评价指标及标准描写如下：

1．A 级评价指标及标准

A 级是最高一级，类似于优秀等级。评价主体根据给出的评价指标进行评价与评估，认定师范生通过训练达到了给出的标准，便可以推定训练教学的效果实现了最大化，也表明师范生口语交际的听说运作能力达到了最高水平。A 级的评价指标及标准可以描述为：

其一，倾听能力强。
其二，表达能力强。
其三，态势语调控能力强。
其四，语境创造和利用能力强。

2．B 级评价指标及标准

B 级是仅次于 A 级的一个等级，类似于良好等级，要求也比较高。这一级别的评价指标及标准可以描述为：

其一，倾听能力较强。
其二，表达能力较强。
其三，态势语调控能力较强。
其四，语境创造和利用能力较强。

3．C 级评价指标及标准

C 级是仅次于 B 级的一个等级，类似于合格等级，要求一般。这一级别的评价指标及标准可以描述为：

其一，倾听能力一般。
其二，表达能力一般。
其三，态势语调控能力一般。
其四，语境创造和利用能力一般。

4. D 级评价指标及标准

D 级是仅次于 C 级的一个等级，类似于不合格等级，要求最低。这一级别的评价指标及标准可以描述为：

其一，倾听能力较差。

其二，表达能力较差。

其三，态势语调控能力较差。

其四，语境创造和利用能力较差。

### （四）态势语协调能力评价指标及其细则

与态势语协调能力目标相对应的态势语协调能力评价指标，主要包括眼神、表情、站姿、微笑、停顿、语调轻重音等整体态势语的协调运用能力。要解决的问题就是要评估师范生对眼神、表情、站姿、微笑、停顿、语调轻重音等整体态势语协调运用能力训练目标完成的情况。从 A、B、C、D 四个等级对评价指标及标准描写如下：

1. A 级评价指标及标准

A 级是最高一级，类似于优秀等级。评价主体根据给出的评价指标进行评价与评估，认定师范生通过训练达到了给出的标准，便可以推定训练教学的效果实现了最大化，也表明师范生口语交际的整体态势语协调能力达到了最高水平。A 级的评价指标及标准可以描述为：

眼神、表情、站姿、微笑、停顿、语调轻重音等整体态势语协调有度，适宜得体。

2. B 级评价指标及标准

B 级是仅次于 A 级的一个等级，类似于良好等级，要求也比较高。这一级别的评价指标及标准可以描述为：

眼神、表情、站姿、微笑、停顿、语调轻重音等整体态势语协调有度，较为适宜得体。

3. C 级评价指标及标准

C 级是仅次于 B 级的一个等级，类似于合格等级，要求一般。这一级别的评价指标及标准可以描述为：

眼神、表情、站姿、微笑、停顿、语调轻重音等整体态势语基本协调适度。

4．D 级评价指标及标准

D 级是仅次于 C 级的一个等级，类似于不合格等级，要求最低。这一级别的评价指标及标准可以描述为：

眼神、表情、站姿、微笑、停顿、语调轻重音等整体态势语不太协调，过度或者不及。

## 四、三级评价指标及其细则

三级评价指标也就是操作性指标，与师范生口语交际训练的操作性目标相匹配，体现了二级指标的具体内含。操作性训练目标处在整个训练目标的第三层级。根据效果实现的程度，把每个三级评价指标依次分为 A、B、C、D 四个等级。

### （一）记忆能力评价指标及其细则

1．A 级评价指标及标准

A 级是最高一级，类似于优秀等级。评价主体根据给出的评价指标进行评价与评估，认定师范生通过训练达到了给出的标准，便可以推定训练教学的效果实现了最大化，也表明师范生口语交际的记忆能力达到了最高水平。A 级的评价指标及标准可以描述为：

其一，感觉记忆、短时记忆、长久记忆等都保持在良好状态。

其二，在一定条件诱发下对过往感知过的事情的回忆和再认到位。

其三，见多识广，实施口语交际的知识结构健全。

2．B 级评价指标及标准

B 级是仅次于 A 级的一个等级，类似于良好等级，要求也比较高。这一级别的评价指标及标准可以描述为：

其一，比较喜欢识记，感觉记忆、短时记忆、长久记忆等都保持在比较好的状态。

其二，在一定条件诱发下对过往感知过的事情的回忆和再认比较到位。

其三，实施口语交际的知识结构比较合理。

3．C 级评价指标及标准

C 级是仅次于 B 级的一个等级，类似于合格等级，要求一般。这一级别的评价指标及标准可以描述为：

其一，感觉记忆力、短时记忆力、长久记忆力等综合记忆力一般。

其二，在一定条件诱发下对过往感知过的事情的回忆和再认基本到位。

其三，具备实施口语交际的基本知识结构。

4. D 级评价指标及标准

D 级是仅次于 C 级的一个等级，类似于不合格等级，要求最低。这一级别的评价指标及标准可以描述为：

其一，感觉记忆力、短时记忆力、长久记忆力等综合记忆力比较差。

其二，在一定条件诱发下对过往感知过的事情的回忆和再认不很到位。

其三，实施口语交际的基本知识结构有欠缺。

### （二）思维能力评价指标及其细则

1. A 级评价指标及标准

A 级是最高一级，类似于优秀等级。评价主体根据给出的评价指标进行评价与评估，认定师范生通过训练达到了给出的标准，便可以推定训练教学的效果实现了最大化，也表明师范生口语交际的思维能力达到了最高水平。A 级的评价指标及标准可以描述为：

其一，善于并勤于思考，具有丰富的想象力和逻辑思辨能力，心理联想机制健全。

其二，思路清晰，思维敏捷周密，并具有条理性。

其三，内部语言与外部语言转化顺畅。

2. B 级评价指标及标准

B 级是仅次于 A 级的一个等级，类似于良好等级，要求也比较高。这一级别的评价指标及标准可以描述为：

其一，比较善于并勤于思考，具有较为丰富的想象力和逻辑思辨能力，心理联想机制比较健全。

其二，思路比较清晰，思维比较敏捷周密，并比较具有条理性。

其三，内部语言与外部语言转化比较顺畅。

3. C 级评价指标及标准

C 级是仅次于 B 级的一个等级，类似于合格等级，要求一般。这一级别的评价指标及标准可以描述为：

其一，思考问题较为简单，具备基本的想象力和逻辑思辨能力。

其二，思路基本清晰，基本具有条理性。

其三，内部语言与外部语言转化基本顺畅。

**4．D 级评价指标及标准**

D 级是仅次于 C 级的一个等级，类似于不合格等级，要求最低。这一级别的评价指标及标准可以描述为：

其一，思考问题简单，想象力和逻辑思辨能力比较差，心理联想机制不合理。

其二，思路不太清晰，条理性比较差。

其三，内部语言与外部语言转化不够顺畅。

### （三）应变能力评价指标及其细则

**1．A 级评价指标及标准**

A 级是最高一级，类似于优秀等级。评价主体根据给出的评价指标进行评价与评估，认定师范生通过训练达到了给出的标准，便可以推定训练教学的效果实现了最大化，也表明师范生口语交际的应变能力达到了最高水平。A 级的评价指标及标准可以描述为：

其一，具有驾驭自我心理的能力，心理调控能力强。

其二，善于应变，能从容应对突发事件。

**2．B 级评价指标及标准**

B 级是仅次于 A 级的一个等级，类似于良好等级，要求也比较高。这一级别的评价指标及标准可以描述为：

其一，能够调适自我心理，心理调控能力比较强。

其二，比较善于应变，因应能力比较强。

**3．C 级评价指标及标准**

C 级是仅次于 B 级的一个等级，类似于合格等级，要求一般。这一级别的评价指标及标准可以描述为：

其一，基本能够调适自我心理，心理调控能力一般。

其二，基本能够做到因应突发事情，因应能力一般。

**4. D 级评价指标及标准**

D 级是仅次于 C 级的一个等级，类似于不合格等级，要求最低。这一级别的评价指标及标准可以描述为：

其一，口语交际中常常受情绪、情感等个人心理因素影响，不能够控制自我心理，较难做出理性认知与判断。

其二，面对突发事情手足无措，因应能力较差。

### （四）交际态度评价指标及其细则

**1. A 级评价指标及标准**

A 级是最高一级，类似于优秀等级。评价主体根据给出的评价指标进行评价与评估，认定师范生通过训练达到了给出的标准，便可以推定训练教学的效果实现了最大化，也表明师范生口语交际态度达到了最高水平。A 级的评价指标及标准可以描述为：

其一，交际态度端正，积极参与交际，主动并乐于交流。

其二，具有足够的交际信心。

**2. B 级评价指标及标准**

B 级是仅次于 A 级的一个等级，类似于良好等级，要求也比较高。这一级别的评价指标及标准可以描述为：

其一，交际态度比较端正，参与交际积极性比较高，比较主动并乐于交流。

其二，交际信心比较大。

**3. C 级评价指标及标准**

C 级是仅次于 B 级的一个等级，类似于合格等级，要求一般。这一级别的评价指标及标准可以描述为：

其一，交际态度基本端正，能够主动交流。

其二，有一定的交际信心。

**4. D 级评价指标及标准**

D 级是仅次于 C 级的一个等级，类似于不合格等级，要求最低。这一级别的评价指标及标准可以描述为：

其一，交际态度不是很端正，不愿意主动交流。

其二，交际信心不够。

### （五）合作能力评价指标及其细则

**1．A 级评价指标及标准**

A 级是最高一级，类似于优秀等级。评价主体根据给出的评价指标进行评价与评估，认定师范生通过训练达到了给出的标准，便可以推定训练教学的效果实现了最大化，也表明师范生口语交际的合作能力达到了最高水平。A 级的评价指标及标准可以描述为：

其一，合作能力强，情感沟通顺畅。

其二，人际关系协调，人际吸引力大。

**2．B 级评价指标及标准**

B 级是仅次于 A 级的一个等级，类似于良好等级，要求也比较高。这一级别的评价指标及标准可以描述为：

其一，合作能力比较强，情感交流比较顺畅。

其二，人际关系比较协调，人际吸引力比较大。

**3．C 级评价指标及标准**

C 级是仅次于 B 级的一个等级，类似于合格等级，要求一般。这一级别的评价指标及标准可以描述为：

其一，合作能力一般，情感交流基本顺畅。

其二，人际关系基本协调，人际吸引力一般。

**4．D 级评价指标及标准**

D 级是仅次于 C 级的一个等级，类似于不合格等级，要求最低。这一级别的评价指标及标准可以描述为：

其一，合作能力较差，情感交流比较困难。

其二，人际关系不很协调，人际吸引力比较小。

### （六）社交礼仪评价指标及其细则

**1．A 级评价指标及标准**

A 级是最高一级，类似于优秀等级。评价主体根据给出的评价指标进行评价与评估，认定师范生通过训练达到了给出的标准，便可以推定训练教学的效果实现了最大化，也表明师范生口语交际的社交礼仪表现情况达到了最高水平。A 级的评价指标及标准可以描述为：

其一，掌握社交礼仪，具备良好的社交素质。

其二，注重社交礼仪，尊重交际对象。

### 2. B 级评价指标及标准

B 级是仅次于 A 级的一个等级，类似于良好等级，要求也比较高。这一级别的评价指标及标准可以描述为：

其一，基本掌握社交礼仪，社交素质较好。

其二，比较注重社交礼仪，比较尊重交际对象。

### 3. C 级评价指标及标准

C 级是仅次于 B 级的一个等级，类似于合格等级，要求一般。这一级别的评价指标及标准可以描述为：

其一，了解社交礼仪，社交素质一般。

其二，基本注重社交礼仪，基本尊重交际对象。

### 4. D 级评价指标及标准

D 级是仅次于 C 级的一个等级，类似于不合格等级，要求最低。这一级别的评价指标及标准可以描述为：

其一，不太了解社交礼仪，社交素质比较差。

其二，不太注重基本的社交礼仪，不太尊重交际对象，礼貌程度不够。

### （七）倾听能力评价指标及其细则

#### 1. A 级评价指标及标准

A 级是最高一级，类似于优秀等级。评价主体根据给出的评价指标进行评价与评估，认定师范生通过训练达到了给出的标准，便可以推定训练教学的效果实现了最大化，也表明师范生口语交际的倾听能力达到了最高水平。A 级的评价指标及标准可以描述为：

其一，听音能力和辨音能力强。

其二，具有充分利用语境条件的能力。

其三，语意分析与语意理解能力强，能准确理解交际对象话语的真实内涵。

2. B 级评价指标及标准

B 级是仅次于 A 级的一个等级，类似于良好等级，要求也比较高。这一级别的评价指标及标准可以描述为：

其一，具有比较强的语音听辨能力。

其二，能够较好地利用语境条件帮助解读语意。

其三，具有较强的语意分析与语意理解能力，对交际对象话语的理解较为准确。

3. C 级评价指标及标准

C 级是仅次于 B 级的一个等级，类似于合格等级，要求一般。这一级别的评价指标及标准可以描述为：

其一，听音能力和辨音能力一般。

其二，创造和利用语境条件的能力一般。

其三，语意分析与语意理解能力一般，对交际对象话语的理解基本准确。

4. D 级评价指标及标准

D 级是仅次于 C 级的一个等级，类似于不合格等级，要求最低。这一级别的评价指标及标准可以描述为：

其一，听音能力和辨音能力比较差。

其二，对语境条件的利用能力较差，不太会利用语境条件帮助解读交际对象的话语。

其三，语意分析与语意理解能力较差，不能很好地把握交际对象话语的真实内涵。

### （八）表达能力评价指标及其细则

1. A 级评价指标及标准

A 级是最高一级，类似于优秀等级。评价主体根据给出的评价指标进行评价与评估，认定师范生通过训练达到了给出的标准，便可以推定训练教学的效果实现了最大化，也表明师范生的口语表达能力达到了最高水平。A 级的评价指标及标准可以描述为：

其一，语言材料识别和选择能力、语言组织和建构能力、发声和发送能力强。

其二，有意识地主动利用语境条件，对语境的创造和把控能力强。

其三，合理控制停顿、句调、轻重音等语势的能力强。

其四，综合口头表达能力强，表意准确，恰当得体。

2. B级评价指标及标准

B级是仅次于A级的一个等级，类似于良好等级，要求也比较高。这一级别的评价指标及标准可以描述为：

其一，语言材料识别和选择能力、语言组织和建构能力、发声和发送能力比较强。

其二，能够比较好地利用语境条件，对语境的创造和把控能力较强。

其三，合理控制停顿、句调、轻重音等语势的能力较强。

其四，综合口头表达能力比较强，表意比较准确，比较恰当得体。

3. C级评价指标及标准

C级是仅次于B级的一个等级，类似于合格等级，要求一般。这一级别的评价指标及标准可以描述为：

其一，语言材料识别和选择能力、语言组织和建构能力、发声和发送能力一般。

其二，能够利用语境条件，对语境的创造和把控能力一般。

其三，合理控制停顿、句调、轻重音等语势的能力一般。

其四，综合口头表达能力一般，表意基本准确，基本做到恰当得体。

4. D级评价指标及标准

D级是仅次于C级的一个等级，类似于不合格等级，要求最低。这一级别的评价指标及标准可以描述为：

其一，语言材料识别和选择能力、语言组织和建构能力、发声和发送能力比较差。

其二，对语境条件利用的意识不够，对语境的创造和把控能力较差。

其三，合理控制停顿、句调、轻重音等语势的能力较差。

其四，综合口头表达能力比较差，表意不清，准确度不够，不能做到恰当得体。

### （九）语势调控能力评价指标及其细则

1. A 级评价指标及标准

A 级是最高一级，类似于优秀等级。评价主体根据给出的评价指标进行评价与评估，认定师范生通过训练达到了给出的标准，便可以推定训练教学的效果实现了最大化，也表明师范生口语交际的语势调控能力达到了最高水平。A 级的评价指标及标准可以描述为：

其一，能够很好地根据语境和表意的需要适宜调配语调。

其二，语气变化有度，停顿恰当，句调合理，轻重音得体，节奏鲜明①。

2. B 级评价指标及标准

B 级是仅次于 A 级的一个等级，类似于良好等级，要求也比较高。这一级别的评价指标及标准可以描述为：

其一，能够较好地根据语境和表意的需要较为适宜地调配语调。

其二，语气变化比较有度，停顿比较恰当，句调比较合理，轻重音比较得体，节奏比较鲜明。

3. C 级评价指标及标准

C 级是仅次于 B 级的一个等级，类似于合格等级，要求一般。这一级别的评价指标及标准可以描述为：

其一，基本能够根据语境和表意的需要调配语调。

其二，对语气变化、停顿、句调、轻重音、节奏等的把握基本合格。

4. D 级评价指标及标准

D 级是仅次于 C 级的一个等级，类似于不合格等级，要求最低。这一级别的评价指标及标准可以描述为：

其一，不能根据语境和表意的需要调配语调。

其二，对语气变化、停顿，句调、轻重音、节奏等的把握比较差。

---

① 张锐，万里．教师口语训练手册［M］．北京：北京师范大学出版社，1994：265－268.

### （十）体态语协调能力评价指标及其细则

**1. A 级评价指标及标准**

A 级是最高一级，类似于优秀等级。评价主体根据给出的评价指标进行评价与评估，认定师范生通过训练达到了给出的标准，便可以推定训练教学的效果实现了最大化，也表明师范生口语交际的体态语协调能力达到了最高水平。A 级的评价指标及标准可以描述为：

其一，能够根据语境和表意需要得体地选择体态语。

其二，体态语配合恰当适宜，综合运用体态语能力强。

**2. B 级评价指标及标准**

B 级是仅次于 A 级的一个等级，类似于良好等级，要求也比较高。这一级别的评价指标及标准可以描述为：

其一，能够根据语境和表意需要比较得体地选择体态语。

其二，体态语配合比较恰当适宜，综合运用体态语能力比较强。

**3. C 级评价指标及标准**

C 级是仅次于 B 级的一个等级，类似于合格等级，要求一般。这一级别的评价指标及标准可以描述为：

其一，基本能够做到根据语境和表意需要选择体态语。

其二，体态语配合尚可，综合运用体态语能力一般。

**4. D 级评价指标及标准**

D 级是仅次于 C 级的一个等级，类似于不合格等级，要求最低。这一级别的评价指标及标准可以描述为：

其一，不能做到根据语境和表意需要选择体态语。

其二，体态语配合比较差，综合运用体态语能力比较差。

# 第三节　评价方式

对汉语言文学专业师范生口语交际训练效果的评价是通过师范生口语交际能力的强弱来衡量的，而训练教学效果的好坏最终反映在师范生口语交际能力提高的强度上。评价作为一种检测手段自然要受到一定评价方式的规约，而评价方式是口语交际训练效果评价策略的重要内涵之一，采用不同评价方式凸显了评价主体所设定评价策略的差异。评价方式的选择往往与评价指导思想、评价原则、评价目的、评价客体、评价过程、评价方法、评价内容、评价结果等有着千丝万缕的联系，因此在对训练效果进行评价时，一定要充分考虑并认真选择评价的方式。评价是多元化的，评价方式也应该有很多。从不同的角度看，有定性评价方式与定量评价方式、形成性评价方式与终结性评价方式、内部评价方式与外部评价方式、单项评价方式与综合评价方式、即时评价方式与定期评价方式、显性评价方式与隐性评价方式、纵向评价方式与横向评价方式、课内评价方式与课外评价方式等。评价过程中，不在于采用了多少评价方式，而关键在于是否能够选择适宜可靠的评价方式并做出相对客观有效的评价。限于篇幅，本章仅就以下几种主要方式及其选择作简要的分析与讨论。

## 一、定性评价方式与定量评价方式及其选择

从评价方式来看，对训练效果的评价可以采用定性评价方式和定量评价方式。这两种方式是相对的，立足点不同，观察角度有区别，这是依据不同指标从"性"度和"量"度两个方面对训练效果做出的评价。

### （一）定性评价方式

定性评价是课程教学评价的重要手段之一，当然也是用以评价师范生口语交际能力效果的重要方式。定性评价方式是评价主体依据自己所拥有的专业知识、经验和方法，对照评价指标要求，对评价客体在口语交际训练过程中的整体表现状态直接做出的定性分析和描述的价值判断。

1. 基本特征

这种评价方式的基本特征主要表现在以下几个方面：

第一，凸显了评价主体的专业知识和经验方法在评价过程中的关键作用。要求评价主体对师范生口语交际训练有更多的了解，能够运用自己所拥有的口语交际知识、经验和能力，采用一定的方法对训练做出专业性分析和解释，以增加评价的解释力与可信度。

第二，注重评价的过程性。评价既是一种行为，也是一个过程。作为一种行为，它是评价主体受到评价目的支配而实施的一种认知、判断和认定的外在活动；作为一个过程，它是评价主体在一定评价目的支配之下，通过跟踪师范生口语交际训练过程而对师范生的种种表现进行系统性观察、认知、判断和认定的一种程序。所以，在评价过程中一方面要突出现场观察、调查、分析、认定的程序

性，强调专业判断的重要性，能够系统分析参训学生的优缺点；另一方面还要注重参训学生口语交际能力"质"的发展性能力，突出参训学生的现场表现，尊重师范生口语交际能力提升的循序渐进性，关注训练过程与训练结果的一致性。

第三，评价视点聚焦于师范生口语交际训练的质量上。"力图通过自然的调查，全面充分地揭示和描述评价对象的各种特质"[①]，主张评价应全面反映师范生口语交际训练的真实情况，并为改进训练提供真实可靠的依据。要通过观察、分析和判断，对训练效果给出恰如其分的评语或者相应的等级，并对师范生个体独特性做出质量方面的分析与阐释，以帮助师范生改进口语交际训练。要求评价主体针对训练实际，运用适当的语言写出评价性话语，或者依据相应指标分层设定优秀、良好、合格、不合格等相应等级，以此来对训练效果做出"质"的评价。

第四，对评价结果的说明要具体而细致、全面而深刻，侧重于定性描述。描述得越详细，对评价结果的说明也就越具体。

### 2. 局限性

由于评价主体不同，对同一个评价客体训练效果的评价可能会存在"仁者见仁，智者见智"的情形。虽然评价标准是相对客观的，但由于评价主体的爱好、兴趣、着力点、修养、经验、方法、水平等的不同，在评价时往往难以把握评价标准。这样，定性评价时就可能会得出不完全相同，有时甚至是完全相反的结论。由此得出的评价结果就会显得模糊笼统，左右皆可，有较大的弹性，很难做到精确。

### 3. 基本步骤

定性评价方式的基本操作步骤是：

第一步：确定口语交际训练目标，提出具体要求。

第二步：指导选择适宜的训练方法，并指导设计合理的训练过程。

第三步：指导师范生实施训练，评价主体感知情况，把握参训学生训练过程中的现场整体交际能力表现。

第四步：训练结束，评价主体依据评价指标，并采用不同手段和方法对训练效果进行评价，给出关于当次训练效果的相对客观且中肯的反馈意见，包括评价描述、评价等级等，指出优缺点并提出合理化建议。

### （二）定量评价方式

定量评价是采用统计学和数学的方法，收集和处理数据资料，对师范生口语交际能力训练效果做出量化检测的价值判断。

### 1. 基本特征

这种评价方式的基本特征主要表现在以下几个方面：

第一，这种评价方式借用统计学和数学的研究方法，采用测量和统计，对训练效果用数值标记形式进行描述与判断。比如，对强、较强、一般、较差、差等"质"的评价分别用数值5、4、3、2、1来标注，加以量化处理，一切以具体数值为准。

第二，这种评价方式强化了数量的作用，坚持把训练效果的可测性特质加以量化，便于操作，具有客观化、标准化、精确化、数量化和简便化等特征。它"力图把复杂的教育现象简化为数量，进而从数量的分析和比较中推断某一评价对象的成效"，其认识论基础是科学实证主义，认为"只有定量化的研究、量化的数据才是科学的，才能得出客观可信的结论"①。

第三，这种评价方式适宜于以选拔、甄别为训练目的的效果评价。比如竞赛活动、课程考核、选拔比赛等活动都可以采用这种评价方式。

### 2. 局限性

与定性评价方式相比，定量评价方式往往只关注可测性的训练效果，而忽略了不可测的训练效果特质。由于其过分强调训练效果的量化，甚至坚持量化的唯一性，要把训练过程的方方面面都用数值进行量化，使得各种特性被数值牢笼困住了；有些品性不太适宜于量化，但也被勉强量化，就等于被格式化了。正如刘永康、翟启明二位所说，定量评价"所提供的信息不完备，缺乏缜密详尽的结果推断过程，有些影响教学质量的内隐性要素不宜用量化形式收进评价表格"②，这不利于客观认知、评估、界定师范生训练所得到的实际收获。因此，这种评价方式虽然强调了训练特质的统一性、稳定性、一致性，却使师范生口语交际训练特质失去了个性化、多样化。

### 3. 基本步骤

定量评价方式的基本操作步骤是：

第一步：确定口语交际训练目标，提出具体要求。

第二步：评价主体根据训练要求，采用统计学与数学方法，设计出相应的量

①　张华. 课程与教学论［M］. 上海：上海教育出版社，2000：377 - 378.

②　刘永康，翟启明. 中学语文教学论［M］. 成都：天地出版社，2001：332.

规表，细化具体量化标准。

第三步：指导选择适宜的训练方法，并指导设计合理的训练过程。

第四步：指导师范生实施训练，评价主体感知情况，把握参训学生训练过程中的现场整体交际能力表现。

第五步：训练结束，评价主体依据量规表和具体评价指标，对训练效果进行量化评价，给出关于当次训练效果的分数值以及各个标准之间的权重；评价主体对相关数据进行数理统计，根据统计结果加以分类，并利用统计的数据对评价结果进行检验、解释和鉴别，以确定评价等级等；遴选出类拔萃者，甄别参训学生口语交际能力状况，给出合理化建议。

### （三）定性评价方式与定量评价方式的适宜选择

从评价方法来看，对训练效果的评价可以采用定性评价和定量评价，还可以坚持定性与定量相结合来做出评价。正如上文所说，对师范生口语交际训练过程中那些不能够也不易进行量化的，而只适宜进行客观描述的属于质的特性的，并以帮助改进师范生口语交际训练为目的的评价，要采用定性评价方式；那些可以量化也必须量化的品质和行为，并以评比、选拔为目的的评价，最好采用定量评价方式。但由于上文所说的这两种评价方式具有各自的优缺点，更多的时候还是要坚持把定性评价与定量评价结合起来，从质度和量度两个视点做出全面的评价。"从实践出发的教育评价应该把二者有效地结合起来，按照评价目的与评价对象的不同特点，选择适当的评价方法，以获得全面、准确的评价信息。"① 质和量本是辩证统一的。师范生口语交际训练既有质的要素，也有量的条件，二者是密不可分的。所以，当从"质"的角度做出分析时，也不可忽略要从"量"的角度做出评价。这样做出的评价才是"质""量"兼备，才能反映师范生口语交际能力训练情况的全部。

## 二、形成性评价方式与终结性评价方式及其选择

根据评价功能的不同，可以把训练效果评价方式分为形成性评价方式与终结性评价方式两种。

### （一）形成性评价方式

斯克里文在《评价方法论》中首先提出了形成性评价问题。把这种评价方式推演到师范生口语交际训练效果评价上来，那就是通过诊断师范生口语交际训

---

① 张华. 课程与教学论 [M]. 上海：上海教育出版社，2000：377－378.

练的方案或计划、训练过程与训练活动中存在的问题，为正在进行的口语交际训练活动提供反馈信息，以提高口语交际训练活动质量。

1. 基本特征

这种评价方式的基本特征主要表现在以下几个方面：

第一，采用这种评价方式的目的不在于对训练效果进行分等鉴定与考核，不以区分师范生口语交际能力的高低程度为目的，而是为了促进师范生口语交际能力的全面提高，帮助参训学生有效调控训练过程，检测厘定训练过程中参训学生在口语交际能力方面和评价方案中存在的问题以及需要改进的方向。评价的结果主要提供给正在实施训练计划的任课教师以参考，以便及时修改或调整训练计划，以期获得更加理想的训练效果。所以，这种评价不仅仅是出于评价主体的需要，更是出于评价客体的需要。

第二，评价主体也不限于任课教师，参训学生本人、其他同学、其他在场者等都可以对训练效果做出相应的评价。任课教师起着指导作用，要带领学生共同讨论、观察、记录、分析训练过程，充分发挥参训学生的主体作用，培养学生的合作精神，促使学生增强主动进行口语交际的信心和能力。

第三，评价方法应该是多样化的。模拟情境评价法、依托实践评价法、利用课堂评价法、追踪过程评价法等都可以用来开展形成性评价。

第四，关注师范生口语交际能力提高的循序渐进性，以尊重学生个体差异和个性特点为前提，旨在训练目标的实现过程，注重过程的分析。这种评价方式是以训练过程为依托的，训练过程的长短决定了评价过程的延续与否。也就是说，评价是和训练过程同步的，教师要在训练过程中对训练计划做出诊断、矫正、调控和强化，以逐步实现训练的目的。

2. 局限性

形成性评价不太关注评价的整体性，过分关注训练过程、训练方案和计划的实施情况，因此对训练情况的整体把握不够，相对忽略了训练效果的阶段性评价和终结性评价。而且，由于突出了学生与教师之间的互动，强调了教师的主导作用。

3. 基本步骤

形成性评价方式的基本操作步骤是：

第一步：确定口语交际训练目标，提出具体要求。

第二步：评价主体根据训练要求，设计评价方案，编制评价计划，包括检测标准、检测方法、检测步骤。

第三步：指导师范生实施训练，依托训练过程，针对训练实际，采用一定的检测方法，对训练过程中的每个环节进行适时诊断。

第四步：评价主体根据诊断发现存在的问题，分析并找出问题的根源，为教师与学生做出及时的信息反馈。

第五步：任课教师对评价方案或计划进行修正和调整，以便为训练目标的实现做好准备，形成更为完善的训练方案或计划，从而为教师的"训"和学生的"练"提供重要的指导。

### （二）终结性评价方式

终结性评价是指评价主体在口语交际相关课程结业时，对师范生口语交际能力状况做出的阶段性评价，或者是在对师范生口语交际能力的各个侧面进行评定的基础上而对师范生大学四年期间口语交际能力整体情况所做出的总结性、综合性评价。

#### 1. 基本特征

这种评价方式的基本特征主要表现在以下几个方面：

第一，因为是要对师范生大学四年期间的口语交际能力做出结论性评定，所以评价主体往往是评价机构或者是任课教师。这样更有权威性、严肃性，结论才更有说服力和可解释性。

第二，评价的主要目的是对师范生口语交际能力的综合水平给出最终的结论，区分优劣程度，分出等级，鉴定合格与否。也就是要对师范生口语交际训练效果做出直接的判断，从而为后续课程教学与口语交际训练以及培养方案修订、人才培养计划调整等提供可靠的依据。

第三，评价时，可以分别采用考试、考核、鉴定等不同的形式，也可以多种形式并用。评价结果可以用等级来表达，给出优秀、良好、中等、合格、不合格的区分，也可以给出综合性的质性评语。

第四，终结性评价考查的是师范生口语交际训练的最终效果，因此一般在课程结束或者整个训练过程结束后进行。评价关注的是师范生口语交际训练的全过程，是对整个学习过程和训练过程的全面检验，因此评价结论具有较高的概括性和综合性。

#### 2. 局限性

终结性评价是结论性评价，把更多的注意力集中在最终结论上，可能会忽略学生在训练过程中以及不同的训练学段中所获得的经验和能力。也因为评价结论所具有的概括性和综合性，使其有一定程度的模糊性，较难做到具体而细致、深刻而全面。

3. 基本步骤

终结性评价方式的基本操作步骤是：

第一步：确定口语交际训练的总体目标，提出总体要求。

第二步：评价主体根据训练的总体要求，设计综合评价方案，编制综合评价计划，包括检测标准、检测方法、检测步骤。

第三步：在课程结业或者整个训练过程结束后，对师范生口语交际能力的整体水平进行鉴定、考核。

第四步：评价主体根据考核情况，给出相应的等级或分数，或者写出最终的评价语言，做出及时反馈并呈报评价结论。

### （三）形成性评价方式与终结性评价方式的适宜选择

从上文的分析不难看出，形成性评价与终结性评价侧重点是不相同的，而且各有自身的优势和局限性。基于此，在为训练效果做出评价时就要充分考虑评价的目的，适时采用不同的评价方式。从学生发展角度看，为了能够全面提高师范生的口语交际能力，要坚持形成性评价方式与终结性评价方式相结合，充分利用这两种评价方式的长处，做到优势互补。既要强化师范生口语交际训练的过程性和发展性，也要关注训练的最终效果，而不能用一种评价方式排斥另一种评价方式。

## 三、内部评价方式与外部评价方式及其选择

从更为宽泛的意义上看，评价者即评价主体不仅仅是任课教师，还应该包括参训学生自己、同学、观众、伙伴、家长、专家、交际对象、管理机构、评价机构、口语交际活动（包括竞赛活动）的组织者和评委等。根据评价主体的不同，我们把师范生口语交际训练效果的评价方式二分为内部评价方式和外部评价方式。

### （一）内部评价方式

内部评价方式是指来自于参训学生对自己口语交际训练效果的认知和评定，也就是自我评价方式。

### 1. 基本特征

这种评价方式的基本特征主要表现在以下几个方面：

第一，内部评价的对象可以是单一的，也可以是多项的，还可以是综合的。

第二，这种评价方式的采用，显然是与坚持以生为本的办学理念和以学生为主体的课程教学理念相一致的，突出了参训师范生的主体地位，更有助于发掘和锻炼师范生的评价能力。在这种方式之下，师范生自我评价的过程其实也是自我反思和认知的过程。通过自我评价，可以形成口语交际能力发展的良好习惯，检验对相关口语交际知识的掌握程度，观察相关口语交际能力的提升程度，审视相关口语交际训练目标的达成程度。而且，按照刘永康、翟启明的说法，借助内部评价还可以调动自我的主动性、积极性，实现自我完善；缓解外部评价和内部评价接受程度相抵触的矛盾；补救外部评价方案的不成熟及可能产生的负效应。[①]所以，内部评价方式的优越性是毋庸置疑的。

第三，内部评价方式要求师范生在自我评价时克服不良情感，端正态度，平衡好自我心理，本着实事求是的精神，客观评价自己口语交际能力的训练效果。做到不夸大，不缩小，不歪曲，不虚拟。

### 2. 局限性

内部评价是一种自我表扬和自我纠错的自查自纠途径。由于受到评价客体各种心理，包括自傲心理、自卑心理、自尊心理和自足心理的影响，自我评价过程中学生可能会顾虑重重、言不由衷，甚至是采取无所谓的态度，得过且过，应付了事。这样，所得出的评价结论往往会与实际情况不一致，学生看不到自己的优点和缺点，造成对训练效果的误判和不真实的评价。所以，这种评价方式的局限性非常明显。

### 3. 基本步骤

内部评价方式的基本操作步骤是：

第一步：确定口语交际训练目标，或者单项能力，或者多项能力，或者综合能力，并选定参训学生。

第二步：指导选择适宜的训练方法，并指导设计合理的训练过程。

第三步：指导师范生实施训练，参训学生以不同方式和方法感知把握训练过程中的自我表现。

---

① 刘永康，翟启明. 中学语文教学论［M］. 成都：天地出版社，2001：334.

第四步：训练结束，作为评价主体的参训学生依据评价指标，并采用不同手段和方法对自我训练效果进行评价，给出关于当次训练效果的相对客观而中肯的反馈意见，包括评价语言、评价分数、评价等级等。

第五步：任课教师根据参训学生的训练情况进行评价，并对学生的自我评价进行再评价，指出其优缺点并提出合理化建议。

### （二）外部评价方式

根据建构主义理论，师范生口语交际能力的增强是要在一定的情境之中通过实践训练，并借助于老师、同学和其他人的帮助才能实现的。

1. 基本特征

这种评价方式的基本特征主要表现在以下几个方面：

第一，"帮助"是来自外部的，应该是多面向的，既可以是直接技术指导，也可以是通过评价把相关信息和建议提供给参训学生。"帮助"的主体也是多源头的，既可以是来自任课教师的评价，也可以是来自其他学生的评价；既可以是个人，也可以是机构。外部评价的内容或者说对象可以是单一的，也可以是多项的，或者是综合的等。所以，外部评价方式是指由任课教师、同学、专家、伙伴、交际对象和评价机构等评价主体，依据一定的评价标准，采用一定的评价手段和方法对训练效果的认知、判断和评定，也就是所谓的"他评"。

第二，根据评价主体的不同，可以把外部评价方式又分为以下几种：

（1）教师评价。这是指教师尤其是任课教师采用一定的评价手段和方法，对训练效果的认知、判断和评定。这里的"教师"具有宽泛意义，包括任课教师、非任课教师、教育实习中的指导教师、竞赛中的评委专家等。

（2）学生互评。这是指同学之间采用一定的评价手段和方法，对参训学生训练效果的认知、判断和评定。

（3）观众评价。这是指观众采用一定的评价手段和方法，对参训学生训练效果的认知、判断和评定。这里的"观众"是宽泛意义上的，包括竞赛中的评委和听众、训练活动中的伙伴和交际对象等。

（4）评价机构评价。这是指评价机构采用一定的评价手段和方法，对参训学生训练效果的认知、判断和评定。评价机构包括学校教务处等管理机构。由这些管理机构组织并对师范生进行口语交际训练效果的评价，这种评价往往具有终结性和权威性。比如，普通话水平等级考试、口语交际相关课程结业考核等实际上就是评价机构组织的评价，只不过具体的评价表现形式不同而已。

第三，与内部评价方式相比，采用外部评价方式得出的结论往往更具有客观性、真实性和科学性。尤其是教师和评价机构的评价，由于评价主体与评价客体处于不同层次，相互之间没有利害冲突；更为重要的是作为教师、评价机构与参训学生之间构成的是"权势"关系，这就有利于平衡双方之间的关系，减少和避免了评价过程中可能出现的冲突和矛盾，能够从容对待参训学生训练中存在的优点和缺点。评价主体在对参训学生表达能力训练、理解能力训练、应变能力训练、思维能力训练、记忆能力训练、心理控制能力训练、语言组织能力训练、发音能力训练、发送能力训练、语境创造能力训练、听音能力训练、辨音能力训练、语境利用能力训练、普方转换能力训练等效果实施评价的过程中，会做出积极的反应。尤其是对出现的问题，会做出肯定性、保护性、鼓励性的评价，并辩证地给予指导和建议，从而增加评价结论的客观性、可信度和科学性。而同学之间的交互评价，"能达到共同提高的目的，同时也能改变教师一'评'定音的僵化局面，进一步开放课堂教学，创设民主和谐的学习氛围，让不同层次的学生都拥有主动参与和主动发展的机会"①。

2. 局限性

由于外部评价是来自参训学生之外的，有时评价主体由于受到各种因素的干扰和影响，就未必能够观察得那么真切，从而触及参训学生的心理底层，把握参训学生口语交际的真实状况和严格客观地坚持评价标准。这样自然就会出现判断失误，从而造成对训练效果评价的失当。

3. 基本步骤

外部评价方式的基本操作步骤是：

第一步：确定口语交际训练目标，或者单项能力，或者多项能力，或者综合能力，并选定参训学生。

第二步：指导选择适宜的训练方法，并指导设计合理的训练过程。

第三步：指导师范生实施训练，以不同方式和方法感知和把握参训学生训练过程中的各种表现。

第四步：训练结束，评价主体依据评价指标，并采用不同手段和方法对训练效果进行评价，指出优缺点，给出关于当次训练效果的相对客观而中肯的反馈意见，包括评价语言、评价分数、评价等级等。

---

① 刘宏斌. 主动参与教学模式［M］. 北京：中央民族大学出版社，2004：180－181.

### （三）内部评价方式与外部评价方式的适宜选择

辩证地看，内部评价方式和外部评价方式都不是最完美的评价方式，都存在着某种程度的优势和不足。评价主体在对训练效果做出评价时，要根据课程教学目标的导引和具体训练目标的要求，适时采用不同的评价方式，或者是内部评价方式，或者是外部评价方式，或者是把内部评价方式与外部评价方式结合起来。如果要突出参训学生的主体地位，并促使学生锻炼自我认知和评价的能力，学会自我肯定和自我否定，就可以采用内部评价方式；如果要让参训学生通过其他人，尤其是教师、专家指出自己存在的优点和不足，对自己的口语交际能力的真实状况有更多相对客观的了解与把握，或者要对参训学生口语交际训练效果做出等级评定，给出考核分数以及奖励等级等，则以采用外部评价方式为宜；如果同时出现了以上两种情况，则以采用内部评价方式和外部评价方式相结合的方式为宜。把内部评价方式与外部评价方式结合起来，坚持内外评价相结合，寻找内外评价的契合点，协调内外评价行为，可凸显内外评价方式的优势。审慎对待内外评价的结果，为的是最大限度地实施科学评价。

## 四、单项评价方式与综合评价方式及其选择

"标的"在法律学上是指当事人双方权利和义务共同指向的对象，本书借用过来用以喻指师范生各种不同的口语交际能力目标。从评价标的的量度来看，可以把评价方式分为单项评价方式和综合评价方式两种。

### （一）单项评价方式

单项评价方式是指评价主体仅仅选择某一项能力目标进行评价并对实现这一能力目标所达成的情况做出反馈。

#### 1. 基本特征

这种评价方式的基本特征主要表现在以下几个方面：

第一，单项能力是分层级的。对师范生口语交际能力进行训练，所要达到的目标表现在诸多方面。根据我们对汉语言文学专业（师范方向）课程体系的理解和设置，从能力达成的一般规律看可以分解为基础性能力、发展性能力、拓展性能力和职业化能力；对这些阶段性能力作横向思考又可以分解出心理调控能力、听说运作能力、情感沟通能力、态势语协调能力这四个观察点；每个观察点又体现出不同的具体操作性能力。比如口语表达能力在操作层面可以细化为语言材料选择能力、语言组织能力、发声能力、发送能力等，倾听能力在操作层面可

以细化为听音能力、辨音能力、语境利用能力、理解能力等。这些不同方面的能力在上述一级能力以及具体操作能力上各有要达到的不同指标。这些不同层面上的具体的单一能力实际上就是我们所谓的评价"标的"，也就是要做出评价的客体即能力目标。可见，单项能力是分层级的，依次至少可以分为第一层次能力即阶段性能力、第二层次能力即观测性能力、第三层次能力即操作性能力等。单项评价方式就是在某种评价目的和评价动机语的支配之下，对不同层次上众多能力目标中的某一种能力目标的实现程度做出评估和判断。比如在某一次或者连续性评价过程中仅仅对演讲能力中的态势语调配能力进行评判，由此得出评价客体对态势语应用的能力与水平。这就是一种单项评价方式。

第二，单项评价方式立足于评价对象的单一性，从细微处切入，关注的焦点是师范生拥有某一种口语交际能力的强弱。评价主体在评价时要对师范生单位训练时间内要实现的能力目标进行分项知觉、研判和认定；要求做到具体而细微，有更多的针对性，具有相对简单、容易操作的特征；能够对准某一具体口语交际能力向师范生提供较多改进的方法和建议，从而促使师范生在实现该具体能力目标方面更接近训练要求。这无疑有助于提高任课教师对师范生实施单向能力训练的效果。

### 2. 局限性

由于这种评价方式强调评价对象的单一性，从而忽略了其他口语交际能力，把握不了或者主动放弃了对师范生其他口语交际能力训练效果的认定。在这种情况下，评价主体要特别注意在不同能力训练效果的评价之间可能会出现的割裂现象。

### 3. 基本步骤

单项评价方式的基本操作步骤是：

第一步：确定某一种口语交际能力训练目标，并选定参训学生。

第二步：指导选择适宜的训练方法，并指导设计合理的训练过程。

第三步：指导师范生实施训练，评价主体以不同方式记录训练过程中影响效果评价的关键性条件。

第四步：训练结束，评价主体依据评价指标，并采用不同手段和方法对师范生单项能力训练效果进行评价，给出关于当次单项能力训练效果的相对客观而中肯的反馈意见。

### （二）综合评价方式

与单项评价方式相对的是综合评价方式。从字面上不难理解，所谓综合评价方式就是指评价主体把各个层次、各个角度、各个观测点和各个操作节点上的能力目标联合为一个统一的整体，从而做出概括性反馈。

1. 基本特征

这种评价方式的基本特征主要表现在以下几个方面：

第一，这是概括性反馈，评价主体把注意力放在了对整体能力训练效果的评价上面。综合评价方式注重的是对训练整体效果的评价，把目光投向了师范生口语交际训练的整体效果，把握的是师范生口语交际训练的全局，而不是部分训练效果和局部训练效果，可以说是从大处着手，有统领全局的特质和导引作用。

第二，要求评价主体考虑各项能力训练效果之间在整体训练效果中的权重和份额，努力平衡好它们之间的关系。比如，对阶段性能力训练效果的评价：基础性能力、发展性能力、拓展性能力、职业化能力分别占多少比例；对基础性能力训练效果的评价：心理调控能力、情感沟通能力、态势语协调能力、听说运作能力又分别占了多大的比重；对心理性能力训练效果的评价，思维能力、记忆能力、应变能力等各自占怎样的份额……所谓份额、比例、权重等其实是在表明众多能力训练目标各自实现的程度在总体训练效果中起到什么样的作用，是主导还是辅助？是核心还是边缘？是重要还是次要？对这一点，评价主体必须做到心中有数，而不能囫囵吞枣、糊里糊涂。否则的话，就很难对训练效果做出中肯的评价，也很难反映训练所获得的效果，更难以给评价客体提出有针对性的改进意见和合理化的建议。

2. 局限性

整体评价造成了人们对分项能力训练效果评价的忽视。如此，形成只见森林不见树木的现象。森林虽然很壮观，也很茂密，但如果缺少了一棵棵参天大树的衬托和铺垫，那么森林也便荡然无存，并不能真正体现森林的本真。

3. 基本步骤

综合评价方式的基本操作步骤是：

第一步：明确当次口语交际训练的总体实现目标，并选定参训学生。

第二步：指导师范生选择适宜的训练方法，并指导设计合理的训练过程。

第三步：指导师范生实施训练，评价主体以不同方式记录训练过程中影响效果评价的关键性条件。

第四步：训练结束，评价主体依据评价指标，并采用不同手段和方法对训练效果进行综合评价，给出关于当次综合能力训练效果的相对客观而中肯的反馈意见。

### （三）单项评价方式与综合评价方式的适宜选择

由上文分析不难看出，无论是单项评价方式还是综合评价方式，都有自身的优势，但也都存在一定的缺陷和局限性。作为一种评价方式，有缺陷和局限性并不可怕，关键在于评价主体如何扬长避短，做出优化选择。在什么样的情况下采用单项评价方式，在何种情况下运用综合评价方式，在哪些情况下还要把单项评价方式和综合评价方式结合起来。按照我们的理解，评价主体在对训练效果做出评价时，要根据口语交际课程教学目的的不同、针对不同的训练要求采用相应的评价方式，或者采用单项评价方式，或者采用综合评价方式，当然还可以坚持单项评价方式和综合评价方式相结合。

二者结合，突出优势，弥补缺陷，既检测了师范生单项口语交际能力训练效果，也检测了师范生交际能力的整体训练效果，这自然是一种一举多得的优化选择。上文已经说到，所谓的"单项能力"实际上是分层次的，高层次上的综合能力往往包含有各不相同的低层次上的单项能力。也就是说，单项能力和综合能力都只是相对而言的，相对于低层次上的单项能力来说是综合能力，相对于高层次上的综合能力来说又是单项能力。说到底，除了最低层次上的单项能力，其他各层次上的单项能力其实也都是综合能力。因此，评价训练效果时坚持把单项能力评价与综合能力评价结合起来，完全符合口语交际能力本身的建构特征。比如，对演讲能力训练效果的评价，演讲能力相对于特长性能力而言就是单项能力，但就演讲能力本身来说又含有心理调控能力、情感沟通能力、态势语协调能力、听说运作能力等；这些能力又由众多不同的具体的单项能力组合而成。因此，对演讲能力训练效果的评价就既要盯着某一方面的能力训练效果，也要把以上这些不同方面的能力训练效果都作为评价对象，从而对评价客体演讲能力训练效果做出整体性评价。这才是较为全面的、适宜的、科学的评价。

综上所述，师范生口语交际训练效果评价的方式是多种多样的，评价主体在做出评价时要根据具体情况选择适宜的评价方式。尤其要注重评价方式的相互结合，取长补短，互通有无，以便做出恰如其分的评价。

## 第四节　评价手段和方法

师范生口语交际训练效果如何，这是检测和评价训练教学质量的重要指标。该采用什么样的手段和方法来检测与评价师范生口语交际训练效果，这又是一个值得探讨的大问题。人们经常说学无定法、教无定法，由此也可以说评无定法。之所以这样说，是因为可以用来检测和评价训练效果的手段和方法有很多。问题的关键不在于手段和方法的多样化，而在于选择哪些手段和方法更合适，能够真实地反映师范生口语交际训练所达到的实际水平。我们主张主要采用如下重要手段和方法。

## 一、演绎情境

演绎口语交际的情境，就是根据过往口语交际实践所获取的经验，借助于心理联想机制，充分发挥个人的想象力，来模拟口语交际的情形和境况，以最大限度的现场感和真实感来测试师范生借助训练所达到的口语交际能力水平。简单地说，就是要创设一种情境，使学生模拟一种学习过程，并在这个过程中通过对信息的鉴别，全面深刻地掌握交际技巧。[①]

### （一）基本特征

演绎情境多用于课堂教学。任课教师充分利用课堂教学的优势而在课堂上对师范生口语交际训练效果进行评价，具有一定的虚拟性、想象性和再现性。因此，演绎情境是基本不受干扰的理想化情境，是为了达到训练目标而有意设置的虚拟化的口语交际情境。"教师运用语言或媒体创设语境，指导学生观察物境、体味心境、融入情境、适应语境，从而让学生形成一定的语境能力。"[②] 利用这种虚拟的情境，观察师范生在虚拟的交际情境中的各种表现，可以检测和评价其训练效果。

#### 1. 虚拟性

虚拟性是说用以检测和评价师范生口语交际能力的情境不是真实的情境，而是模仿出来的。这种情况下，演绎出的情境就带有理想化成分。它是由理想的交际者、理想的话题、理想的交际氛围等条件共同构成的理想的交际情境。也就是说，一切都是事先设计好的、谋划好的，即便是突变的情况也都是事先心中有数的。

#### 2. 想象性

想象性是说这种理想的交际情境的创造，是以任课教师（评价主体）和师范生（评价客体）所拥有的丰富的想象力为前提的，是以心理联想作为必要的建构渠道，由此把内容、时间、场合、事件、交际者、态势语、说话策略、心理

---

① 王建华，周明强，盛爱萍. 现代汉语语境研究 [M]. 杭州：浙江大学出版社，2002：423.

② 曹建召. 口语交际能力训练体系的建构 [J]. 语文建设，2009（6）：4-10.

表征、文化背景、话语格调等相关交际因素统统考虑在内，来推演交际情境，从而用以检测和评价口语交际训练效果。正因为如此，所虚拟的交际情境带有更多的主观随意性。

### 3. 再现性

再现性要求评价客体要具有表演的基本特质，也就是依据过往口语交际的经验在虚拟和想象的基础上，把作为评价客体的师范生置于经历过的特定情境样本之中，试图还原现实口语交际的真实状况，以此来观察其口语交际能力所达到的水平。

### （二）基本操作步骤和方法

第一步：确认评价客体。即要弄清楚评价客体的基本情况，属于哪一类师范生，是哪个层面的师范生。比如弄清师范生的语言使用状况尤其是方言使用情况，是说粤方言、客家方言、闽方言，还是说北方方言或其他方言，以及其普通话标准程度和流利程度等；是低年级学生，还是高年级学生等。把师范生的相关背景因素摸清楚，将其角色定位准确。这是评价过程中首先要做到的。

第二步：确定评价目标。要根据训练目标来确认检测和评价要达到什么样的目标，实现何种目的。比如要达到哪个学段的目标、哪门课程的目标、哪些能力的目标等。以"说"的目标为例，检测和评价的目的主要是考核师范生通过训练所能达到的说话水平，看师范生能不能规范地说、逻辑地说、礼貌地说、流畅地说、策略地说、得体地说等。

第三步：选择交际内容。即根据评价目标由评价主体命题或者由评价客体自由选择话题进行演绎。可以选择的话题很多，内容可以涉及各个方面，包括生活的、商务的、教学的、谈判的、辩论的、应聘的、演讲的、问路的、家教的、采访的、聊天的等，都在可选范畴之内。比如模拟讨价还价情境、辩论情境、招聘情境、家教情境等都是很好的话题情境，都有说不尽的故事。总之，是要选择有利于达到训练目标的交际内容和具体话题。

第四步：学生开始演绎交际情境。要求师范生在演绎的交际情境中扮演某种角色，且根据评价主体给出的要求或自由选择的话题进行交际。比如扮演招聘官、辩手、演讲者、朗诵者、家庭教师、家长、丈夫、妻子等，并以相应的角色说话。评价主体注意观察、仔细倾听，做好检测记录。

第五步：学生交际结束，评价主体开始评价。评价的方式很多，可以由任课教师（评价主体）根据具体情况作适宜的选择。比如可以选择评价客体自评、学生互评、小组评议、班级评议、教师评议等方式和方法来进行，指出优点，找出不足，提供建议，并给出相应的阶段性或者终结性评价。

### （三）优缺点

这种评价手段和方法多用于课堂，是考核学生训练效果并给定成绩的比较有效的手段和方法。任课教师具有更多的主导性，评价过程、评价标准等比较容易掌控和操作，因此这种手段和方法也就成为任课教师评价师范生口语交际训练效果的首选。但是，基于课堂演绎的局限性以及评价主体标准把握的主观性，必然会使评价结论带有一定程度的不确定性。不同的评价主体可能会有截然相反的评价结果，尤其是作为评价主体的任课教师对标准把握的松紧程度将直接影响对师范生训练效果的认定，以及训练成绩的给定。

## 二、依托实践

口语交际的实践是现实的，可以说无所不在、无时不在。正因为如此，这就给检测和评价训练效果提供了相当多的渠道。所谓依托实践，就是把作为评价客体的师范生推到口语交际的现场，进行真枪实弹的演练，以此来观察交际对象对师范生口语交际能力的认可程度。这种评价手段和方法是一种自然观察法。

### （一）基本特征

#### 1. 现场性

按照检测和评价的具体要求，师范生不再拘泥于课堂，而是走出教室，走向活生生的现实语言生活，以各种不同的角色实施口语交际行为。这个时候，所有的交际要素，包括话题、场景、时间、空间、文化、心理、角色、交际对象、干扰因素等都是可知可感的，都在现场。比如在宿舍，师范生之间就国际局势进行讨论，这是充分利用了现场语境因素而进行的口语交际活动。这种手段和方法要求师范生必须是在交际的现场，必须承担实实在在的交际者角色。比如，在商场作为顾客购买衣服、食品，在车站作为乘客购票，在饭店作为食客点菜吃饭等。任课教师在条件允许的情况下可以在师范生口语交际的现场对其交际效果做出适时评价，或者由评价客体互评。

#### 2. 真实性

依托实践其实就是把师范生口语交际实践作为评价训练效果的手段和方法，看现实的口语交际效果如何，看其话语能否为交际对象所接受及其接受的程度，看是不是达到了预期的交际目的和训练目标。这种手段和方法没有虚拟，没有假设，没有推演，有的只是作为评价手段和方法的真实的现实口语交际活动。比如对学生提出一些要求，让学生到超市和售货员进行交流和沟通，到大街上向陌生人问路，到招聘现场应聘，参与试教和教育实习等。通过这些具体的手段观察他们言语交流和沟通的过程，评估他们实现沟通目的的程度，可以检测和评价训练效果。

### 3. 多样性

口语交际实践是多种多样的，是以各种不同的样态呈现的。把口语交际实践作为评价手段和方法，就意味着与口语交际实践成正比例的评价手段和方法也是多样化的。有多少口语交际实践，就会有多少评价手段和方法。

### （二）基本操作步骤和方法

第一步：确认评价客体。与利用演绎情境评价手段和方法一样，也是要指定被评价的对象，并把作为评价客体的师范生的具体情况梳理清楚。尤其要对师范生口语交际的能力处在什么样的状况了如指掌，以便评价主体采取相应的评价策略。

第二步：确定评价目标。要根据训练目标来确定该次检测和评价要达到什么样的目标，实现何种目的。目标有很多，而且处在不同的层面，比如总体性目标及其下位目标、阶段性目标及其下位目标、观测性目标及其下位目标、操作性目标及其下位目标等。那么，在检测和评价时必须搞明白是什么样的目标。以其中的演讲能力目标为例，检测的目的主要是考核师范生通过训练所能达到的演讲水平，包括演说、表演的综合能力所达到的水平。

第三步：选择交际内容。根据评价目标由评价主体命题或者由评价客体自由选择话题实施口语交际行为。口语交际涉及的内容和话题非常广泛，与之相应的用以评价的内容和话题也很多，涉及方方面面。包括政治领域的、商贸领域的、传媒领域的、司法领域的、科学领域的、日常生活领域的、文艺领域的、职业交际领域的、宗教领域的等，都在可选范围之内。

第四步：学生进入现实交际场景开始交际。要求师范生不以学生身份出现，而是根据具体交际情境，以一个适合于特定交际情境的言语交际者的身份出现，来实施口语交际行为。比如，教育实习时以教师和学生双重身份出现，在自由市场讨价还价时以顾客身份出现，在火车站购票则是以乘客身份出现等。师范生作为言语交际的一方，可以根据一定的交际目的和交际对象进行交流和沟通。在这个过程中，评价主体注意观察、仔细倾听，做好检测记录。

第五步：学生交际结束，评价主体开始评价。这种手段和方法要求评价主体

（任课教师）全程跟踪，做出检测和评价，或者由交际对象做出检测和评价。

### （三）优缺点

利用这种评价手段来检测和评价训练效果，得出的评价结论最真实、最客观。但是，由于客观条件的限制，这种评价手段和方法受到了时空的局限，最不容易操作，很难控制。作为评价主体的教师不可能跟踪观察每一位学生，而只能作抽样性检测和评价。所以，这种手段和方法不适合作为考核手段和方法来给学生定考核成绩。

## 三、借助考核

学生读书学习需要采用一定的手段来检验其学习成绩，考核是鉴定学生学习成绩最重要的手段和方法。那么，借助于考核自然也是检测和评价训练效果的重要手段和方法之一。考核的组织者可以是任课教师、教务管理部门、竞赛的组织者、普通话测试机构等中的任何一方，也可以是多个评价主体共同考核。当然，这里我们对"考核"要作宽泛的理解，除了通常意义上的考试、考查，还应该包括各种竞赛、普通话水平等级测试等。这些都是检测和评价训练效果的非常有效和颇具权威性的手段和方法。

### （一）基本特征

#### 1. 客观性

对客观性的理解也是多方面的，既有评价标准的客观性，也有评价结论的客观性，还有评价过程的客观性。试卷考核既有规范的试题，又有可供参考的客观的标准答案；普通话水平等级测试无论是机考还是由测试员测试，都有国家给定的一致的客观的评分标准；演讲、辩论、朗诵等竞赛活动，都有至少三人以上的评委组成的评委会，也有事先已经拟好的相对客观的评分标准。整个考试、测试、竞赛的过程都是客观的、公开的。

#### 2. 规定性

无论是试卷考核，还是竞赛，抑或是普通话水平等级测试，对相关问题都作了规定。比如：演讲规定了演讲主题、演讲时间、演讲地点、演讲者等；普通话水平等级测试也规定了测试对象、测试内容、测试方式、测试时间、测试地点、测试要求等。这些要求都是可控的。

### （二）基本操作步骤和方法

第一步：确认评价客体。评价之前要确定对师范生的口语交际训练效果拟采用的评价手段和方法。

第二步：确定评价目标。根据训练目标来确定该次检测和评价要达到什么样的目标，实现何种目的。

第三步：选择交际内容。根据评价目标，由评价主体命题或者由评价客体自由选择话题实施口语交际行为。比如规定或选择演讲比赛的主题、内容等，朗诵比赛的主题、篇目，普通话水平测试的单音节词、双音节词、朗读篇目、口头作文等。这些都可以规定评价客体口语交际的内容。

第四步：厘定评价指标。根据训练目标来确定相应的评价指标，包括一级指标、二级指标、三级指标以及评分标准等。比如把师范生口语交际能力分为强、较强、一般、较差、差，并给出相应的评定标准。

第五步：督促学生做好考核前的准备工作。比如演讲比赛往往是有准备的，这就要督促学生根据演讲比赛组委会的要求事先选择好演讲题目，并在演讲前作适当的演练。

第六步：学生交际结束，评价主体开始评价。这种手段和方法要求评价主体全程跟踪以便对交际效果做出认定。比如演讲比赛，参赛学生的普通话水平、态势语协调能力、应变能力、表达能力、语境利用能力、逻辑思维能力、演讲内容等都可能会作为评价的指标。评价主体仔细听、认真记、努力辨，根据评分标准给出成绩，评出名次，由此对师范生口语交际训练效果做出综合性评价。

### （三）优缺点

这种评价手段和方法有其自身的优越性。由于评价主体往往不是一个人，而是多人或是一个小组，甚至是评委会，依据的标准也是硬性的规定，因此采用这种手段和方法得出的评价结论相对客观公正，有一定的说服力，基本能够反映师范生口语交际训练所达到的真实水平。这种手段和方法属于定量评价，比较适合于成绩、等级、名次的评定。但由于时间、空间等条件的限制，这种非全员性的竞赛活动会影响到师范生的参与规模。因此，这种手段和方法多数时候适应于对少数师范生的评价，而很难做到对所有师范生的评价。采用问答试卷的手段和方法，虽然所有参训学生都可以参加，但是这往往是限于检测口语交际的知识素养，所以局限性也是明显的。采用普通话水平等级测试的手段和方法，虽然可以对所有的师范生进行检测和评价，但是这又局限于"普通话"水平，主要观察的是说话的规范性、流畅性，而并非综合性的口语交际能力。

## 四、追踪过程

追踪过程评价手段和方法就是要从师范生入学起直到大学四年级，都要在不同阶段对之作口语交际能力测试和评价，建立口语交际训练档案，以便作最终的评定。这个过程中，可以根据训练目标等要求对学生进行问卷调查、访谈等。

### （一）基本特征

#### 1. 漫长性

追踪就意味着从一开始就要对师范生的口语交际训练作跟进式评价。理想的状态就是从师范生一入学上口语交际相关课程开始，任课教师在不同阶段结合不同的训练目标，对师范生开展问卷调查、访谈和评价，做好相应的记录并整理入档，一直到学生大学毕业。这个评价的过程是漫长的，可以说贯穿了师范生整个大学四年。所要评价的师范生达到的训练目标包括口语交际要实现的学段目标、相关课程目标和能力目标等。从这个意义上利用追踪过程这一策略来检测和评价训练效果，实际上注重的就是过程，观察的就是师范生从第一学段直至第四学段口语交际能力的提高过程。只不过，这个过程需要四年的时间，是一个漫长的过程，操作难度相当大。

#### 2. 完整性

这种手段和方法主要是利用档案袋法来记录评价客体的相关信息，包括姓名、籍贯、出生年月、语言使用状况、相关口语交际课程成绩、学段训练目标实现情况、课程训练目标实现情况、能力目标实现情况、参加竞赛获奖名次、普通话水平等级测试情况等。因此，利用这种手段和方法来评价，会对师范生口语交际能力的提高过程有一个相对完整的记录，往往利于完整收集、保存师范生的口语交际训练资料，完整地记录师范生口语交际训练在每个阶段、每门课程中所达到的能力目标等。

### （二）基本操作步骤和方法

第一步：熟悉评价客体。利用访谈、问卷调查等方法掌握师范生的口语交际情况，并给予适当的分类。比如根据口语交际能力的强弱可以把师范生分为强、较强、一般、较差、差等几类；也可以根据师范生使用方言的情况进行分类，比如分为粤方言小组、客家方言小组、闽方言小组、北方方言小组等；还可以根据师范生的兴趣分类，比如分为演讲兴趣组、辩论兴趣组、朗诵兴趣组等。要认真整理好各个群体以及单个师范生的档案资料。

第二步：分阶段、分课程选定评价目标。我们把师范生口语交际训练分为四个学段，每个学段都有每个学段的训练目标；每个学段又有不同的课程，每门课程又有不同的训练目标等。那么，在评价时就要做好相应的准备工作，尤其是要确定好每个学段每门课程要达到的能力训练目标。

第三步：选择具体的检测和评价方法实施评价。比如可利用竞赛、考试、考查、访谈、问卷调查、现场实践、演绎情境等，对训练效果做出评价，并做好记录。所以，这种评价手段与上述手段和方法又有某种程度上的重叠性。

第四步：记录整理评价资料。对评价得到的相关数据进行分析、整理、研判。

第五步：得出评价结论。

### （三）优缺点

这种手段和方法能够对师范生做出过程性评价，比较真实地记录了师范生口语交际训练在每个阶段所达到的水平，可以看到师范生口语交际能力提高的整个过程，结论有一定的可靠性。资料保存完整，有据可查。而且，当发现问题时还能够对评价手段和方法做出及时调整。但是，由于观测评价时间太长，很难做到持之以恒、坚持到底，有时会半途而废。因此，可操作性不强。

综上，我们认为对师范生口语交际训练效果的评价，既可以采用单一的评价手段和方法，也可以是多种手段和方法并用。在具体评价过程中，不以采用多少评价手段和方法为根本，关键在于采用合适的评价手段和方法。

# 参考文献

［1］曹建召．口语交际能力训练体系的建构［J］．语文建设，2009（6）．

［2］陈望道．修辞学发凡［M］．上海：上海教育出版社，1997．

［3］陈光磊．语言教学中的文化导入［J］．语言教学与研究，1992（3）．

［4］陈光磊．语言教学与文化背景知识的相关性［J］．语言教学与研究，1987（2）．

［5］陈光磊．汉语：跨文化走向世界［M］．上海：上海三联书店，2014．

［6］陈之芥．教学语言艺术［M］．太原：山西人民出版社，2009．

［7］程祥徽．略论语体风格［J］．修辞学习，1994（2）．

［8］岑运强．交际语言学［M］．2版．北京：中国人民大学出版社，2014．

［9］德雷克·博克．回归大学之道［M］．侯定凯，等译．上海：华东师范大学出版社，2008．

［10］丁金国．语体意识与语言运用［J］．修辞学习，2005（3）．

［11］傅惠钧．教师口语艺术［M］．杭州：浙江教育出版社，1999．

［12］高玉祥，王仁欣，刘玉玲．人际交往心理学［M］．北京：中国社会科学出版社，1990．

［13］广东省教育厅教研室．初中新课程语文优秀教学设计与案例［M］．广州：广东高等教育出版社，2006．

［14］何兆熊．新编语用学概要［M］．上海：上海外语教育出版社，2000．

［15］虎技能．生命化课堂教学的构建策略初探［J］．甘肃科技，2007（2）．

［16］胡弼成．高等学校课程体系现代化研究［D］．厦门：厦门大学，2004．

［17］黄伯荣，廖序东．现代汉语［M］．北京：高等教育出版社，2011．

［18］黄政杰．课程设计［M］．台北：台湾东华书局，1991．

［19］蒋婷汝．中学语文口语交际课程内容研究［D］．湘潭：湖南科技大学，2010．

［20］金克中，胡立新，王若萱．教师口语［M］．武汉：华中科技大学出版社，2013．

［21］李颖．中学语文微格教学教程［M］．北京：科学出版社，1999．

［22］李军．话语修辞理论与实践［M］．上海：上海外语教育出版社，2008．

［23］李如龙．也谈现代汉语课程的改革［J］．语文建设，1998（5）．

［24］李如龙．汉语应用研究［M］．北京：中国传媒大学出版社，2004．

［25］黎运汉．迈向21世纪的修辞学研究［M］．广州：广东人民出版社，2001．

［26］黎运汉．汉语风格学［M］．广州：广东教育出版社，2000．

［27］黎运汉．公关语言学［M］．广州：暨南大学出版社，1990．

［28］刘伯奎．教师口语——表述与训练［M］．上海：华东师范大学出版社，1994．

［29］刘伯奎．教师口语训练教程［M］．2版．北京：中国人民大学出版社，2011．

［30］路伟．教师口语［M］．北京：北京师范大学出版社，2011．

［31］刘大为．语法病句的判定与类型［J］．修辞学习，2000（4）．

［32］刘焕辉．言语交际学基本原理［M］．南昌：江西教育出版社，1997．

［33］刘永康．语文教育学［M］．北京：高等教育出版社，2005．

［34］刘永康，翟启明．中学语文教学论［M］．成都：天地出版社，2001．

［35］刘宏斌．主动参与教学模式［M］．北京：中央民族大学出版社，2004．

［36］龙彩虹．口语交际理论与训练教程［M］．南京：东南大学出版社，2014．

［37］孟建安．汉语修辞转化论［M］．广州：暨南大学出版社，2013．

［38］孟建安．修辞语义：描写与阐释［M］．广州：暨南大学出版社，2015．

［39］孟建安．汉语病句修辞［M］．北京：中国文联出版社，2000．

［40］孟建安．病句、常规句、佳句及其相互转化［J］．郑州大学学报（社会科学版），2001（3）．

［41］孟建安．语文阅读教学语境策略选择［J］．教育理论与实践，2012（20）．

［42］马克强．语言交际艺术［M］．北京：中国社会科学出版社，2006．

［43］潘肖珏．公关语言艺术［M］．3版．上海：同济大学出版社，2000．

［44］秦训刚，蒋红森．高中语文课程标准教师读本［M］．武汉：华中师范大学出版社，2003．

［45］孙连芬，李熙宗．公关语言艺术［M］．上海：东方出版中心，1989．

［46］孙和平，尤翠云，王玉．教师口语实训教程［M］．武汉：武汉大学出

版社，2012.

[47] 孙汝建．口语交际艺术［M］．武汉：华中科技大学出版社，2013.

[48] 时蓉华．现代社会心理学［M］．上海：华东师范大学出版社，1989.

[49] 史有为．十字路口的"现代汉语"课［J］．语文建设，1987（1）.

[50] 王希杰．修辞学通论［M］．南京：南京大学出版社，1996.

[51] 王希杰．病句生成学［J］．汉语学习，1989（3）.

[52] 王建华，周明强，盛爱萍．现代汉语语境研究［M］．杭州：浙江大学出版社，2002.

[53] 王绍龄．言语交际［M］．开封：河南大学出版社，1991.

[54] 王维维．言语交际案例教程［M］．北京：清华大学出版社，2012.

[55] 王占馥．思维与语言运用［M］．广州：广东教育出版社，2003.

[56] 韦志成．语文教学情境论［M］．南宁：广西教育出版社，1996.

[57] 谢承志．语言交际能力训练与自测［M］．上海：上海辞书出版社，2002.

[58] 邢福义．现代汉语［M］．北京：高等教育出版社，1991.

[59] 姚亚萍．人际关系语言学［M］．沈阳：辽宁教育出版社，1988.

[60] 姚锡远，赵国乾，李新．教师口语教程［M］．北京：科学普及出版社，1996.

[61] 易蒲．小议"病例"修辞［J］．当代修辞学，1992（1）.

[62] 曾毅平．华语修辞［M］．广州：暨南大学出版社，2012.

[63] 张先亮．语言交际艺术［M］．北京：科学出版社，2000.

[64] 张德明．高校现代汉语修辞教学向何处去［J］．当代修辞学，1991（3）.

[65] 赵毅，钱为钢．言语交际学［M］．上海：上海三联书店，2003.

[66] 张华．课程与教学论［M］．上海：上海教育出版社，2000.

[67] 张华，杨薇，冯涛．教师口语新编［M］．北京：中国社会科学出版社，2015.

[68] 张英．论对外汉语文化教学［J］．汉语学习，1994（5）.

[69] 张淑娟．口语交际教学的基本原则和途径［J］．语文学刊，2005（2）.

[70] 赵贤洲．文化差异与文化导入论略［J］．语言教学与研究，1989（1）.

[71] 赵景卓．现代礼仪［M］．3版．北京：中国物资出版社，2006.

[72] 郑颐寿．大学辞章学［M］．福州：福建人民出版社，2004.

[73] 郑荣馨．语言得体艺术［M］．太原：书海出版社，2001.

[74] 周小兵．对外汉语教学中的跨文化交际［J］．中山大学学报（社会科

学版），1996（6）.

　　［75］周仲强. 口语表达能力培养的理论与实训构建［J］. 职业时空，2009（11）.

　　［76］宗廷虎，邓明以，李熙宗，李金苓. 修辞新论［M］. 上海：上海教育出版社，1988.

　　［77］宗廷虎. 宗廷虎修辞论集［M］. 长春：吉林教育出版社，2003.

　　［78］宗廷虎. 辩论艺术［M］. 昆明：云南人民出版社，1991.

# 后 记

    大学毕业后我被分配到河南省一所专科学校中文系从事现代汉语教学工作，此后虽然有几年时间从事学报编辑工作，但一直没有脱离教学一线。几十年来，主要讲授过现代汉语、汉语修辞学、言语交际学、修辞应用与语文实践、语法修辞、语言学理论与训练、中国文化概论、毕业论文写作等课程。讲授这些课程的过程实际上也是自我学习与提升的过程，是我愉悦和快乐的人生之旅。在充满着个人兴趣且多姿多彩的教书生涯中，我除了把学术研究旨趣锁定在汉语修辞学和言语交际学上，还依然坚定而又不懈地思考着课程教学问题。尤其是最近几年，在大学转型的大背景下，大学生语言应用能力的培养已经成为当务之急，因此我们更要把对语言教学的思考范围与对象逐步而又明确地聚焦在口语交际课教学研究上。从对教学理念、教学目标、教学对象的思辨，到对教学策略、教学手段、教学方法的研究，再到对教学内容的策划、教学大纲的撰制、课程标准拟定的探索，直至对实际教学过程中理论讲授、模拟训练、实践操作等环节的把控与反思，均为本课题的研究和本书的撰写打下了较为坚实的基础。

    在教学之余，我结合课程教学查资料、作调查、访谈师生、走进中小学课堂、指导口语交际实践、主持学科建设与课程建设、申报教研课题、撰写与发表教学研究论文、参加教学研究学术会议等，为本研究以及本书的撰写做了相当多的基础性工作。十余年来，发表了相关教学研究论文十余篇，主持相关校级教研课题多项，本书就是基于这些研究成果并揉进了多年来我对于口语交际教学、口语交际能力培养的最新思考撰写而成的。回想起来，从开始动笔整理、反思已经发表过的相关教学论文并把最近几年来对口语交际教学的最新思考撰写成文，到2016年8月底写出初稿再到2017年3月底定稿，断断续续已历经多年。其间，虽杂务缠身，但依然坚持不停地论证与思辨，反复地调整与修改，而终于有所收获。献给读者的这本《口语交际教学新思维》，并不那么完美，必然存在着诸多不足，提出的有些观点和做法也有待在实践中作进一步的验证与检视。期盼各位读者多提宝贵意见！

    在当下，地方性普通本科高等院校正面临着向应用型综合性大学转型的新形势，人才培养定位与办学理念都在重新调整；学校尤其是中小学对人才需求的观念发生了重大变化，市场需要的是既能写又会说的人才。这就是目前我们所面临的新形势。作为汉语言文学专业的大学生尤其是师范生，将来如何能够适应社会形势的变化？如何能够在未来担负起教师职业？如何能够在人际交往中顺利进行口语交际并建立起良好的人际关系？这些都是高校教育教学工作者必须面对的问题。因此，系统地研究口语交际教学问题是一种责任，也是一种义务，作为高校教师责无旁贷、义不容辞。

高校汉语言文学专业师范生应该做到"听""说""读""写"并重。"听""说""读""写"实际上体现了师范生的语文实践能力。这意味着对师范生来说，口头语言表达与书面语言表达是同等重要的。然而，教育教学中并非如此。在学生语言表达能力培养的整个过程中，往往是把更多的注意力聚焦于书面语言表达，而对口头语言表达即口语交际能力训练则缺乏足够的重视。因此，本研究成果不仅能够引领教师对师范生进行系统性的有针对性的训练，而且是与社会发展对人才的需求同步的，是与中小学语文教育中口语交际教学的实际要求相吻合的，将会最大限度地满足社会发展的现实需要；不仅有利于更好地落实大学提出的人才培养战略，而且将会从语言应用角度最大限度地推动本专业培养目标高效快捷的实现；不仅有利于进一步推动学科建设与开展有效课程教学，有助于语言学及应用语言学学科不同层次课程建设的顺利进行，而且必将推动结构健全的优质课程体系的尽早形成。

口语交际课不是一门具体的课程，而是由多门相关课程构成的课程群或者说是课程体系。在我们的课程意识中，诸如现代汉语、古代汉语、语言学理论、言语交际学、口语修辞学、主持语言艺术、公关语言学、诵读训练、演讲与辩论、教师口语、社交礼仪等课程都属于口语交际课程体系中的构成要素。只不过，基于具体教学内容、教学目标和课程性质等的不同，我们从操作层面把它们分别定位在课程体系架构的不同位置上，以在口语交际教学中使自身不同的潜在功能得以转化而发挥应有的作用。这些课程都是属于口语交际课程体系中的具体课程，依据在口语交际能力培养中的不同作用把它们分别确定为基础性课程、重要课程、核心课程、职业化课程。因此，口语交际课教学不仅仅是一门课程的教学问题，而是口语交际课程体系中一系列相关课程教学的问题。

教育教学是一种充满思想、智慧、知识、能力和艺术的工作。我们经常说，教学有法，但教无定法，其实这句话的本质说的是在教学过程中任课教师因材施教的问题。无论是实际意义上的教学活动，还是深入开展口语交际教学研究，都必须静下心来仔细琢磨、认真探讨，以便形成适宜的、科学的研究思路。我们开展此课题研究的基本想法就是，把理论、训练、实践、检测有机地结合起来，形成四位一体的联动教学机制，以探究获取最大化的口语交际教学效果的基本方略。具体地说，就是在对地方性普通本科高等院校汉语言文学专业过往语言教学尤其是现代汉语、普通话语音训练、语言学理论等课程教学现状以及大学生口语交际现状调查与简单反思的基础上，结合当下应用型人才培养目标的要求，以及社会对中文人才需求的实际，紧紧围绕着地方性普通本科高等院校汉语言文学专业师范生口语交际能力的培养，提炼出开展口语交际教学的基本理念，试图建构比较切实可行的并具有特色的口语交际课程体系，以及较为健全的口语交际能力训练机制。与此同时，对相关联的基础性课程、重要课程、核心课程、职业化课程教学的相关方面作进一步的讨论，并就口语交际能力训练教学的相关问题进行更为系统而又具体的探索。在本书结构的安排上，基于口语交际课程具有相当程度的实践性这一基本属性，全书十章中共安排了三章内容来讨论训练教学的问题，由此可见我们对这一研究的良苦用心。

在研究过程中，我参阅了学界不少同仁的大量相关研究论著，并吸收借鉴了一些有实际意义的材料和观点，对诸位学者我心中充满了感佩和敬意！除此之外，肇庆学院文学院 2013 级邓依婷、钟海韵、莫璐娜、陈永秋、吴娟华、冯嘉慧、黄文兰等同学参与组织完成了"大学生口语交际中招呼语的使用情况"的问卷编制、调查并进行了数据统计与初步分析工作，付出了辛勤的劳动；暨南大学出版社人文社科分社杜小陆社长以及其他同仁不辞辛劳，为本书的顺利出版做了大量的编校工作；本书同时获准肇庆学院学术著作出版基金资助，评审专家给予拙著以充分肯定；肇庆学院科研处处长、教授胡海建博士一直关心并热情支持拙著的出版。感恩诸君，在此一并表示由衷的谢意！

尤其让我心怀敬意和感激之情的是中国修辞学会顾问、著名修辞理论家、修辞学史和修辞史家复旦大学博士生导师宗廷虎教授对本人的帮助。宗先生是我在复旦大学读现代汉语助教班时的老师。自从授业于宗老师以来，宗先生在为人处世、学术研究、教育教学等方面都给予了我无私的教诲与提携。宗先生一直以来对年轻学者的学术研究持开放态度，并在百忙之中满怀深情地鼓励和支持年轻学者在学术探索的道路上勇往直前。建安沐浴着宗先生的学术光辉，感受深切，难以忘怀。宗先生虽然手头工作异常繁忙，而且年事已高，但是依然坚定地激励着我把对口语交际教学的研究做下去，并在本书将要出版之际热心作序。所有这一切都令我终生难忘，永远铭记于心！

孟建安

记于砚园翰墨池畔

2017 年 10 月 26 日